AF313936

À travers l'Histoire

DES

CANTONS de CREST

ET

CHATILLON

et diverses Communes du Diois

par A. LACROIX

Archiviste de la Drôme

2ᵉ ÉDITION

VALENCE

IMPRIMERIE VALENTINOISE, PLACE SAINT-JEAN

1904

A TRAVERS L'HISTOIRE

DES

Cantons de l'Arrondissement

par A. LACROIX

Archiviste de la Drôme.

INTRODUCTION

Une bienveillante subvention du Conseil général, le succès du volume sur le canton de Loriol et sur le Royans (1) ont engagé l'éditeur à continuer la publication par l'arrondissement de Die.

La tâche, cette fois, était plus délicate ; les matériaux étaient non seulement dispersés, mais aussi taillés de diverse façon. A. Lacroix n'avait abordé les inventaires de cet arrondissement qu'à la fin de sa laborieuse carrière et, sauf pour Châtillon, n'avait pu consacrer à chacun des cantons les notices qu'il projetait et dont il avait seulement écrit la préface, inédite, que l'on trouvera en tête.

On a dû se contenter de grouper les notices publiées à diverses occasions et dont l'ensemble méritait d'être réuni.

Dans *la vallée de la Gervanne* (2) le lecteur était conduit de Livron à Plan-de-Baix et on l'instruisait des communes visitées : Livron, Loriol n'avaient pas à être décrits ici et le voyage commencera à Allex ; de plus, on a remplacé le résumé donné pour Piégros-la-Clastre, Beaufort et Plan-de-Baix, par des notices plus complètes parues dans le *Bulletin de la Société d'Archéologie de*

---

(1) Arrondissement de Valence. A travers l'histoire du canton de Loriol et du Royans, 2ᵉ édition. Valence, *Imprimerie Valentinoise*, 1922, in-8°, 109 p.

(2) P. 1-31 du volume collectif, *La vallée de la Gervanne, Léoncel, Les gorges d'Omblèze, La Montagne d'Anse*, Valence, Céas, 1906, gr. in-8°.

la Drôme (1). Avec La Rochette et Vaunaveys, extrait du *Tramway de Valence à Crest* (2), le canton nord de Crest est presque au complet avec quelques incidentes sur les communes du canton sud en bordure de la Drôme. On regrettera la brièveté de l'article consacré à Crest lui-même, mais la longueur de *la Tour de Crest* (3) véritable histoire de cette ville nous interdisait de le publier, à l'exception toutefois de l'introduction, vue d'ensemble sur le monument. Pour le reste, le lecteur pourra se reporter au texte original.

Les seules communes de Barsac, d'Espenel et de Saint-Benoît (4), se rencontrent ensuite jusqu'à Pont de Quart, où nous trouvons le groupe le plus achevé, c'est le canton de Châtillon, en entier, avec la commune d'Aix (Die), par où on y accède. Il a paru précédemment en quatre articles (5), que nous réunissons. Luc et sa mosaïque, Beaurières (6) représentent également le Haut-Diois, tandis que le massif montagneux au sud et à l'ouest de la Drôme a fourni quelques notices isolées : Bouvières et Félines au canton de Bourdeaux, Saint-Nazaire-le-Désert dans celui de La Motte-Chalancon (7). Ils termineront l'ouvrage.

Comme précédemment, le but des éditeurs a été de donner une édition aussi exacte que possible ; vérifier quelques références, ajouter les chiffres du recensement de 1921 aux précédents, supprimer quelques transitions devenues inutiles, voilà les seuls changements qu'ils se sont permis.

J. DE FONT-RÉAULX.

---

(1) T. XXXV (1901), p. 36-75 (Beaufort) ; t. VII (1873), p. 103-14 (Piégros-la-Clastre), t. XXXVII (1903), p. 321-7, 375-87 ; t. XXXVIII (1904), p. 100-7 (Plan-de-Baix). Deux passages originaux de *La vallée de la Gervanne* ont été maintenus.

(2) *Bull. de la Soc. d'Arch. de la Drôme*, t. XLII (1908), p. 108-16, p. 187-90.

(3) *Ibid.*, t. XV (1881), p. 257-64 ; t. XVI (1882), p. 1-26, 97-119, 257-86, 409-37 ; t. XVII (1883), p. 78-92, 194-211, 285-96, 411-19.

(4) *Ibid.*, t. XLI (1907), p. 107 (Barsac) ; t. XLIII (1909), p. 105-6. La notice sur Saint-Benoît est inédite.

(5) *Ibid.*, t. XXXIII (1899), p. 403-20 (Treschenu) ; t. XXXVI (1902), p. 317-23, 409-19 ; t. XXXVII (1903), p. 80-8, 199-209 (Châtillon et ses alentours) ; *ibid.*, p. 210-3, 289-300, 438-43 ; t. XXXVIII (1904), p. 207-11 ; t. XXXIX (1905), p. 266-72 (Les environs de Châtillon) ; *Le Dauphiné*, 43ᵉ année (1906-7), p. 25, 59, 67, 84-5, 99, 107, 115 (Le Tramway de Châtillon-en-Diois à Pont-de-Quart) ; *Ibid.*, 50ᵉ année (1914), p. 128-50, 435-436 (La paroisse de Boulc) ; *Ibid.*, 48ᵉ année (septembre 1912) (Lus-la-Croix-Haute).

(6) *Bull. de la Soc. d'Arch. de la Drôme*, t. XXXVI (1902), p. 423-36 ; t. XXXVII (1903), p. 56-68, 149-53 (Luc) ; t. XXVIII (1894), p. 407-9 (Un relai de voie romaine à Beaurières).

(7) *Ibid.*, t. XXX (1896), p. 275-80, 335-47 (Bouvières) ; t. XLII, (1908) p. 117-8 (Félines). *Le Dauphiné*, 51ᵉ année (1915), p. 266 (A Saint-Nazaire-le-Désert en 1792). Quelques notes y ont été ajoutées pour le dernier article et quelques autres.

PRÉFACE

L'auteur de la *Statistique de la Drôme* avait eu, en 1835, le projet de consacrer une notice à chaque commune ; mais effrayé des répétitions fastidieuses d'un semblable travail, il se borna à réunir divers renseignements sur quelques-unes d'entre elles. A la vérité, de son temps, les archives publiques entassées sans ordre n'offraient aucune ressource ; les archéologues n'avaient pas étudié les monuments anciens et la difficulté des communications empêchait toute recherche des sites pittoresques et des curiosités naturelles.

Aujourd'hui, tout est changé : des chemins commodes conduisent dans toutes les communes, les archives et les bibliothèques classées sont accessibles à tous ; des érudits habiles ont dégagé l'histoire, la géographie et la chronologie d'une foule d'erreurs ; l'épigraphie a permis de mieux connaître la période romaine, les inventaires sommaires des archives projettent sur le moyen âge une vive lumière, enfin, les sciences naturelles signalent toutes les richesses de la nature spéciales à chaque localité.

Un premier essai sur les communes de l'arrondissement de Montélimar a prouvé que chacune d'elles avait sa physionomie et son autonomie propre et que les répétitions, si redoutées en 1835, n'offrent plus le moindre danger.

Dans ces conditions, une étude sur l'arrondissement de Die peut et doit, à force de recherches, présenter quelque intérêt et et rendre quelques services.

Avant de la commencer, il est important de connaître la constitution géologique du territoire à parcourir, car, selon M. Lory, les divisions sous ce rapport ont été et seront toujours des divisions naturelles dont l'homme lui-même subit nécessairement l'influence.

Le Dauphiné, on le sait, se divisait en *région des montagnes* et *région des plaines et des plateaux*, par conséquent l'arrondissement de Die entre de plein droit dans la première catégorie et présente partout un sol accidenté formé de roches plus ou moins solides, le plus souvent en couches redressées, disloquées et contournées. « Les couches, dit M. Lory, ont été autrefois horizontales et continues ; elles offrent encore les preuves de leur formation par dépôts successifs au sein des eaux, attestée par les restes de coquilles et d'animaux fossiles en général, d'autrefois, par les empreintes de végétaux qui y ont été enfouis et conservés. Le redressement et les dislocations multipliés de ces couches sont le résultat de grandes révolutions du sol, qui ont élevé ces dépôts au-dessus des eaux et les ont façonnés en montagnes ».

M. Scipion Gras décrit ainsi la région des montagnes : « Aux champs unis et fertiles de la plaine succèdent des pentes abruptes souvent dépouillées de toute végétation. Les vallées sont étroites, profondes et occupées presque en entier par le lit des torrents. Elles se ramifient à l'infini et se perdent en contours sinueux qui offrent l'image d'un véritable labyrinthe. On est frappé surtout d'une variété extrême dans la forme et la disposition des cimes, du désordre continuel des couches, de la coupe hardie des rochers, et de mille accidents bizarres ».

Selon M. Lory, le Diois, le Vercors, le Royans, le Trièves, le Dévoluy, sont formés presque exclusivement de roches calcaires ou argilo-calcaires, ce qui n'exclut pas la présence du terrain jurassique aux environs de Die, de Saillans et de Saint-Benoît et entre Die et Valdrôme, Luc et le Buis, du terrain crétacé néocomien supérieur et inférieur dans les montagnes du Vercors, de Pont-en-Royans à Lus-la-Croix-Haute, des terrains tertiaires au même Lus et à Saou, de la mollasse d'eau douce et mollasse marine à Auriples et au Fort des Coquilles, de Barcelonne à Auriples, de Valence à Crest, et de là à Grane, à Autichamp.

« Dans les montagnes, dit M. Scipion Gras, les récoltes consistent surtout en fruits ; on y fait aussi un grand commerce de bêtes à laine. En général la fertilité y est extrêmement variable comme l'aspect du sol lui-même... Le terrain jurassique est mieux boisé, la végétation y paraît plus belle ; celui de la craie, au contraire, frappe souvent par l'aspect d'une aridité complète, que rend encore plus sensible la couche jaunâtre qui lui est particulière. On doit attribuer son peu de fertilité à sa grande élévation, et aussi à la nature de ses rochers, qui consistent en grès friables ou en marnes légères, laissant filtrer les eaux avec une grande rapidité. Les marnes jurassiques, plus compactes et plus argileux, retiennent mieux l'humidité indispensable aux plantes ; d'ailleurs elles occupent ordinairement le fond des vallées » (p. 43).

M. Lory classe les montagnes de la région des chaînes secondaires des Alpes en trois divisions : Nord, Est et Sud. La 1ʳᵉ comprend, outre les massifs de la Chartreuse, de Lans, ceux du Royans et du Vercors, la 2ᵉ, les massifs de la Croix-Haute et du Dévoluy et la 3ᵉ, les bassins du Roubion, de la la Drôme, de l'Eygues, de l'Ouvèze et du Buech et de la Durance.

Les principales atteignent 1.800 mètres de hauteur au Vercors, 1.952 au Glandaz près de Die, 1.546 à Couspeau près de Bourdeaux, 1.450 à Malandre et 1.608 à Angèle près de Bouvières.

Cinq rivières principales arrosent autant de vallées : la Vernaison, la Drôme, le Roubion, l'Oule et le Buech. M. Delacroix y ajoute le Bez et la Gervanne, affluents de la Drôme.

Sortie des forêts du Vercors, la *Vernaison* traverse tout le Vercors du nord au midi, et se jette dans la Bourne vers le Pont-en-Royans.

De sa source, au pied du presbytère de la Bâtie-des-Fonts au Rhône, la *Drôme*, sur 62 kilomètres de long, coupe le Diois en deux parts de l'est à l'ouest. Ses affluents principaux de la rive droite sont : le Maravel, le Rif de Miscon, le Bez, la Comane, la Nire, le Rieussec, le Charsac, la Size, la Gervaune, la Lozière et Saleine ; sur la rive gauche : le Beaumont, le Béoux, la Roane et la Grenette. Tous ces affluents ont leurs vallées et leurs tributaires.

Le *Roubion* vient des environs de Bouvières et va grossir le Rhône en suivant la direction du midi au nord jusque près de Saou et ensuite celle de l'est à l'ouest. Il reçoit dans l'arrondissement la Bine et la Vèbre.

Tributaire de l'Eygues, l'Oule naît dans les montagnes de Montmorin et arrose la belle vallée de la Motte-Chalancon.

Quant au Buech, dont une branche sort des forêts de Lus-la-Croix-Haute, il appartient à peine à l'arrondissement.

Il sera question des autres rivières, des lacs et des canaux dans la description des communes.

La Rochette

Une gare isolée, bâtie dans la vallée silencieuse qui s'ouvre au sortir d'Upie, dessert La Rochette et les fermes de son voisinage. Elle a pris le nom de cette petite commune de 229 habitants pour 876 hectares de surface, dotée de deux villages distincts. Le nouveau renferme l'église, la mairie et les écoles dans une situation plane et agréable ; l'ancien abrite ses maisons derrière des rochers nains qui narguent ceux de la montagne de la Raye, dernier massif des Alpes entre les rivières de la Drôme et de l'Isère. De là, son nom de *Rupecula* et de *Rupela*, petite roche. On la surnommait autrefois la Rochette Cormaille ou Cornaille, ce qui, au dire des Celtisants, signifie roche minuscule et la distinguait de son homonyme des environs de Saint-Auban-les-Baronnies.

D'anciens documents lui donnent pour premiers seigneurs les comtes de Valentinois qui, en 1301, en cédèrent la jouissance à la famille de Montmeyran. Trente ans plus tard, celle-ci renouvelle le même devoir féodal ; mais, en 1341, Jean Rabot et, en 1349, Jean d'Urre, de Crest, héritier de Bertrand de Montmeyran, son oncle, se déclarent encore vassaux des Poitiers, alors qu'en 1540, Claudine de Beauvoir, veuve de noble Jean Bérenger de Morges reconnaissait le roi de France pour légitime suzerain.

Ces Bérenger s'étant établis à Puygiron près de Montélimar, vendirent La Rochette, en 1606, aux La Baume qui la firent ériger en marquisat, en 1693, sous le nom de Pluvinel avec Eygluy et Omblèze.

Chorier et Guy Allard font venir de Bretagne la famille des acquéreurs et M. Rivoire de la Bâtie la dit originaire de Crest. Ce fut Pierre, conseiller au parlement de Grenoble, qui acheta la terre de la Rochette à Antoine Bérenger, seigneur de Puygiron, au prix de 6.000 livres, y compris les granges de Roure et de Pierre-Blanche.

Comme le service religieux était confié au prieur de Vaunaveys et que le tiers-état, faute d'archives communales, ne peut établir son histoire, il faudra se borner à l'énumération des charges et droits usités dans la seigneurie : justice entière, château, maison, pigeonnier, garenne, lods au denier trois, prés, vignes, terres et bois, prélation, vingtain et pouvoir d'accenser les eaux, deux terriers ou résumés des redevances foncières dues par les emphythéotes, ainsi évalués dans un dénombrement de 1692; censes, 35 sétiers de blé, mesure de Crest, 10 ras d'avoine, 15 ou 16 poules; corvées à 1 gros l'une, 9 florins 4 gros, moulin 9 sétiers de gros grains de ferme, four, 23 florins vingtain, 16 sétiers de bons grains. Malheureusement cette énumération incomplète manque de total.

La famille de la Baume qui prit le nom de Pluvinel après le mariage de Catherine, fille unique de Jean, frère d'Antoine, avec Gabriel de la Baume, maître en la Chambre des Comptes de Dauphiné, est honorablement connue dans cette province et tous les auteurs font l'éloge d'Antoine de la Baume, décédé en 1586 et de ses trois fils : Pierre, Gabriel et Bon, magistrats distingués. Quant à Antoine de Pluvinel, premier écuyer et chambellan du roi Henri III et créateur des manèges en France, il fut l'auteur d'un ouvrage sur l'équitation plusieurs fois réimprimé.

Un procureur du roi au siège de Crest, P. de Reclus, bel esprit de son temps, a dit de lui :

> Crest, dauphinois, mon bers, Naples fut ma nourrice,
> Ma demeure Paris :
> Trois roys ont recogneu mon fidelle service
> D'inestimable prix.
> Paris, cet œil du monde et mon académie,
> S'honorant de mon los,
> Ont ma cendre en leur tombe endormie
> D'un éternel repos... (1)

Altitude : 407 mètres. Superficie : 876 hectares.

Distance de Die : 46 kilomètres ; de Crest-nord, 9 kilomètres.

Habitants : en 1911, 225 ; en 1921, 193.

Vaunaveys

Vaunaveys environné de toutes parts de collines boisées, au pied de la montagne de la Raye, offre un cirque frais et verdoyant

---

(1) Voir *Biographie du Dauphiné*, de M. Rochas. et le *Dictionnaire biographique* de M. Brun-Durand, pour renseignements complets.

ainsi qu'un village gracieux avec château féodal en ruines et l'ancienne église bénédictine de Saint-Michel.

On a prétendu découvrir l'étymologie de son nom dans la ressemblance du rocher de Saint-Denis, avec un navire renversé, soit *vau* pour val, *vallis* et *naveys*, *navigii*, vallée du vaisseau. Or, il existe près de la splendide station thermale d'Uriage une localité de même nom dépourvue d'emblème maritime bien visible, ce qui rend difficile l'explication proposée et permet aux celtisants d'en présenter une autre. *Vau*, disent-ils, suivi de *Nave* pour *aven*, rivière et d'*Ys*, encaissée, équivaut à rivière basse de la vallée ou à vallée de la rivière basse. A la vérité les petits cours d'eau qui traversent la belle pelouse de l'une et l'autre localités sous les noms de Sonnant, affluent de l'Isère, et de Saleine, tributaire de la Drôme, méritent à peine le nom de rivière.

Sans donc insister sur une question assez ardue pour avoir embarrassé M. de Coston, si bien au courant des étymologies des noms de lieu de la Drôme, nous ajouterons que *naves*, *navon*, *navois*, etc., signifiant à la fois hauteur et lieu bas et humide se prêtent peu à une solution rigoureusement irréprochable.

Le célèbre Crestois, Roch Grivel, dans son *Sourcier de Vaunaveys*, nous a conservé la tradition sur le rocher de Saint-Denis à figure de vaisseau : la voici :

> Quand lo mer jusqu'ici venio se permena,
> La Rayo sus sous flots fosio veire son na,
> Un long et gros veissé bottu per lo tempesto,
> Vinguet com'un frappa se li fendre lo testo,
> Per lou pertus qu'ou frant lou roucha li feiguet,
> Comme dedins un pous l'eigo s'engloutiguet.
> Pechaïre ! quand fuguet rempli coum'uno escuello
> Tout lou long du roucha, fosant la concubuello,
> Vinguet jusqu'o sous pés, voun sei peitrifia.
> Voqui ce que mon grand m'o bien certifia.

Malgré l'affirmation de l'aïeul du poète, et malgré la présence de requins et d'huitres pétrifiés à Vaunaveys, il est permis d'avoir des doutes sur la transformation d'un vaisseau en rocher.

Si les premiers habitants du lieu n'ont pas laissé de traces de leur passage, les Romains se sont montrés beaucoup plus généreux. « Il y a quelques années, écrivait en 1835 l'auteur de la *Statis-* « *tique de la Drôme*, que la charrue y retira d'un champ des « objets de la plus haute antiquité. C'était, entre autres, une « statue de Mercure, représenté nu avec un pétase surmonté de « deux ailes. De la main droite, il tenait une bourse et sur son « épaule gauche était attachée une chlamyde qui lui enveloppait « le bras jusqu'à la main. Son attitude était celle d'un homme « qui marche. On y trouva aussi de petits coqs en bronze, des « cassolettes et des javelots d'une forme particulière » (1).

______

(1) *Statistique*, p. 644.

Tout cela joint à l'ouverture de la route de Milan à Vienne et Lyon proclame hautement la puissante organisation de l'empire romain.

Sa chute ouvrit la Gaule à toutes les invasions barbares et l'on y vit tour à tour les Burgondes, de 414 à 534, les Francs, les Lombards, les Sarrasins et les Hongrois, en 924. Sous les faibles successeurs de Charlemagne, Boson y créa le deuxième royaume de Bourgogne et quand en 1032 les Comtes d'Albon et de Valentinois s'en partagèrent le territoire, les populations de toutes les communes traversées aujourd'hui par le train devinrent leurs vassales. Bien que l'origine de ces nouveaux souverains ne soit pas encore bien connue, ils régnèrent sur nos pays pendant plusieurs siècles et ne donnèrent leurs états à la France qu'en 1419. Comme le *Bulletin de la Société d'Archéologie de la Drôme* a tout au long publié leur histoire, écrite avec savoir et impartialité (1), il suffira en passant à Vaunaveys de rappeler le seul comte plus particulièrement digne de la reconnaissance des habitants. Ce fut Aymar IV de Poitiers qui, de 1277 à 1324, guerroya contre les évêques de Valence à Crest et dans les environs.

Aussi n'est-il pas étonnant que les nécessités de la lutte l'aient conduit à surcharger d'impôts les habitants de ses terres. Toutefois, ces exactions lui causèrent à la fin de cuisants remords et sa vieillesse en fut vivement agitée. Comme, sous le nom de ving, tain, il avait, à l'exemple des autres seigneurs, exigé de ses vassaux la vingtième partie de leurs récoltes en blé et en vin, pareil impôt donnait à ses agents de nombreux moyens de vexer les contribuables, et il semblait au comte parfois entendre les plaintes des vieillards, des veuves et des orphelins. La nuit surtout, des scènes de deuil se présentaient à son souvenir, troublaient sa conscience et lui arrachaient des larmes. Il consulta un cordelier de Crest pour calmer ses inquiétudes, et le religieux lui répondit que l'unique remède à son mal consistait à réparer ses torts. Aimar IV, ayant encouru les censures ecclésiastiques par ses guerres aux évêques de Valence, désirait aussi se réconcilier avec l'Eglise, et il envoya le même cordelier à Avignon. Le pape le reçut, leva l'excommunication encourue et donna l'absolution pour les exactions commises, à la condition expresse de restituer les sommes indûment perçues.

Le comte se soumit et pour obtenir une satisfaction complète appela auprès de lui son fils Louis, évêque de Viviers.

Le 14 août 1318, le prélat convoqua au château de Crest les syndics et procureurs de Vaunaveys et là, en présence de deux notaires et de plusieurs témoins, déclara absolument abolie la redevance du vingtain. Le parchemin constatant ces faits, conservé à la

---

(1) Chan. Jules Chevalier, *Mémoires des comtés de Valentinois et de Diois.*

mairie, a été analysé déjà en 1861 par M. Brun-Durand, le savant
auteur de tant d'utiles travaux sur l'histoire locale, et témoigne
de l'importance que la population attachait à ce document
curieux (1).

Louis II de Poitiers, en 1419, en donnant ses états à la France,
réserva Montmeyran et Vaunaveys pour Antoine de Clermont-
Montoison, son cousin, sorti lui aussi d'une famille dauphinoise
aussi ancienne que puissante. Par suite de difficultés inhérentes
à la succession du comte Louis II, l'annexion du Valentinois ne
s'effectua qu'en 1446 après le traité conclu à Chinon entre les
délégués de Charles VII et le duc de Savoie un des héritiers du
défunt. Or, la même année, le Dauphin Louis (plus tard Louis XI)
venait prendre possession de la province où il régna dix ans. La
position stratégique de Pierrelatte ayant attiré l'attention du
prince, il traita avec les Moreton pour une part de la seigneurie,
et avec Aimar d'Urre pour l'autre, qu'il échangea, en 1450, contre Vaunaveys. On ne connaît pas les motifs de l'aliénation de ce
fief, attribué aux Clermont-Montoison en 1419, et racheté par eux
le 18 mai 1504. De cette date à 1791, ils en restèrent les maîtres.
Leur famille se couvrit de gloire dans les armées de la France et
Philibert, l'un d'eux, mourut à Ferrare capitaine de 50 hommes
d'armes et lieutenant-général de l'armée de Louis XII dans cette
ville. Les historiens affirment que les Florentins avaient demandé
au roi de France ce vaillant guerrier pour commander leurs troupes, en échange de 300 hommes d'armes, et que le monarque refusa
refusa de se séparer de lui.

Ajoutons que les archives locales signalent d'excellents rapports
constants entre les seigneurs et leurs vassaux de Vaunaveys pendant plus de deux siècles, et que ces constatations nous amènent
naturellement à examiner la condition des habitants sous l'ancien
régime.

L'administration communale au moyen âge nous est peu connue, faute de documents, mais pendant les derniers siècles ils
abondent assez pour permettre une appréciation impartiale.

L'administration provinciale, dirigée par un intendant et
des subdélégués, s'occupait de la sécurité publique, et l'administration communale des petites localités offrait les caractères essentiels d'une sage démocratie. Le pouvoir exécutif,
confié à un ou deux consuls annuels électifs, se composait d'assemblées délibérantes de tous les chefs de famille réunis, après
convocation, sous la présidence du châtelain ou représentant du
seigneur. La rentrée des impôts s'opérait, ou par des fonctionnaires en titre, ou par des receveurs à gages. Il y avait, depuis
Louis XI, les tailles ou impôt foncier, la capitation, impôt personnel et mobilier, depuis 1690, et le dixième transformé en ving-

____

(1) *Inventaire sommaire des archives de la Drôme*, t. VIII, CC. 25 (E. 13.965).

tième, véritable impôt sur le revenu, depuis 1710. Il était rendu compte chaque année des recettes et des dépenses communales.

L'armée comprenait les milices et se recrutait par le tirage au sort. Pour la justice, on l'avoue, trop de sortes de juridictions la distribuaient, et elle laissait place souvent à la partialité.

Quant au clergé, Vaunaveys était desservi par le prieur de Saint-Michel, dépendant de l'abbaye de Cruas, fondée dans l'Ardèche au ix° siècle. Le titulaire percevait la dîme dans la paroisse et dans celle de la Rochette.

En 1624, les revenus ne suffisaient plus à payer le traitement ou portion congrue du curé, car les troubles du xvi° siècle avaient singulièrement diminué les recettes. C'est qu'alors, en effet, il fallait loger et payer tour à tour les troupes protestantes et les troupes catholiques, ainsi que l'armée royale sous Louis XII et François Iᵉʳ, allant en Italie ou en revenant ; il fallait approvisionner les étapes et assurer les transports militaires. Ces charges multiples n'ont pas été encore mises en évidence. Les consuls, d'ailleurs, savaient fort bien réclamer au besoin des améliorations, ainsi, en 1771, ils exposaient au roi que leur territoire pour deux tiers comprenait des coteaux, des montagnes et des rochers et que le restant produisait du seigle pour nourrir à peine la majeure partie des habitants le tiers de l'année ; les récoltes étaient mauvaises et les charges publiques obligeaient une bonne partie de la population à chercher du travail au dehors ; le froid avait tué les vieilles vignes et une partie des noyers ; les frais de brigade pour la rentrée des tailles et les travaux de la grande route de Valence à Montélimar écrasaient les habitants ; dans cette situation, les dettes anciennes ne pouvaient être payées et une surséance de dix ans devenait nécessaire. Une autre cause de plaintes naissait de l'exemption des tailles accordée aux fonds nobles et ecclésiastiques ; voici les chiffres fournis : M. de Clermont-Montoison possède château, maison et ferme avec 334 setérées ; Pierre Picon de Montchaud, une maison et une grange de 340 setérées ; Gaspard de Lastic de Chaffin, une maison et une ferme de 305 setérées ; Gabriel de La Baume, auditeur en la Chambre des Comptes, une maison et une ferme de 190 setérées, le prieur de Saint-Michel 33 setérées de terre et le recteur de Saint-Blaise 14. Les privilégiés, possesseurs des meilleurs fonds, en avaient ensemble plus que les roturiers (1).

Avant de quitter Vaunaveys, il parait utile de rappeler ceux de ses enfants qui ont donné des preuves de savoir et de dévouement.

Le premier, Guillaume Rabot, de Saleine, appartenait à une famille parlementaire déjà rencontrée à Upie. Bertrand, son père, lui légua, le 27 mars 1536, la seigneurie d'Espenel et tous ses biens de Crest ; mais il préféra la carrière de l'enseignement à la

---

(1) *Inventaire* précité, passim.

vie tranquille de village. Vers 1549, il professait le droit à Grenoble, et les années suivantes, il écrivait à Calvin d'Avignon et de Padoue, ce qui prouve ses croyances religieuses. On le trouve ensuite à Strasbourg et à Lyon où, en 1557, il publiait la traduction du *Miroir d'Alquimie* de Bacon (1), puis, en 1572, à l'Académie de Villemberg où il enseignait le français, comme le prouve son discours imprimé sur cette langue. Des auteurs l'ont représenté à la tête d'une compagnie de chevau-légers en Allemagne et marié richement dans le pays. Le nom de *Salenius* qu'il prenait, lui vient de la petite rivière de Saleine qui bordait son domaine.

Avec M. Faure-Biguet (Jean-Pierre-Joseph-Marie), fils d'un lieutenant particulier en la sénéchaussée de Crest et d'Hélène Biguet, né le 1er octobre 1750, nous avons à rappeler une existence plus calme et plus scientifique ; jeune encore, il alla étudier le commerce à Lyon et l'exerça quelques années. En 1797, il retourna à Crest et y devint, en 1800, receveur principal des droits réunis et entreposeur des tabacs. En même temps, il correspondait avec les savants et avec les naturalistes genevois. Comme il possédait une maison de campagne à Vaunaveys, il y résidait souvent et devint maire de la commune et membre de la Société d'Agriculture, Commerce et Arts de la Drôme et de la Société d'Agriculture et des Sciences naturelles de Lyon. Il mourut en 1820, après avoir publié des mémoires sur quelques insectes nuisibles à la vigne, sur la modification de la greffe à œil dormant, et sur les plantes grasses. On lui doit aussi des *Considérations sur les bélemnites* et des manuscrits sur les coquilles fossiles et sur celles des environs de Lyon (2).

Le culte des lettres et du dévouement à la science s'est perpétué dans sa famille, et aujourd'hui l'un de ses membres, conseiller à la cour de cassation, a déjà traité quelques questions historiques avec talent, et l'autre un arabisant distingué, le général Faure-Biguet, frère du Conseiller, décédé à Valence, président d'honneur de la Société d'archéologie de la Drôme.

Il existe aussi une brochure de M. Bonnet-Dorion, parue en 1815, et traitant d'économie politique. Son seul tort est d'être trop concise sur des points d'un vif intérêt. Mais ce qui nous recommande son auteur, c'est la conservation à Vaunaveys d'une belle inscription en lettres onciales du xiv° siècle sur pierre blanchâtre très dure, rappelant une petite donation de rente à une église de Saint-Jean.

Altitude : 382 m. Superficie : 1.318 hectares.

Distance de Die : 44 kil. ; de Crest : 6 kil.

Habitants : en 1911, 448 ; en 1921, 373.

---

(1) Brunet attribue cette traduction à un autre (Voir **Bacon**).
(2) *Dictionnaire biographique de la Drôme*, de M. Brun-Durand, t. Ier

Allex

Bâti sur la déclivité du coteau qui arrête, au nord, la belle vallée de la Drôme, ce bourg possède un état-civil ancien fort authentique. M. l'abbé Vincent en a écrit l'histoire et l'*Album du Dauphiné*, après le *Voyage pittoresque de France*, en a donné le dessin ; toutefois, la révélation de nouveaux faits autorise un nouveau travail. Voici les formes primitives de son nom, pour la joie des étymologistes : *Alisium* en 928, *Aelisium seu Elysium in agro Elysiense seu Elysiensi in pago Valentinense* en 925 et 954, *Alez* en 1158, *Aleis* en 1191, *Aleysium* et *Alesynum* en 1296, *castrum Alaysii* en 1397, *Aleseum* en 1456, *Allez*, *Ales*, *Alles*, *Alex* et *Alaix* dans les temps modernes (1). Malgré la découverte d'une statuette en bronze de Mercure sur son territoire, les Romains paraissent y avoir eu seulement une villa ou grosse ferme, et il ne faut y rechercher ni l'Alesia de César ni l'Alais du Languedoc. Grâce au *cartulaire de Cluny* on y voit, de 994 à 1109, Arduin, prévôt ou magistrat et ses neveux donner à cette abbaye célèbre, fondée au X⁰ siècle, en Saône-et-Loire, une ferme voisine de l'église de Saint-Baudile et divers immeubles pour l'entretien du prieuré et celui de Monaud, son neveu ; peu après Monaud, sa femme et son frère Guigues accroissent cette dotation du tiers des dîmes de l'église de Saint-Maurice construite dans le château fort, et Rostaing, Redemptus, Guy, Arbert, Monaud et leurs fils et leurs épouses ajoutent à ces dons l'église de Saint-Baudile, des cabanes et des serfs (2).

L'existence de deux églises à ces époques reculées prouve clairement l'importance de l'agglomération primitive. Toutefois, il n'est guère plus question de la colonie clunisienne qu'en 1296 et en 1303 (3), formée alors de 3 ou de 4 religieux. En 1600, ses revenus comprenaient encore plus de 100 setiers de grains pour une aumône aux pauvres trois jours par semaine, du 1ᵉʳ novembre au 24 juin, l'exercice du culte, l'entretien de l'église et le paiement des décimes au roi (4). La seigneurie n'appartint jamais à Cluny, car les empereurs d'Allemagne en avaient gratifié les évêques de Valence et ceux-ci, le chapitre de leur cathédrale. Elle s'affermait 1.200 livres en 1690 et comprenait, d'après une reconnaissance de 1599, une juridiction complète, le droit de chasse et de pêche, de pulvérage, les amendes de police rurale, les langues des bœufs tués à la boucherie, les lods au 5⁰ denier des terres ven-

---

(1) Voir la *Revue Dauphinoise*, t. III et l'*Inventaire des articles de la Drôme*, t. VII.

(2) Long, *Antiquités du pays de Vocontiens*. — *Cartulaire de Cluny*, I 345, II, 36, IV, p. 183, 237, 264.

(3) Roman, *Visites de Cluny* dans le *Bulletin d'histoire ecclésiastique*, de M. U. Chevalier, année 1883.

(4) *Inventaire des archives de la Drôme*, t. VII, p. 394, G G 10 (E. 13, 384).

dues et la 25ᵉ partie des récoltes des ramières ou oseraies voisines de la Drôme. Un inventaire des chanoines de Saint-Apollinaire ajoute à ces revenus une certaine quantité de bois pour leur château, 2 pots de vin par tonneau vendu et les produits du four banal, avec clause d'exemption en faveur du pain blanc destiné aux femmes récemment accouchées et des gâteaux en forme de couronne (1). Ajoutons que les Clermont-Montoison et les d'Urre, remplacés plus tard par les La Tour-du-Pin, avaient aussi de grands biens à Chapolier et à Aiguebonne ou Eaubonne, notamment.

Quelle fut la part de souffrances de la population pendant les guerres des comtes de Valentinois contre les évêques ? L'absence de documents exige le silence. A la fin du xvıᵉ siècle, il n'en est plus de même. Montbrun s'empare du bourg en 1573 et le seigneur de Mirabel l'année suivante. Des soldats de ce dernier y mettent à mort cruellement le curé du lieu et cinq autres prêtres. Jean d'Urre, chargé de la garde de la place avec 120 hommes, ne tarde pas d'y être assiégé par le Dauphin d'Auvergne et de se réfugier dans la tour carrée où sa troupe est massacrée. L'*Album du Dauphiné* (2) a publié le récit des excès commis alors, d'après un document aujourd'hui égaré, mais les archives locales en conservent encore le complément. « Le 20 février 1574, le lieu d'Allex fut, dit-il, saisy et pillié par Jean d'Eurre, du parti de la religion, qui y demeura avec deux ou trois compagnies du régiment de Mirabel, tant de pied que de cheval, puis au 12 juin de la dite année ; il fust (alors) assiégé et battu par le canon et repris par Monseigneur le prince dauphin et son armée, et de nouveau pillié et saccagé, pour y estre entré par assault et force, et la plus grande partie des maisons bruslées et abattues. Le prince y laissa en garnison deux compagnies de gens de pied, du nombre de 250 soldats, qui y demeurèrent 27 mois, nourris et entretenus par les habitants. Au bout de ces 27 mois, les compagnies feurent commandées s'en aller à Eurre, et en partant d'Allés « l'esmantellarent et bruslarent presque toutes les maisons qui estoient demeurées entières au siège, et despuis, ce pauvre lieu a servy de gipte et de retraitte à tous les soldats et trouppes passant et repassant (qui) logeoient à discrétion et, après avoir mangé et beu le bien des pauvres, pilloient et saccageoient tout ce qu'ils pouvoient, rançonnoient leurs hostes et (par) aultres insolances auroient du tout mis à bas ledit lieu ». Aussi fut-il contraint de vendre son moulin, ses 200 setérées de terre au Fourneau, 200 autres à Chapolier, 60 à Vermenelle avec 40 faucheurs de pré et de souscrire des engagements onéreux à plusieurs créanciers. D'autres pièces contemporaines y rappellent le séjour des troupes de Lesdiguières et d'Eper-

---

(1) *Inventaire du chapitre Saint-Apollinaire* au mot Allex (manuscrit des archives de la Drôme).

(2) *Album du Dauphiné*, 4ᵉ année.

non, de Gouvernet, de Coursas, de Vachères, etc., et des gouverneurs de Valence, Crest, Chabeuil et Livron, les étapes, les aides,
les envois de pionniers et les impôts ; aussi, ajoutent-ils, des 20
ou 3o auberges existantes lorsqu'il y avait un passage facile de la
Drôme et un marché, en reste-t-il à peine deux petites et des
55o maisons habitées en 155o, la moitié seulement.

La population de 1896 est de 1.419 habitants (en 1911, 1.55o,
en 1921, 1.oc5), pour 2.017 hectares de contenance s'élevait, en
1724, à 248 chefs de famille et à 8.044 setérées de 6oo toises, dont
5.686 taillables et 2.315 nobles ou ecclésiastiques ; les biens du
prieuré et la dîme atteignaient 1.15o livres, ceux du curé 1.5oo,
ceux du sacristain et de 2 chapelains 1.2o5. le produit de la taille
ou impôt foncier 5.o89 livres, la capitation 1.2o8, le dixième 58o
et le budget communal 498, total 11.23o ; les quatre contributions
de 1873 ont été de 28.559 francs.

Il est assez difficile de connaître exactement l'organisation communale d'Allex pendant les siècles antérieurs au xiv° ; en 1366, on
trouve des gens de loi et des clercs procureurs ou syndics des habitants ; un compte consulaire de 13o1 accuse 514 florins de recettes
et 494 de dépenses, à cause des troupes de Raymond de Turenne
dans le voisinage. Plus tard, il y eut des consuls annuels et des
assemblées des chefs de famille, où pour entrer, il fallait, au
xvii° siècle, payer 3o sols d'impôts (1). Les délibérations et les
comptes existants mettent en pleine évidence le dévouement et le
zèle des administrateurs municipaux pour défendre le territoire
contre les inondations fréquentes de la Riaille et de la Drôme et
les habitants contre les épidémies et contre l'ennemi pendant les
guerres (2).

Un juste hommage doit être rendu à ces hommes courageux et
patriotes.

Le bourg, à 2 kilomètres nord de la gare de son nom, mérite
d'être visité à cause de sa situation magnifique et de la beauté de
plusieurs de ses maisons.

Altitude : 209 m. Distance de Die : 47 kil. ; de Crest : 10 kil.

Grane

Avant d'entrer à Crest, une petite excursion sur la rive gauche
de la Drôme doit tenter un excursionniste. C'est Grane, d'abord,
à 2 kilomètres de la gare d'Allex, avec les ruines de son ancien
château fort, l'église désaffectée de Notre-Dame d'Andéac, le clocher de celle de Saint-Jean et le château de Plaisance. De bonne
heure, les comtes de Valentinois vinrent s'établir dans cet agréable

---

(1) *Plaidoyers* de Guy Basset.
(2) *Inventaire des Archives de la Drôme*, t. VII, où se trouve l'analyse des
archives d'Allex antérieures à 1789.

séjour et Flotte de Royans y résida. Demeurée veuve, jeune encore, et tutrice de son fils, elle était en guerre contre Aimar II, son beau-père ; ses parents lui conseillèrent de réclamer l'appui de l'évêque de Valence. Elle joignit à ce secours celui de ses charmes et gagna à sa cause Aimon, sire de Faucigny, partisan du comte, et lui donna sa main. Un autre drame s'accomplit au même lieu en 1416. Louis II de Poitiers, contraint par la violence à céder ses biens aux seigneurs de Saint-Vallier, ses parents, ne dut sa liberté qu'à l'intervention de ses vassaux et du parlement de Grenoble. Il fit le roi de France héritier de ses états à la condition de payer ses dettes, avec substitution en faveur du duc de Savoie et du pape. Cette clause amena des conflits, et les comtés de Valentinois et de Diois ne furent réunis à la France qu'en 1447.

Le dauphin Louis, devenu roi, et ses successeurs aliénèrent souvent la seigneurie de Grane dans la suite, et l'on y trouve tour à tour Philippe Boulier, Bertrand Rabot, Diane de Poitiers, de Gordes et enfin, en 1642, les princes de Monaco jusqu'à la Révolution.

Ni son origine, ni l'étymologie de son nom ne sont connues, et bien que des philologues aient voulu la rattacher à une déesse des forêts, il doit remonter à la féodalité. Successivement au pouvoir des protestants et des catholiques, il eut à souffrir des sièges en 1570 et 1573, et les habitants, contraints d'abandonner leurs maisons à la dernière date, reçurent l'hospitalité à Chabrillan. Un autodafé du 25 frimaire an II ayant détruit les archives locales nous prive de renseignements intimes sur l'histoire du pays et la *Notice* de M. l'abbé Vincent, parue en 1853, est la seule ressource de l'antiquaire ; elle nous apprend qu'en 1370, Aimar de Poitiers octroya l'exemption des lods et des droits d'investiture à ses tenanciers et qu'en 1555 le roi et Diane de Poitiers y possédaient toute juridiction, un château, un four, un moulin et la forêt de Filan (1).

Altitude : 210 m. Superficie : 4.474 hectares.

Distance de Valence : 25 kil. ; de Die : 45 kil. ; de Crest : 8 kil.

Population : en 1911, 1.583 habitants, en 1921, 1.333.

Chabrillan

A l'est et tout près de Grane, une vieille tour émerge au-dessus des arbres sa tête mutilée et noire : c'est *Chabrillan*, d'abord seigneurie d'une famille de ce nom et ensuite des Beaumont d'Autichamp, dont un membre l'échangea contre une portion de Pierrelatte avec le dauphin Louis, en 1450. Le nouveau maître se dis-

---

(1) Abbé Vincent, *Notice sur Grane* et *Mémoire sur les comtés de Valentinois et de Diois*, par M. J. Chevalier. Vue dans l'*Album du Dauphiné*, sous sa notice.

tingua dans les armées, comme ses descendants, et Louis XIV, en 1674, érigea la terre en marquisat. Dès 1317, les Poitiers avaient exonéré la population du droit de vingtain, levé pour l'entretien des murs d'enceinte et, en 1353, des corvées personnelles ; les Moreton, en 1450, ajoutèrent à ces faveurs l'abolition des cas impériaux levés pour achat de seigneurie, mariage des filles, rançon du seigneur, etc., et la liberté de changer de résidence, de tester et d'avoir des consuls.

Une vieille église, dédiée à Saint-Pierre et desservie autrefois par les religieux de Saint-Thiers de Saou, a été classée parmi les monuments historiques; celle de Saint-Julien, reconstruite en 1753, n'offre aucun intérêt non plus que celle que les guerres du xvi° siècle abattirent. Il reste de cette dernière seulement le clocher, un mur et la chapelle des Moreton où se voient le tombeau de Claude Expilly, père du magistrat de ce nom, et la cuve des fonts baptismaux du xv° siècle.

Altitude : 236 m. Superficie : 1.775 hectares.

Distance de Valence : 27 kil. ; de Die : 44 kil. ; de Crest 7 kil.

Population : 764 habitants, en 1896 ; 707, en 1911 ; 603, en 1921.

Contenance : 1.775 hect., 4 contributions de 1873 : 16.761 fr. 50.

Divajeu

Sur le versant ouest d'une colline élevée que domine la montagne de Rochecolombe, Divajeu clôture de ce côté la belle et riche plaine de la rive gauche de la Drôme. Les évêques de Valence et de Die en avaient reçu la seigneurie des empereurs d'Allemagne. Ils la cédèrent, en 1226, à Silvion de Crest et ensuite aux Dauphins. Ces derniers s'en dessaisirent, en 1267 et 1277, en faveur des comtes de Valentinois et elle passa plus tard aux Adhémar, seigneurs de Montélimar, aux Viennois, aux Giraud, aux d'Urre, aux Sibeud de Saint-Ferréol, et, en 1727, aux Lattier de Bayane qui méritèrent, en 1789, par leur générosité, un brillant éloge de la commune et de la paroisse « pour les soulagements journaliers et les facilités accordées à la portion la plus nécessiteuse en vue d'améliorer ses biens et de surmonter l'ingratitude du sol ». Considéré jadis comme la sentinelle de Crest, ce modeste village tend sensiblement à descendre dans le val gracieux de Lambres, où déjà une église a été construite depuis peu d'années. Un Jordanon d'Urre, seigneur de Divajeu, fut envoyé par Charles VII au duc de Milan comme ambassadeur et nommé président en la Chambre des Comptes du Dauphiné (1).

Altitude : 380 mètres. Superficie : 1.326 hectares.

Distance de Die : 40 kilomètres ; de Crest : 3 kilomètres.

Population : en 1911, 472 habitants ; en 1921, 426.

---

(1) De Boisgelin, *Les Adhémar.*

Crest et sa Tour

Epave du passé, majestueuse Tour
Que chaque enfant de Crest contemple avec amour.
Roch GRIVEL, *Mas flours d'hiver.*

Cette ville de 5.579 habitants en 1901, de 5.536 en 1911 et de
5.005 en 1921, peut être fière des nombreux écrivains qui ont
étudié son histoire, avec détails ou sommairement, depuis Jules
Ollivier dans l'*Album du Dauphiné*, jusqu'à MM. Arnaud et
Mailhet (1). Il y aurait témérité de reprendre leurs travaux aussi
intéressants que bien étudiés. Sans lui faire remplacer l'*Augusta* des
Romains, on peut la voir naître vers 1120 avec les Arnauds qui lui
laissèrent leur nom *Crista Arnaudorum* et devinrent les de Crest.
Les évêques de Die succédèrent aux uns et aux autres. De leur
côté, les comtes de Valentinois en en revendiquant une portion,
mirent les pouvoirs ecclésiastique et civil en présence et ils ne
tardèrent pas à susciter des conflits et ensuite des guerres, de 1209
à 1356, époque de l'abandon aux Poitiers de la parerie et de la
juridiction épiscopales. Lors de la croisade contre les Albigeois,
Simon de Montfort vint à Crest et ne s'empara du château que
par la connivence du gouverneur. Au xviᵉ siècle, un lieutenant
des Adrets brûla le couvent des Cordeliers, et la ville passa tour
à tour des catholiques aux réformés auxquels la tour résista
en 1577. Elle fut démolie en 1633, moins le donjon colossal. Par
sa position au-dessus de la ville et sa masse imposante, elle faisait l'admiration aux xvᵉ et xviᵉ siècles d'Aimar du Rivail. Les
Poitiers y installèrent un atelier monétaire et les rois de France,
leurs héritiers, en firent une prison d'Etat, après avoir cédé la
seigneurie à César Borgia, en 1498, à Diane de Poitiers, en 1548,
et aux princes de Monaco en 1642. A la Révolution, l'activité,
l'intelligence et l'amour du travail de ses habitants valurent à la
ville un certain nombre de voix pour devenir le chef-lieu du
département de la Drôme et cet échec ne l'a pas empêchée

---

(1) Jules Ollivier, *Album du Dauphiné*. — L'abbé Vincent, *Notice historique sur la ville de Crest*, Valence 1859, 102 pages in-16. — J. Brun-Durand,
La ville de Crest, sa tour et ses illustrations. Vienne, 1877, 12 p. in-8. —
— André Mailhet, *Histoire de la ville de Crest* (avec illustrations), 1900,
448 p., in-12. — E. Arnaud, *Histoire et description des antiquités civiles,
ecclésiastiques et militaires de la ville de Crest*. — Du même, *Histoire et
description de la Tour de Crest*, Paris 1886, 64 p., in-8 et *Bulletin de la
Société d'Archéologie de la Drôme*, XVIII. — Perrossier (Cyprien), *La Tour
de Crest, monographie historique et descriptive*. Valence 1870, 55 p. in-8.
— *Bulletin de la Société d'Archéologie de la Drôme* (T. XV-XVII) : *Essai
historique sur la Tour de Crest.* — Jules Courtet, *Notice sur la Tour de
Crest.* 1848, 15 p. in-8, etc. Poésies de Roch Grivel, Maurice Champavier, Gus
tave Bermond, Monod, A. Chambrier, L. Lantheaume, sur la tour. — Vue
dans la description générale et particulière de la France, par Laborde ; dans
le Guide pittoresque du voyageur en France et dans les ouvrages et brochu-
res précités. — Biographies par MM. Brun-Durand, Maillet et Arnaud.

d'arriver à l'aisance par l'industrie et le commerce. Sous les comtes de Valentinois, une cour de justice, remplacée en 1447 par une sénéchaussée, y attirait les plaideurs, comme firent plus tard les tribunaux de justice seigneuriale. Il y eut aussi une élection, un moment, et une subdélégation de l'intendance.

Considérée à juste titre comme l'un des plus curieux spécimens de l'architecture militaire au moyen âge, la tour de Crest n'a manqué jusqu'ici ni d'écrivains pour résumer ses annales ni d'archéologues pour la décrire. Si Dourille, le premier en date, nous a laissé une étude assez insignifiante à tous égards (1), M. Courtet, plus laborieux et plus instruit, a résumé exactement, mais d'une façon trop sommaire, les principales phases de la lutte soutenue pour elle et autour d'elle par les Poitiers, comtes de Valentinois et par les évêques de Valence, héritiers les uns et les autres des Arnaud de Crest : toutefois, son silence sur l'histoire du monument à la fin du xvii⁰ siècle et pendant le xviii⁰, rend son œuvre incomplète (2). La description du vieil édifice publiée dans le *Bulletin d'Archéologie* par M. l'abbé Perrossier, un de nos érudits collègues, est, sans contredit, meilleure et plus scientifique ; malheureusement la partie historique nous y semble un peu sacrifiée à l'archéologie où l'auteur excelle d'ailleurs (3). Quant à M. Victor de Saint-Genis, dont le travail, présenté à une réunion des Sociétés savantes à la Sorbonne, est demeuré manuscrit, il nous révèle le genre de vie des prisonniers de la tour au xviii⁰ siècle, le gouvernement paternel du dernier major, un des ancêtres maternels de l'auteur, et justifie presque par d'excellentes raisons les lettres de cachet (4).

Il est à peine besoin de mentionner un opuscule de la bibliothèque publique de Grenoble, intitulé : *La Tour de Crest. — Coup d'œil historique sur les nobles d'autrefois. — Réflexions sur l'état moral de la plupart des détenus*, par Alfred V. (Lyon, Deleuze, 1837, in-12) ; c'est l'œuvre éphémère de quelque prisonnier militaire aussi peu versé en histoire qu'en archéologie. Tout se borne dans ce petit livre à des aperçus fantaisistes sur les cachots en général, sur la prétendue tyrannie féodale et sur les visites des esprits aux détenus : amplifications applicables à toutes les tours anciennes aussi bien qu'à celle de Crest.

Sans résoudre absolument la question de l'origine romaine partielle ou totale du colossal édifice, nous réunissons sans parti pris, autour de son berceau et de celui de la ville, les principales données historiques et archéologiques connues.

---

(1) *Courrier de la Drôme* du 20 décembre 1832.

(2) *Revue archéologique* du 15 juillet 1848.

(3) *Bulletin de la Société d'Archéologie de la Drôme* en 1870, V, 40, 202 et 351 : tirage à part.

(4) *Une prison d'État sous l'ancien régime ou la tour de Crest*, manuscrit.

Après les Romains, les Gallo-Romains et les Bourguignons, apparaissent, au xii° siècle, les Arnaud, puis les comtes de Valentinois et les évêques de Valence, héritiers de Silvion de Crest, intéressés les uns et les autres à la possession d'une place, regardée justement comme la clef du Diois. Cette rivalité de prétentions entre des seigneurs également puissants amena la construction de deux châteaux révélée par une charte de 1244, dont l'un, le supérieur, appartenait aux évêques et l'autre, l'inférieur, aux Poitiers : situation analogue à celle de Montélimar où il y avait aussi deux châteaux et deux suzerainetés plus ou moins ambitieuses.

Longue et parfois sanglante fut la lutte entre les prélats et les comtes de Valentinois ; mais la victoire resta enfin aux Poitiers après 130 ans de guerres (1356). Une fois maîtres absolus de la ville, les comtes établirent leur habitation dans le château et dans la tour, et, au point de vue du site, elle devait être éminemment agréable.

Sous les rois de France, héritiers du dernier comte de Valentinois, mort en 1419, le monument dans son ensemble conserve jusqu'à Richelieu sa destination primitive. Une description de l'an 1508, dont un résumé succinct doit trouver place ici pour l'intelligence de cette étude à titre de carte géographique parlée, donnera une idée soit du château détruit en 1635, soit de la tour encore debout.

Trois portes introduisent dans le château : l'une est voisine du fort et de la muraille tendant à la fontaire de Saborin (Sabouri), où s'abreuvaient les chevaux du comte ; le fort a des canonnières et des restes de murs antiques ; la deuxième porte est entourée de murs à canonnières au nombre de 4 ; une troisième entrée existe en un boulevard ceint de murailles. On trouve ensuite la grande place de Salavert avec une grande table et une cloche sur les créneaux pour donner l'alarme, en cas d'incendie, d'émeute ou de tempête. La place est suivie de la *chambre de Salavert* où l'on enferme les débiteurs, arrêtés par ordre de la Cour de Crest ; cette chambre touche au rocher : elle a deux bombardes appelées « Cortaultz » et une autre chambre placée au-dessus et surmontée d'un bardat, carrelage ou dallage.

A la chambre de Salavert succède la *chambre* dite *du comte*, parce qu'il y demeurait, avec sa dépendance appelée *arrière-chambre du comte*. Au-dessous, ses écuries pour huit à dix chevaux. Plus loin, au couchant, deux petites chambres voûtées.

En montant, on rencontre un autre édifice devant l'entrée de la tour : là un portail fortifié est gardé par onze arbalétriers ou canonniers ; il conduisait à la cave et au *grenier du comte*. Une chambre dite le *four du comte* servait là de prison pour les criminels ; elle était surmontée d'une autre chambre avec cheminée. Une place au devant de ces chambres était devenue un jardin potager en 1508.

Au levant, un autre fort ou boulevard conduisait à Saint-André d'entre les murs. Vis-à-vis la porte de la tour neuve, un autre fort à canonnières défendait le château entier ; cette tour neuve avait de solides portes, des claies et des herses.

Richelieu, en 1633, fit raser toute cette partie des fortifications et ne conserva que la tour actuelle dont voici la description succincte (1) d'après le document de 1508 :

A l'entrée une citerne. — Un tinal ou cave. — Au-dessus du tinal deux chambres : celle des *ceps* et une autre vide.

Un plancher où l'on arrive par vingt-et-une marches en bois sert à deux chambres dont l'une renferme d'anciennes flèches et l'autre conservait la viande et les jambons de l'office.

Un deuxième plancher conduit à la *chambre du moulin à bras* où se trouvent deux pierres à moudre et à la chambre dite aussi *du moulin*. Dans un autre membre, séparé de la tour, bien que contigu, il y a un cachot où l'on descend les assassins et les condamnés à mort au moyen d'une poulie.

La tour vieille, fermée avec deux portes, forme une prison rude et solide.

Le troisième plancher s'appelle plancher de la chapelle Sainte-Catherine, où il y a un autel en bois et deux fenêtres bâtardes avec deux balistes de bois ; il sert aussi à la chambre où se fabriquait la monnaie, au-dessus du cachot, au couchant.

La *chambre de Montlaur* a deux fenêtres et une cheminée. Il s'y trouve aussi un petit retrait construit en grosses pierres où l'on met parfois les criminels et d'où ils s'échappent aisément par suite du mauvais état de la porte. La *chambre de La Pade* ou *de Lampade* est contiguë à celle de Montlaur.

De cet étage, des degrés en bois conduisent au bardat ou dallage en pierres plates cimentées avec conduits pour les eaux pluviales et avec cinq fenêtres.

Au-dessus du dallage existent des galeries avec des créneaux, et un dallage sur la tour du cachot est chargé de pierres rondes à

(1) Une autre description du 8 septembre 1799 permettra de comprendre celle de 1508 : la tour se compose d'un rez-de-chaussée, de trois étages et d'un grenier.

La citerne est au rez-de-chaussée ; il y a aussi deux chambres occupées par les vétérans nationaux et, au-dessous, la cave du concierge.

Premier étage : deux chambres et une cuisine pour le casernement.

Deuxième étage : salle de récréation pour les détenus avec les cachots n°° 4, 5, 6 et 7 ; basse fosse au-dessous du dernier.

Troisième étage : salle et quatre cachots n°° 8, 9, 10 et 11.

Au grenier se trouve le cachot dit La Rolière.

Au-dessus du grenier, plate-forme où est le magasin à poudre ; plus haut, le donjon de la tour.

Au pied de la tour, bâtiment de deux pièces au rez-de-chaussée et trois chambres au premier étage.

l'usage de l'artillerie. De ce dallage on arrive au sommet de la tour antique à l'entrée de laquelle un autre dallage portait aussi des pierres rondes pour les canons.

Voilà brièvement l'état des fortifications féodales sous les Poitiers et sous les rois de France avant les guerres du xvi° siècle. A cette époque, le château et la tour échoient successivement en partage aux catholiques et aux protestants, bien que les premiers en conservent à peu près toujours la possession.

Puis, les guerres finies, survient Richelieu qui le 26 janvier 1633 fait raser le château.

Depuis ce moment, la tour est souvent déserte ; Louis XIV en fait une prison pour les protestants qui refusent de se convertir ; Louis XV y envoie les fils de famille dissipateurs et insoumis ; la République la convertit en prison civile : le Directoire, l'Empire et la Restauration en prison militaire.

Par une adjudication publique du 29 juillet 1878, elle est devenue un propriété privée, et un arrêté de M. le Ministre de l'Instruction publique en date du 6 juin 1877 l'a classée parmi les monuments historiques de la France.

M. Maurice Chabrières, trésorier-payeur général du Rhône et régent de la banque de France, possesseur de la tour de Crest, avait prouvé, par d'intelligents travaux exécutés dans le monument ses goûts archéologiques et artistiques, et, par ses encouragements aux recherches historiques, l'intérêt qu'il portait aux travaux de l'érudition. Le curieux édifice ne pouvait tomber en meilleures mains ; car M. M. Chabrières voulait y créer un musée. Né à Crest le 19 janvier 1829, il est mort à Paris le 21 mars 1897, avant d'avoir pu achever son projet.

Voici, d'après M. Fontannes dans son beau travail sur le *bassin de Crest*, la description géologique du terrain sur lequel repose la tour :

Miocène inférieur (Aquitanien) : calcaire marneux à *Helix Ramondi* (1) ; calcaire siliceux à *Potamides granenses* (2).

Terrains néogènes : *myocène supérieur et myocène moyen* (helvétien) : marne grise *(Ostrea granensis)* (3), à la partie supérieure ; mollasse marno-sableuse à *pecten rotundatus* ; galets verdâtres, mollasse marno-calcaire à *pecten subbenedictus ;* marne sableuse, bancs à *tapes vetulus* (4), sable marneux, grès marneux à limes, grès dur ostréifère, sable ferrugineux, grès lumachelle à *cardita Michaudi ;* sables et grés à *terebratulina calathiscus*.

---

(1) *Helix* à l'état de moules internes, déformés.

(2) *Potamides :* coquille allongée, turriculée, régulièrement conique ; sommet aigu.

(3) *Ostrea :* coquille ovale, allongée, assez épaisse.

(4) *Tapes :* coquille transverse, oblongue, convexe, équivalve, etc.

Comme l'étude de l'administration de la ville, de ses monuments, de son industrie, de son commerce, de ses écoles, de ses illustrations, de sa vie intime, exigerait un séjour prolongé et qu'il nous reste encore plusieurs localités moins connues à décrire, nous reprenons le chemin de fer jusqu'à Aouste.

Aouste

Enfant de Rome la guerrière
Aouste baigne, près d'un coteau.
Un de ses pieds dans un ruisseau (la Sie)
Et l'autre dans une rivière (la Drôme)
De ses splendeurs, restes géants,
Il garde un vieux pan de muraille
Et la tour que, depuis mille ans,
La faux du temps en vain travaille.

Melchior des Essarts.

Si le berceau des villes et bourgs entrevus ou traversés ne remonte pas toujours à des époques lointaines, celui d'Aouste est dû aux Romains, sous le nom d'*Augusta, Augustum* et *Auguston*. M. Long y voit une *mansio* ou étape de la route du Rhône aux Alpes, placée sur la rive droite de la Drôme, entre Valence et Die et à distance presque égale de l'une et de l'autre. La *Table de Peutinger* et les *Itinéraires* d'Antonin et de Bordeaux à Jérusalem la mentionnent. Des auteurs l'ont confondue avec l'*Augusta Tricastinorum* et en ont fait, bien à tort, un évêché ; d'autres lui ont attribué des inscriptions de Saint-Genis-d'Aoste (Isère) ; mais rien jusqu'ici n'a prouvé l'étendue du territoire tricastin jusqu'à 23 kilomètres de Die, où se trouvait un siège épiscopal dès les premiers siècles chrétiens. Quant aux inscriptions et monuments voici, d'après M. Allmer, ceux qui appartiennent au *vicus* des Voconces :

1° Un autel carré, anépigraphe, sur lequel un cerf a été grossièrement sculpté (jardin de M. Athénor) ; 2° un autel avec base et couronnement portant sur le côté droit un foudre sculpté en relief et cette inscription à Jupiter très bon et très grand, chez M. Brun à demi-lieue du bourg, au midi.

I O M. Jovi optimo maximo.

M I. M. Julius.

S E. Se-

R V. rvatus.

M. Allmer rappelle que les lieux frappés de la foudre devenaient sacrés et il ajoute que le manque de symétrie et l'inobservation des règles épigraphiques accusent ici un graveur inexpérimenté ; 3° une inscription au Calvaire fort incomplète où se lisent seulement les mots Dionysi Fili et vivvs fecit : 4° l'épitaphe de *Segudia Maximilla* sur la tombe que lui élevèrent *Frontia*

Marciana, sa fille, et *Claudius Primanus*, son gendre (1); 5° deux fragments d'inscriptions chrétiennes sur les faces d'une tablette en marbre blanc du vi° au vii° siècles : l'une à la mémoire de *Ferreola C*. et l'autre de *Rodanic . U....* ; enfin une autre tablette, actuellement conservée au Musée Calvet, d'Avignon, après avoir appartenu à Moreau de Véronne. Voici la traduction de ce document faite par M. Allmer : « Au nom du Christ. Ici reposent Ampelius, fidèle serviteur de Dieu, et Singénia, qui ont vécu dans l'affection conjugale et la tendresse, 70 ans environ, et sont demeurés tout ce temps dans la paix du Seigneur. Telle fut la pureté de leur vie que durant plus de vingt ans, l'épouse, étrangère à son mari, persista dans l'observance d'une continuelle chasteté. Ampelius, de vénérable mémoire, est mort le 16 des calendes de décembre (16 novembre), sous le consulat de Festus et de Marcianus. Singénia, de bon souvenir, a trépassé le 6 des calendes de janvier (27 décembre) l'année après le consulat de Victor ».

L'auteur ajoute que Festus et Marcianus, tous les deux appelés Flavius, furent consuls en 472, mais que Marcianus, consul d'Orient, ne fut promulgué en Occident qu'à la fin de l'année, à cause du sac de Rome par Ricimer. Flavius Viator, seul, obtint le consulat en 495. Le mot *Fidelis* désigne un chrétien baptisé et l'épisème BAV de la 15° ligne ressemblant à un S. équivaut au nombre VI (2).

Pourrait-on supposer qu'un sacristain d'Aouste, mort vers 1640, nommé Jacques Avond, a été inspiré par cette inscription pour composer son poème à l'honneur du vœu sacré de virginité et de continence ? Non. M. Brun-Durand affirme que d'après l'auteur, ce livre fut composé pour répondre à une pernicieuse erreur sur l'impossibilité de la continence (3)

Quelques débris de la voie romaine, des urnes et des fragments de mosaïque rappellent aussi à Aouste la présence du peuple-roi ; mais, tout en favorisant sa population, la route des Alpes y amena aussi les envahisseurs étrangers : comme, en l'an 68 de notre ère, Fabius Valens sous l'empereur Vitellius ; en 412, les Wisigoths ; en 536, les Lombards de Zaban ; vers 729, les Sarrasins ; en 839, les Normands et, en 924, les Hongrois. Les inscriptions déjà citées prouvent que le christianisme s'y introduisit de bonne heure et, dans la suite, le fondateur de l'abbaye d'Aurillac ayant établi à Saillans un prieuré de son ordre, en étendit la juridiction sur les églises de Saint-Pierre et de Saint-Christophe d'Aouste,

---

(1) Texte dans la *Statistique de la Drôme*, p. 426, et dans M. Long, *Antiquités du pays des Vocontiens*, p. 76.

(2) *Inscriptions antiques et du moyen âge de Vienne*, VI, 253, et *Mémoires de l'Académie de Vaucluse*. — *Antiquités du pays des Vocontiens*, p. 75-76. — *Bulletin de la Société d'Archéologie de la Drôme*, t. IV (1871), p. 365.

(3) *Dictionnaire biographique de la Drôme*.

avec l'autorisation du pape, en 1142. La première existait seule
en 1664, avec 80 familles catholiques et 60 protestantes ; elle a été
remplacée depuis peu par un édifice élégant, bâti en face du pont
et de la gare.

Après les Romains, les Gallo-Romains et les successeurs de
Boson, élu roi à Mantaille en 879, on ignore à quelle autorité la
population était soumise ; mais, en 1178, l'empereur Frédéric I⁻
confirmait la donation d'Aouste, Crest, Saint-Médard et Saint-
Benoît faite, en 1145, à l'évêque de Die par les Arnauds. En 1227.
Silvion de Crest échangeait les mêmes terres avec l'évêque de
Valence contre Montvendre, Beaumont, et une pension sur le
péage du Rhône et, en 1201, l'évêque Humbert inféodait la ville à
Béatrix, comtesse d'Albon et au Dauphin André, son fils. Ajoutons
que les comtes de Valentinois, témoin une charte de 1214, possédaient aussi des droits à Aouste et que leurs prétentions sur le
Diois firent naître une guerre de 10 ans. de 1267 à 1277, terminée
par la prise de la place et la défaite d'Aimar de Poitiers.

Jusqu'au temps de Raymond de Turenne, un silence profond
règne sur la région : mais, à la fin du xiv⁰ siècle. noble Arnauton
Du Ilda, dit Baston, de la suite de Burdisan, cantonné à Soyans,
étant venu à Aouste, y fut insulté et blessé. De là, pour les coupables, une condamnation à 60 fr. d'amende que la communauté
dut payer pour eux. A partir du gouvernement du Dauphin Louis,
en 1446, la tranquillité règne partout dans la province et permet
aux habitants de créer une industrie qu'Aimar du Rivail trouva
prospère vers 1532 : c'était la fabrication de tuyaux en terre appelés *bourneaux* dont la solidité et la perfection rendaient la vente
aisée. La présence de Juifs ou banquiers témoignait alors aussi de
l'importance commerciale du lieu. Elle cessa au xvi⁰ siècle. En
1575, Montbrun, qui occupait la place pour les réformés, y fut
assiégé par le Dauphin d'Auvergne. et la quitta subitement la nuit.
Les troupes royales mystifiées se vengèrent sur les habitants et pillè-
rent leurs maison : singulière façon de protéger et défendre une
cause ! Cependant, la coupe d'infortune n'était pas épuisée
encore. Lesdiguières, qui s'en empara en 1587, et tout puissant
en Dauphiné sous Henri IV et Louis XIII. devenu veuf en 1608,
de Claudine de Bérenger du Gua. se remaria en 1617, avec Marie
Vignon, veuve d'un marchand de Grenoble, tué en guet-à-pens
en 1614. Il eut d'elle : 1° Françoise de Bonne, épouse de Charles
de Créqui-Blanchefort, comte de Sault, uni en premières noces
avec Madeleine de Bonne, fille d'un premier lit du même Lesdiguières, et 2° Catherine qui fut marié, en 1619, avec François de
Créqui, son neveu, fils de Charles et de Madeleine de Bonne (1).

---

(1) U. Chevalier, *Documents inédits relatifs au Dauphiné : Cartulaires de
l'église et de la ville de Die. — Bulletin de la Société d'Archéologie de la
Drôme*, IX, 351 — Du Rivail. *De Allobrogibus*. —Rochas, *Biographie du Dauphiné*, au mot de Lesdiguières.

Or, Marie Vignon avait un frère, abbé commendataire de Saint-Rambert-sur-Loire qu'elle voulait placer sur le siège épiscopal de Valence vacant par le décès de Pierre-André de Gelas de Léberon. Elle échoua dans ses démarches et s'en vengea sur Charles de Gelas Léberon, neveu du prélat défunt et son successeur, en faisant mettre une garnison dans l'évêché de Valence et dans les autres possession de sa directe, malgré la sauvegarde royale. Cela ne suffisait pas à sa rancune.

En 1623, Lesdiguières, en autorisant M. de Sauvain du Cheylard à relever un mur de clôture de son jardin, ajoutait que la population d'Aouste, aux trois quarts catholique, n'inspirait aucune crainte et que le lieu, «enclavé dans la province» et loin de la frontière, ne pouvait nuire en aucune façon et, par conséquent, que la démolition de ses remparts était réclamée seulement « par certains brouillons qui désiraient cette commission et la ruine de la communauté ». Le connétable ne se doutait pas de la machination tramée dans son entourage. Le 5 mai 1625, catholiques et protestants juraient un pacte d'union et de dévouement au roi et, le 3 janvier suivant, choisissaient M. de Brotin pour les commander, sous les ordres du gouverneur. Ils ne se firent pas attendre, car un arrêt du Parlement de Grenoble du 9 janvier, rendu en présence de Lesdiguières, prescrivait la démolition des murailles d'Aouste, de la Baume-Cornillane et de Beauvoir, ainsi que de la tour de Barbières. Fort de cette décision, le comte de Sault envoie à Aouste, et non dans les autres lieux cités dans l'arrêt, trois compagnies de carabins et de chevau-légers, fortes de 800 hommes, commandées par Du Coudray-Montpensier et Clouy. Elles y arrivent le 23 janvier, à 9 heures du soir. Forts de leur sauvegarde, les habitants leur refusent l'entrée du bourg et se placent sur les remparts pour le défendre ; mais ils sont trop peu nombreux et trop mal équipés pour une sérieuse résistance. Aussi leurs portes cèdent-elles aux efforts des assaillants et leurs maisons sont-elles envahies et livrées au pillage. L'obscurité, les cris des victimes, les détonations d'armes à feu répandent la terreur dans toutes les rues ; on se presse, on se heurte, on fuit, on résiste, et ce sont partout des scènes de brigandage et de violences, pendant cette affreuse nuit. Le lendemain matin, 2 ou 300 inconnus arrivent de Crest pour enlever ce qui avait échappé à la troupe (1).

Les consuls recourent aussitôt à Lesdiguières qui défend, le 26 janvier, l'exécution de l'arrêt du Parlement. C'était trop tard ; le comte de Sault, deux jours auparavant, avait chargé Antojan, commandant de Crest, d'aller à Aouste, avec un nombre suffisant de manouvriers démolir et abattre ses murailles, portes et tours, en punition de la résistance des habitants... Le 30 janvier, Anto-

---

(1) Archives de la Seigneurie d'Aouste à la préfecture de la Drôme (Evêché de Die).

jan arrêta l'œuvre de destruction et MM. de Grammont-Vachères, Sauvain du Cheylard, de Villeneuve et du Bouchet instruisirent l'évêque de Valence et Die, seigneur du lieu, des atrocités, « voies de fait, violement de femmes et de filles, rasement des remparts et des maisons lui appartenant ». Le prélat se plaignit à l'assemblée du clergé de France tenue à Paris le 7 février 1626, et l'évêque de Chartres reçut l'ordre de soumettre l'affaire à Louis XIII, qui ordonna une information judiciaire le 13 mars. L'évêque, s'étant adressé au conseil du roi, obtint la comparution des officiers du Coudray-Montpensier et de Clouy devant le Parlement de Paris (octobre et décembre 1626), ainsi que les consuls et habitants de Crest, mais cette cour, le 10 mars 1627, renvoya les inculpés au Parlement de Grenoble qui les déclara indemnes comme avant obéi à leurs chefs et partant innocents. De plus, les officiers furent dirigés sur l'Italie. Cependant, à côté des auteurs du sac d'Aouste impunis, un pauvre artisan de Crest, septuagénaire, venu pour secourir ses parents et nullement pour piller, se trouvait encore en prison en juillet 1627 et ne fut libéré qu'alors. Ces détails rappellent exactement la fable de La Fontaine : *Les animaux malades de la peste.*

L'histoire d'Aouste ne présente plus d'autres événements. Sa population se livra sous la domination épiscopale à l'agriculture et à l'industrie jusqu'à la Révolution et après elle. On y trouve des sources minérales, alcalines et gazeuses à la Gaye et magnésiennes aux Hubacs.

Les écrivains Alexandre Gresse, Melchior des Essarts, sont nés à Aouste, ainsi que Mgr des Essarts, évêque de Blois et Joseph Achard, père du médecin de Marseille, auteur du *Dictionnaire de la Provence.*

Contenance : 1.930 hectares. Population : 1.219 habitants en 1901 ; en 1911, 1.349 habitants ; en 1921, 1.314.

Un document officiel de 1789 lui donnait une population de 1.200 personnes environ, un quart du territoire en broussailles et non cultivé, un autre quart en terrain penchant et léger où croissait la vigne, et le restant en terres à céréales et mûriers. Les 120 setérées de bois communaux étaient en mauvais état et ceux des particuliers insuffisants à la consommation. La Drôme causait de grands ravages et ne servait pas à l'arrosage comme aujourd'hui ; aussi le bétail agricole y était-il peu nombreux.

Deux fabriques à papier et une pour l'ouvraison de la soie avec une petite filature de coton occupaient une partie des habitants. On évaluait de 4 à 600 livres les charges locales, outre 165 livres d'intérêts annuels à divers créanciers. Aucune fondation n'existait pour les pauvres, sauf la 24ᵉ partie de la dime, et l'école coûtait 250 livres par an (1).

---

(1) *Notice historique,* par M. l'abbé Vincent et archives de la Drôme, C 2,

Il suit de là que la situation économique de la commune s est considérablement améliorée depuis ce temps. grâce à l'administration éclairée de ses maires : MM. Tavan, Peloux, Faure, Athénor et Gresse.

Altitude : 215 m.

Distance de Crest : 3 kil. ; de Die : 34 kil.

Piégros-la-Clastre

Sur la rive gauche de la Drôme, en face de Blacons, on voit le village précédemment connu sous le nom de Piégros. auquel un décret du 17 décembre 1872 a imposé le nom de Piégros-la-Clastre.

Il est placé au pied et sur le versant septentrional de la chaine de montagnes qui sépare la vallée de la Drôme de celle du Roubion.

Trois noms historiques s'y retrouvent à la fois : Saint-Médard, Piégros et la Clastre.

Piégros, qui tire son nom de sa position sur une colline élevée, possède encore les ruines du château féodal, propriété des Piégros, des Sauvain, des de Lers, des Jony et des la Tour-du-Pin-Montauban : mais ses quelques maisons de cultivateurs et la difficulté de ses abords lui ont enlevé peu à peu la mairie. les écoles et la succursale.

Au contraire. la Clastre, ainsi appelée vraisemblablement de son ancienne abbaye *(Claustrum)*. a pris de grands développements depuis la création du canal de son nom.

Ce canal remonte à 1650, ainsi que le constate l'autorisation donnée par la Chambre des Comptes de Grenoble à Jean de Lers de Jony « de prendre et dériver l'eau de la rivière de la Drôme à « l'endroit où il lui sera le plus commode. pour servir à l'usage « des moulins et artifices qu'il désire faire construire et pour l'ar-« rosage des fonds dépendant de ses terres et ailleurs et pour en « jouir dorénavant comme de sa chose propre », sous la cense annuelle de 6 sols tournois. avec les iods au 6e denier (1).

Avant cette époque, la Clastre avait un établissement religieux fort ancien, témoin les ruines que l'on y montre et l'église roma e servant au culte paroissial.

La Clastre, sur la rive gauche de la Drôme et dans la plaine, en face de Mirabel-Blacons, est à 7 kilomètres de Crest, son chef-lieu de canton, à 31 de Die et à 36 de Valence.

M. Mermoz évaluait, en 1839, à 57.048 fr. le revenu de 2.377 hectares imposables de la commune et celui des propriétés bâties à 2.351 fr. La population est de 875 habitants en 1873 ; en 1911, 826 ; en 1921, 747. Altitude : 416 m.

---

(1) Archives de la Drôme, E. 2076.

Des plantations de vignobles qui nous fournissent de beaux raisins noirs de table et des constructions nouvelles ont accru depuis le revenu de cette localité intéressante.

Saint-Médard, placé au faîte de la montagne qui domine les vallées de la Drôme et de la Gervanne au nord, et la forêt de Saou au midi, paraît n'avoir été qu'un château fort d'un accès difficile et d'une importance stratégique considérable.

Cependant, de vieilles chartes, l'une, entre autres, de 1146, citée par Columbi, semblent y placer une abbaye et des chanoines. Il est de fait qu'on y voit les restes d'une église.

Mais, comme la Clastre, aux xive et xve siècles, s'appelle commanderie de Saint-Médard, il est probable que les religieux de Saint-Ruf et plus tard les Antonins y transférèrent leur maison et que le même établissement a, tour à tour, porté les noms de Saint-Médard, de la Clastre et de Piégros.

Ce point d'histoire mérite d'être éclairci.

Quoi qu'il en soit, pour le moment nous constaterons, d'après une visite épiscopale de l'évêque de Die, du 14 septembre 1750, que l'église de Piégros, aujourd'hui abandonnée, était alors paroissiale ; qu'en vertu d'une transaction du 5 mars 1604, entre le commandeur de la Clastre, décimateur de Piégros, et les consuls et habitants du lieu, la dîme y avait été réglée à la cote 16e (de 16 gerbes une) et la part des pauvres à 32 sétiers de grains par an, dont 6 de blé, 10 de méteil, 8 d'orge et 8 d'épeautre (gros blé) ; qu'il y avait environ 85 familles catholiques, soit 450 communiants, et un instituteur 4 mois de l'année ; que les religieux Antonins avaient un domaine appelé commanderie de la Clastre, affermé 1.200 livres, et que le cimetière se trouvait placé « de temps immémoré » au hameau de la Clastre, éloigné « de plus de demi-heure de chemin ».

Une autre visite de 1632 nous apprend que l'église de la Clastre était dédiée à saint Médard et celle de Piégros à saint André ; que le service religieux se faisait dans cette dernière ; que le monastère voisin de la première était ruiné alors, à l'exception d'une chambre appelée la sacristie, et qu'il n'y résidait aucun prêtre ni religieux.

Mirabel-et-Blacons

Avant d'entrer dans le bassin de la Gervanne « un des plus pittoresques et des plus curieux du département », un mot sur cette rivière s'impose. Elle naît au pied du col de la Bataille entre les montagnes de Touleau et de Léoncel, s'y dirige du nord au midi, accrue à gauche des eaux du Lardenne, du Sépi, du Chabrière et de la Vaugelette, et à droite, de celles des Châtelas, de la Bourne, du Sarzier et des Fontaigneux, suit la gorge d'Omblèze, forme la cascade de la Druise, reçoit le ruisseau du Chaffal que surmonte un rocher, véritable pont naturel, et se jette dans la

Drôme tout près des usines de Blacons. Son courant, de 3o kilomètres, est alimenté surtout par les Fontaigneux près de Beaufort, une des sources les plus abondantes du pays dont les dérivations font mouvoir les moulins de Beaufort et de Montclar, les moulins et les fabriques de Bartalais, les usines et papeteries de Blacons et d'Aouste (1).

Le premier village rencontré, celui de Blacons, dépend de la commune de Mirabel, au chef-lieu, perché sur une coliine élevée dominant à la fois les vallées de la Gervanne et de la Drôme, d'où son nom de Mirabel ou Bellevue, à cause du panorama que présentent les sinuosités gracieuses du territoire, au midi et au couchant. Semblable position convenait à merveille aux premiers habitants pour se défendre contre les troupes de passage et contre les inondations. Aussi, à l'époque de la féodalité, le bourg fortifié avec soin jouissait-il d'une réelle importance stratégique. Démantelé par ordre de La Valette, lieutenant général en Dauphiné, en février 1586, il n'offre plus, hélas! que des ruines et l'herbe croît dans ses rues désertes que 3 ou 4 ménages à peine s'obstinent à fréquenter. En l'absence d'archives communales, il n'est pas facile de découvrir les causes multiples de pareille décadence.

Dès les premiers âges féodaux les évêques de Die recevaient cette seigneurie des empereurs d'Allemagne, Frédéric I et II (1178 et 1214) et dès 1165, le pape la couvrait de sa sauvegarde. Aussi, malgré la présence des comtes de Valentinois, de 1213 à 1223, l'église de Die y conserva-t-elle la suzeraineté jusqu'à la Révolution. Parmi ses vassaux figurent les Mirabel, les Brun, les Delaye, les Chabas, les Bouvier, les Montmeyran, les Bergeron et les Bérenger de Morges. On trouve, en 1168, Silvion et Guillaume de Mirabel, chanoines à Die et, en 1213, Ponce qui, devenu veuf, avait pris l'habit de religieux à Léoncel et cédé à l'abbé ses droits de pacage de la Baume Saint-Romain jusqu'auprès du col de Tornieu. Sa postérité, dans la suite, déserta la religion des ancêtres, et en 1560, Claude de Mirabel, établi à Etoile, favorisait l'entrée de la Réforme à Valence ; d'autre part, Françoise, sa fille unique, épousait Hector de Forez et, le 8 avril 1576, lui léguait ses biens, à la condition de prendre le nom et les armes de Mirabel, ce qui a donné lieu aux plus regrettables confusions historiques.

Il existe sur la commune de La Roche-Saint-Secret, canton de Grignan, une vieille tour dans un bois et les restes d'une église paroissiale appelée autrefois *de Blancone, de Blacassio* et *Blaconum*, dont une ancienne famille, rencontrée à Grignan, avait pris le nom et qui tomba en quenouille dans celle des Forez ou Forest, maîtres de la monnaie de Romans au xv* siècle. Pierre, seigneur de Blacons, après Georges, son père, vers 1540, devint capitaine

---

(1) *Statistique de la Drôme*, p. 217.

de 3oo hommes de pied sous Montluc en Italie, puis gouverneur
de Lyon sous des Adrets, suivit Montbrun en Saintonge et mourut au siège de Saintes. Brantôme le qualifie « de vieux et très
bon capitaine du temps passé ». Il laissa de Marie de Vesc de
Montjoux, entre autres enfants, Hector de Forez, gouverneur
d'Orange, gentilhomme de la chambre du roi, capitaine de
5o hommes d'armes et maréchal de camp en Provence, Savoie et
Piémont, décédé en 1596. On a vu qu'il avait épousé Françoise
de Mirabel et reçu d'elle la seigneurie de Mirabel. Il se remaria,
en 1592, avec Louise de Prion ou de Priam, veuve d'Antoine de
Bouvier et lui succéda dans la seigneurie de Condillac, où leur
fils Alexandre fit peindre à fresque les principaux épisodes de la
guerre de Troie en souvenir du roi Priam considéré comme l'un
de ses ancêtres maternels. Ce gentilhomme avait reçu le gouvernement d'Orange et s'y attribuait un tel pouvoir qu'il retint prisonnier le prince de Nassau, venu, en 1590, visiter ses états. Délogé
de cette ville, il fut nommé gouverneur des églises du Vivarais,
guerroya dans ce pays en 1621 et 1622 et mourut en 1631. Marguerite de La Tour-Gouvernet lui avait donné trois filles : Isabeau, Diane et Lucrèce. L'aînée s'unit avec Jean d'Armand, baron
de Lus-la-Croix-Haute et leurs descendants, qui prirent le nom
de Blacons, ont possédé la seigneurie de Condillac jusqu'à 1879,
époque de la mort de Mme la marquise d'Andiqué, fille d'Henri-
François-Lucrétius d'Armand de Forez de Blacons, député de la
noblesse aux Etats généraux de 1789 (1).

Voici l'explication du nom porté aujourd'hui par les papeteries
de M. Latune. Alexandre d'Armand de Forez avait aliéné, le
18 juin 1642, aux Durand de Pontaujard le fief de Blacons sur la
Roche-Saint-Secret, sous la réserve du nom qu'il affecta à son
domaine du Devès sur Mirabel. Il y avait là près du pont de la
Gervanne des moulins à farine que Jean de Poitiers, évêque de
Valence et Die, avait accensés, le 7 octobre 1406, aux familles de
Mirabel et d'Aouste. Celles-ci reconnurent, en 1486, les tenir en
emphytéose de Mgr de Balsac et, à la demande de Pierre-André
de Léberon, en 1608, Alexandre d'Armand de Forez-Mirabel
remplit le même devoir féodal. Vers le commencement du siècle
dernier, M. de Gaillard, acquéreur des usines de Blacons, les céda
à M. Lombard de Latune.

Un dernier souvenir historique sur le Blacons de la Gervanne
mérite d'être rappelé ici. On sait que Charles Dupuy-Montbrun y
fut blessé et fait prisonnier dans la bataille livrée aux troupes
commandées par de Gordes, lieutenant général en Dauphiné. La
première rencontre avec l'armée royale avait été favorable aux
Réformés et sans le retour offensif des catholiques menaçant d'occuper le pont, ils étaient victorieux. A la vue du danger couru

<hr>

(1) Archives de la Drôme, évêché de Die. — L'*Arrondissement de Montélimar*, notice sur Condillac.

par eux, l'intrépide capitaine s'élance au devant de ses soldats qui commençaient à fuir, les suit un instant, puis, son cheval épuisé de fatigue en voulant franchir un fossé s'abat sur lui et le blesse à la cuisse. Montbrun est alors fait prisonnier. Sa fin malheureuse assombrit le beau paysage où eut lieu le combat (1).

Jules Olivier, après avoir décrit les différentes opérations qui, dans l'importante papeterie de Blacons, transforment d'infects haillons en tissus blancs et soyeux, tout prêts à recevoir la pensée de l'écrivain, ajoute : « La régularité avec laquelle les nombreux ouvriers de cette usine modèle accomplissent leur tâche, révèle en eux le sentiment du devoir, si rare parmi les hommes, et qui est cependant la plus noble vertu. Si ce sacrifice les honore, il est aussi le plus bel éloge de l'intelligence qui a su l'inspirer et de la main qui en dirige l'application » (2).

L'Inventaire manuscrit de la Chambre des Comptes du Dauphiné, induit en erreur par l'identité des noms, confond parfois le Mirabel des évêques de Die avec le Mirabel des Dauphins dans les Baronnies. Il est facile pourtant de les distinguer. Voici les droits féodaux du premier : lods au 5ᵉ denier des fonds nobles et au 4ᵉ des fonds roturiers vendus : juridiction entière, possession des eaux, arrosages et égouts, « des postats, appuyages et voûte, sur les rues », banalité du four et des moulins, chasse et pêches, biens vacants, chasal du jeu de paume, pulvérage des troupeaux de passage, hommage et dénombrement des tenanciers nobles et censes des roturiers.

Au point de vue religieux, Mgr de Cosnac, en 1664, y trouvait une église pauvre dédiée à saint Marcel, un service par quinzaine avec Chosséon-sur-Suze, et une population de 80 réformés et de 40 communiants catholiques. A cette date, l'église de Serreméan, près des Bartalais, était déjà ruinée : c'était une ancienne dépendance de Saint-Martial de Limoges, ensuite de Saint-Ruf de Valence et enfin du Chapitre de Saint-Apollinaire de Valence (3).

La contenance de la commune s'élève à 1.626 hectares et la population à 581 habitants en 1901 ; en 1911, 578 ; en 1921, 509. Ses quatre contributions rapportaient, en 1873, « 5.156 fr. à l'Etat, 1.766 au département, 2.673 à la commune et 221 au fonds des non valeurs, soit en tout 9.718 fr. »

On trouve dans l'*Album du Dauphiné* une notice de Jules Ollivier et les vues lithographiques de Mirabel et de Blacons.

Altitude : 263 m.

Distance de Crest : 7 kil. ; de Die : 32.

---

(1) M. Long, *La Réforme en Dauphiné.*
(2) *Album du Dauphiné*, t. II, p. 79.
(3) Archives de la Drôme : évéché de Die   visites pastorales.

Montclar

Une grosse colline de 800 mètres d'altitude, boisée à son sommet et cultivée à moitié, sert de rive gauche à la Gervanne et présente vers son milieu une église et un village auquel fut donné le nom de Montclar à cause de la lumière qui le submerge. Les Romains possédèrent sur son territoire, plus près de Beaufort, une villa ou ferme agricole appelée dans la suite le Monastier-Saint-Julien où fut découverte vers 1835 une inscription à Diane, déesse des chasseurs, transférée à Beaufort et perdue aujourd'hui en partie. A l'origine de la féodalité, la situation de Montclar parut favorable à la défense de la vallée et les évêques de Die, les comtes de Valentinois et les Dauphins s'empressèrent d'y bâtir et d'y entretenir un château fort, ceint de murailles et flanqué de tourelles de distance en distance. A la suite pourtant de circonstances inconnues, « il était déjà irréparablement ruiné en 1474 » et disparut peu à peu avec le temps ; seule une de ses tours a servi tout récemment de carrière pour construire une école. Quant à l'église dédiée à saint Marcel et voisine du manoir seigneurial, elle subsiste encore et sa croix latine, surmontée d'un dôme élégant, lui donne un air monumental. Le village actuel bâti au-dessous n'offre rien de curieux et sans l'intelligente initiative de M. l'abbé Durand, curé de la paroisse, la disparition de ses archives nous aurait ravi plus d'un détail intéressant. Les quartiers de Vaugelas, du Monestier-Saint-Julien et de Vachères, le premier dans une vallée agréable à 2 kilomètres de là et le 3ᵉ près de la Gervanne, seront rappelés plus d'une fois (1).

La grande influence des évêques sous les Gallo-Romains permit à ceux de Die, à la mort de Rodolphe III (1032) de conserver ou d'acquérir une part considérable de la région, après la mort des comtes du Diois. De leur côté, les Dauphins, sortis d'Albon et de la Valloire, ne cessèrent pas un instant d'étendre leur domination au Midi et à l'Est de la province.

Ainsi l'évêque Humbert, menacé à la fois par les habitants de sa ville épiscopale et par les comtes de Valentinois, céda vers 1201, à Hugues de Bourgogne, à Béatrix, son épouse et au Dauphin, leur fils, les châteaux de Montclar, Suze, Aouste, Divajeu, Crest, Saint-Médard et le Monestier-Saint-Julien à la condition de les tenir à perpétuité de son église. Trente ans plus tard, le Dauphin André, en confirmant à l'abbaye de Léoncel les donations de ses prédécesseurs, l'autorisait à conserver à Montclar tout ce qui dépendait de son domaine, sauf les frères Charfils, ses vassaux. Mais Guigues, Dauphin, désireux de posséder en partie les châteaux de Sassenage et d'Iseron, mieux à sa convenance, les

____

(1) *Inventaire de la Chambre des Comptes.*

échangeait, en 1263, contre ceux de Montclar et de Vérone, avec
Guillaume Artaud, seigneur d'Aix, issu des Isoards et avec Flotte
de Sassenage, son épouse, à la condition d'en rendre hommage à
l'évêque de Die. Or, comme le droit de chevauchée permettait au
seigneur d'obliger ses vassaux à le suivre à la guerre, Guillaume
Artaud, nouveau seigneur de Montclar, le réclama aux habitants
du Monestier-Saint-Julien. Le prieur de Montclar et son supérieur,
celui de Saint-Maurice de Die, refusèrent d'obéir. L'évêque inter-
venant comme arbitre condamna le prieur à fournir dix hommes
de pied armés au seigneur du lieu lorsqu'il aurait à défendre ou à
recouvrer ses tours. Il accorda aussi à ce dernier la justice criminelle, sauf les cas de peine capitale et maintint le prieur dans ses
autres privilèges. Cette décision ramena le calme un instant ; mais
un nouveau conflit survint entre les parties, Didier de Sassenage,
beau-frère de Guillaume Artaud, rétablit la paix, le 9 juillet 1294,
en attribuant aux habitants le libre pacage pour leur bétail moyennant une indemnité de 15 florins, et au seigneur le droit de vingtain dans tout le mandement pour l'entretien de son château fort
et, en cas de guerre, le service militaire, à la condition de nourrir les soldats. Peu de temps après, Raymond de Mévouillon, devenu vassal du Dauphin, sollicitait son consentement à l'acquisition de Montclar et de Véronne et l'obtenait sans peine, à la
charge de les tenir de lui sans préjudice aux droits de l'évêque de
Die. La situation obérée de l'acquéreur l'obligea bien vite à échan-
ger les deux fiefs contre la Roche-sur-le-Buis et à les vendre au
comte de Valentinois, toujours prêt à agrandir son territoire (1298).
Aussi le traité conclu, en 1332, entre lui et le prélat pour terminer
leurs longues querelles, assura-t-il au comte la possession de
Montclar. Un accord du 29 avril 1346 lui octroya même les hommes et les revenus des coseigneuries de Beaufort et de Vaugelas,
le four et le droit de fournage de Montclar, la forêt de Loberie, le
vingtain du blé, des légumes et des raisins, depuis le chemin de
Vachères, allant droit à celui de Vaugelas, jusqu'à l'écluse de
Vaugelette, depuis cette écluse jusqu'au ruisseau de Chantemerle,
de ce ruisseau jusqu'à Suze et Beaufort, les propriétés des nobles
de Montclar exceptées. Le comte de Valentinois autorisa les habitants à dériver l'eau de la Gervanne, à l'écluse de ses moulins,
pour arroser leurs prés, sans dommage et les exempta de tous
droits de leyde et de péage, même après l'établissement d'un marché (1). Des comtes de Valentinois la seigneurie échut par héritage aux rois Dauphins de France, et un arrêt du parlement du
8 juin 1461 nous révèle les noms des familles nobles qui possédaient alors à Montclar des revenus et des immeubles sous la
suzeraineté royale. D'après ce document, le droit de pulvérage

---

(1) Le péage fut créé on ne sait quand et supprimé par un arrêt du
10 mars 1771 (archives de la Drôme, affiche imprimée). — J. Chevalier, *Essai
sur l'histoire de la ville et du diocèse de Die*. T. I et II. — *Inventaire de la
Chambre des Comptes.*

exigé des troupeaux de passage devait être partagé entre Guy
Pape, Guillaume Reynaud, Louis d'Arbalestier, Jean du Bouchet et les héritiers d'Aimar de Montclar, au lieu d'être absorbé
en entier par le châtelain delphinal. Une reconnaissance de
1485 passée par les habitants mentionne Eynard de Grammont,
seigneur de Vachères, Guillaume Renard ou Reynaud, Jean Pape,
docteur ès-lois et Louis d'Arbalestier. De son côté, l'*Inventaire
manuscrit de la Chambre des Comptes* y place presque toute la
noblesse du Diois.

De ces diverses familles les unes reparaîtront à Beaufort,
Plan-de-Baix et Eygluy ; les autres appartiennent plus spécialement à Montclar, comme celle qui prit le nom du fief et
celle des Grammont, seigneurs de Vachères. Les cartulaires de
Die et de Léoncel et d'autres documents citent plusieurs Montclar,
de 1168 à 1419, sans leur faire jouer le rôle intéressant pour
l'histoire de leurs vassaux. Il n'en fut pas de même des Grammont, originaires de Navarre et venus en France sous Charles VII.
Robert, dit le Gros-Robert, s'attacha au service du dauphin Louis,
qui le fit, en 1446, capitaine châtelain de Gigors et ensuite de
Charpey, Montmeyran et Crest. Lors de son mariage, en 1453,
avec Claudie de Chastelard, le prince lui acheta pour 200 écus le
trousseau de la future et en 1461 le nomma capitaine de Sauveterre et peu après grand bailli du Gévaudan et son maître d'hôtel.
Il mourut en 1482, laissant, entre autres enfants, Eynard qui
jouit à son tour des faveurs du roi Charles VIII et épousa en 1492,
Gérentonne de Poitiers. La Chesnaye des Bois le qualifie seigneur
de Vachères, bien que l'*Inventaire de la Chambre des Comptes*
fasse acquérir ce fief par Guillaume, son fils, en 1537 seulement.
Vachères, confondu par Chorier avec un village de Vaucluse de
même nom, occupe dans la vallée de la Gervanne et à sa gauche,
une agréable position. Un bois dissimule son château, près duquel le chemin de Montclar vient rejoindre celui de Beaufort à
Crest. La seigneurie en avait été concédée, en 1335, par Aimar de
Poitiers à Humbert de Montclar et elle fit retour aux rois dauphins. Jean de Grammont, fils et héritier de Guillaume, à sa place
parmi les capitaines protestants du xvi° siècle sous le nom de Vachères. Il tenta avec Cugie, en 1580, de s'emparer de Die, fut plus
heureux à Hostun, inquiéta la garnison de Crest en 1587, reprit
Montélimar avec Lesdiguières et Etoile avec de Morges. Possesseur d'une grande fortune et capitaine de 100 chevau-légers de la
garde du roi, il rechercha en mariage Louise de Budos de Portes,
une des plus belles femmes de son temps, qui devenue veuve
donna sa main au duc de Montmorency, gouverneur du Languedoc, connétable et maréchal de France. Comme il ne laissait pas
d'enfants, il testa en 1592, en faveur de Louis, son frère, et fit
pour plus de cent mille écus de legs, d'après La Chesnaye des
Bois. Parmi ces legs en figurait un de 1.200 livres aux pauvres de
Montclar.

Louis de Grammont, héritier de la fortune et des emplois militaires de Jean acquitta fidèlement les volontés de son frère et s'allia, en 1597, avec Louise d'Ancezune-Caderousse. Rostaing, leur fils, au contraire, refusa le paiement aux pauvres de la pension annuelle de 60 livres. Les consuls de Montclar, au nom des légataires l'actionnèrent alors en justice et un procès coûteux et long s'engagea. Tout d'abord, comme les demandeurs avaient payé la finance de l'office de secrétaire-greffier de leur commune et de celle de Beaufort, à l'aide d'une imposition, le seigneur de Vachères qui était en même temps coseigneur de Montclar se fit prêter le rôle de l'imposition et appela les consuls devant la cour des aides de Vienne pour défaut d'autorisation. Après force démarches, écritures et voyages, ils gagnèrent cependant leur cause à Vienne pour la taille et au parlement de Grenoble pour le legs, mais le débiteur récalcitrant recourut alors au conseil privé du roi, où l'affaire fut renvoyée au parlement de Dijon, à cause de l'intervention de MM. de Montfort et de Jacques-François de Grammont de Riquemont son frère et beau-frère et des créanciers de Louis de Grammont, comme aussi en vertu d'une substitution antérieure. Le même arrêt cassait celui de la cour de Grenoble et lui enlevait la connaissance de l'affaire. Il la reprit cependant peu après et condamne à nouveau le débiteur à se libérer. Sur son refus persistant une portion de la seigneurie de Montclar et Vaugelas fut saisie et adjugée en 1660 à Granon, dernier enchérisseur. Malgré diverses autres procédures devant la Chambre de l'Edit et le parlement pour hâter le paiement du legs, pour laisser aux habitants le droit de gérer à leur gré leurs affaires communales, pour les exonérer, comme emphytéotes, de la production de leurs titres primitifs de propriété, pour leur maintenir le droit de vaine pâture et la restitution des troupeaux que François de Grammont, sieur de Pelourson (1), fils illégitime de l'intimé, leur avait pris; le procès durait encore, en 1666, lorsqu'un arrêt définitif du parlement de Grenoble consacra les droits des pauvres. Rostaing de Grammont mourut célibataire en 1671, et Jacques-François, son frère, hérita de ses biens et de ses procès que Marie de Gelas de Leberon, sa veuve, et Pilippe-Guillaume leur fils terminèrent enfin de 1671 à 1678 en payant aux pauvres les 1.200 livres léguées ou la pension annuelle de 60 livres et à la commune les 3.174 livres de frais des procédures.

Philippe-Guillaume de Grammont, d'abord page de Louis XIV, suivit ce prince en diverses campagnes, devint aide-de-camp du marquis de Montauban et vit sa terre érigée en marquisat en 1683, sous le nom de Vachères, avec La Chaudière, Saint-Benoît, Espenel et Rimon pour dépendances. Pourvu ensuite du gouver-

---

(1) Pelourson, domaine sur la commune de Suze avait appartenu, en 1339, à noble Guillaume Frel et à son fils Armand en 1345 (*Inventaire de la Chambre des Comptes*). — La Chesnaye des Bois et *Inventaire des archives de Montclar*, FF, 2 (*Archives de la Drôme*, t. VIII, p. 76).

nement de Crest, il eut d'Anne de Covet de Marignane plusieurs fils, tous officiers de mérite et surtout François-Paul, son successeur à la tour de Crest, où il fut remplacé par Marie-Philippe-Guillaume, décédé en 1741. Marianne Gontier, de Dijon, lui avait donné Philippe-Guillaume-Marie, héritier en 1767, d'André-Joseph d'Ancezune, duc de Caderousse (1) qui vendit à Paris, vers 1792, ses biens de Vachères à M. Labretonnière, dont le neveu, Esprit-Nicolas, fut député de la Drôme en 1820, 1824 et 1827.

Pendant les débats de Montclar avec le seigneur de Vachères, les d'Arbalestier soutinrent constamment de leurs conseils et de leurs deniers les défenseurs des pauvres ; c'était prouver que la noblesse avait ses hommes généreux et bons, si elle en avait ue durs et de processifs. Ils avaient acquis la parerie de Montclar, de Jean Reynaud et de ses frères, vers 1538, comme André Monteyson, avocat de Crest, vers 1530. Mais, à la mort, sans postérité de Paul d'Arbalestier, en 1693, sa succession se partagea entre les de Truchet, venus d'Auvergne à Beaufort, les de Montrond, les de Fay et Antoine-René de la Tour-Gouvernet, dont la fille épousa, en 1731, François de Virieu-Pupetières. Leurs enfants possédèrent Montclar avec les Grammont de Vachères jusqu'à la Révolution.

Une déclaration des châtelain et consuls de Montclar du 25 mai 1735 évaluait à 150 livres les censes et les lods du marquis de Grammont et à 40 le produit de ses moulins à huile et à farine, à 200 livres ceux du marquis de Virieu et à 6 ceux des religieux de Léoncel au Monestier-Saint-Julien (2).

Comme l'histoire du tiers-état se trouve unie à celle de la seigneurie, il ne reste plus qu'à esquisser brièvement celle de la paroisse. Le prieuré, en 1296, dépendait de l'abbaye de Saint-Maurice de Die ; il passa, en 1644, aux mains de l'archidiacre de la cathédrale de Valence qui payait la portion congrue du curé, fixée à 300 livres et la 24ᵉ partie de la dîme aux pauvres. M. Vallentin du Cheylard nous a fort obligeamment communiqué une inscription trouvée à Montclar en 1894 et à lui donnée en 1904 ; elle est fort incomplète et sans noms de personnes, révélant simplement une fondation de 300 sols dans l'église au xⁱⁱ siècle. Cette église dédiée à saint Marcel, endommagée au xvⁱ siècle, comme le prouve une visite épiscopale de 1604, avait sa nef encore sans toiture en 1664. Des réparations à la façade, en 1686, confirment ces renseignements. Quant à Vaugelas, Vaugelais en patois et *Vallis Gelata* en latin, il possède une église bien propre, desservie de 15 jours en 15 jours par le curé de Montclar, avant 1790.

Population : en 1839, 577 habitants ; en 1876, 551 ; en 1901, 457 ; en 1911, 506 ; en 1921, 407. Superficie : 2.963 hectares.

---

(1) *Inventaire des archives de la Drôme.*
(2) Archives de la Drôme, séries E et G.

Revenu : en 1839, des propriétés bâties, 2.423 fr., et des propriétés non bâties, 42.480 fr. Impôts directs : en 1872, 10.712 fr. 35. Productions : céréales et noix.

Suze

Sur le versant de la colline qui sert de rive droite à la Gervanne se présente, presque en face de Montclar, l'ancien village de Suze, assez haut placé, et dans la plaine, l'agglomération nouvelle des Geaux où se trouvent, depuis 1842, l'église, et depuis 1860 environ, la mairie et les écoles. Les anciens titres indiquent, sans en préciser l'emplacement réel, Suze la vieille ou la petite et Suze la jeune ou la grande. Existait-il jadis autour des ruines amoncelées au nord et à peu de distance du village principal de la commune, une agglomération quelconque ? Une note de 1860 révèle bien un chemin, actuellement détruit, entre les deux châteaux de Suze et la découverte dans les ruines de Suze la vieille de débris de flèches et des tombeaux en pierre, ce qui indiquerait une haute antiquité ; mais l'histoire est muette sur la destruction de ce premier château. Le second ne tarda pas à être entouré des maisons des habitants et d'une église dont la sacristie subsiste encore, seule aujourd'hui, et servait naguère de dépôt d'archives.

Ni les temps préhistoriques, ni l'occupation romaine n'ayant été étudiés dans la vallée, sauf à Beaufort, il est impossible de préciser l'origine du lieu avant la féodalité. Tout porte à croire que les évêques de Die, successeurs des comtes du Diois, en conservèrent la suzeraineté, puisque l'un d'eux la transmit aux Dauphins. Mais une famille du pays jouit de bonne heure des droits utiles du fief dont elle prit le nom. Le *Cartulaire* de l'église de Die renferme une charte-privilège du 28 mars 1165 en faveur de l'évêque Pierre II, par laquelle le pape Alexandre III prend sous sa protection les châteaux de Mirabel, de Gigors, de Crest, de Suze (*de Seuzia*), etc. et les abbayes de Saint-Médard, de Sainte-Croix, de Léoncel et de Saou. Un accord du 1ᵉʳ octobre 1201 porte cession par l'évêque Humbert Iᵉʳ à la dauphine Béatrix et à Guigues-André, son fils, des fiefs que Silvion de Crest tenait de l'église de Die, comme Montclar et les biens de Suze (*in castro de Seuza*) (1). De son côté, le *Cartulaire de Léoncel* nous apprend que Pierre Odon, de Suze (*de Sceusia*), à la suite de difficultés avec les religieux de cette abbaye fondée en 1137, leur céda au prix de 10 sols ses droits depuis le Chaffal jusqu'à Tornieu et à Zotes ; que Jean de Suze prit l'habit cistercien vers 1225 ; que Guigues, fils de Sisbod, gratifia le même établissement monastique de ses droits entre la pierre Trastonne et la Baume-Saint-Romain et dans la Combe Rotfre, en 1228, et qu'Albert de Suze (*de Excussiis*) accrut les reve-

---

(1) *Documents inédits relatifs au Dauphiné*, par le chanoine C. U. J. Chevalier, p. 20, 25.

nus des religieux de redevances sur immeubles au Monestier Saint-Julien de Montclar en 1238. Un descendant de ce même gentilhomme vendit au comte de Valentinois, le 5 février 1288, pour 1.600 sols viennois, ses château, bourg, territoire, cours d'eau, moulin, péage, fiefs, censes, immeubles et vassaux de Suze et l'acquéreur garda le tout seulement 19 ans, ayant rétrocédé, en 1307, ses droits utiles à Guillaume de Montoison, seigneur du lieu de même nom, et la suzeraineté à Hugues Adhémar, seigneur de Montélimar, à titre d'échange avec celle de Châteauneuf-de-Mazenc, venue de Guillaume de Châteauneuf. On possède les hommages des Adhémar aux comtes de Valentinois et aux rois-dauphins, leurs héritiers, jusqu'en 1426 (1). Les Montoison, désormais possesseurs de Suze, transmirent leur nom et leurs biens aux Clermont, lors du mariage d'Isabelle avec Geoffroy, l'un d'eux, en 1363. L'histoire de la grande et ancienne famille des nouveaux maîtres de Suze appartient à celle de la province et il suffirait de rappeler le nom de Philibert de Clermont-Montoison pour prouver leur vaillance, car au dire d'Aimar du Rivail, les Florentins avaient offert à sa place à Louis XII pour commander les troupes jusqu'à 300 hommes d'armes (2). Tout en louant le courage et les talents militaires de cette maison, il convient de mettre en lumière ses rapports avec la population de Suze. Un monitoire pour découvrir les détenteurs de terriers ou livres des redevances dues au seigneur semble indiquer des hostilités, vers 1340 ; elles furent peut-être cause, plus tard, de la donation entre vifs aux syndics et consuls, par Claude de Clermont-Montoison de 20 setérées de blé par an, des arrérages et d'une taille de 13 florins 2 gros, vers 1468. Divers documents conservés permettent de connaître le montant des droits féodaux exigés : le vingtain des grains à la cote 25e et de la vendange à la cote 20e s'affermait de 1502 à 1580, 70 setiers de grains à la dernière date, 64 setiers de blé et 36 charges de vin vers 1590 (3). Une reconnaissance de 1567, une autre de 1659 et une troisième de 1488 avaient compris le vingtain au nombre des droits seigneuriaux ; mais vers 1678, les habitants prétendirent que cette redevance s'exigeait sans titre, et dans une délibération prise en assemblée générale, MM. Gailhard, Raffin, Vieux et Vincent furent chargés de passer une nouvelle reconnaissance à Jean-François-Antoine de Clermont-Montoison, suivant l'arrêt du parlement du 2 août 1672 et de prier ce seigneur de régler le vingtain en argent, sur le pied du revenu ou petite estime du parcellaire, arrivant à 159 livres, portables en sa maison de Suze. Cette proposition fut agréée le 6 septembre 1733 ; mais le fils du marquis assigna la communauté en cassation de cet acte, en s'appuyant sur la substitution portée au contrat de mariage de son aïeul avec

---

(1) *Inventaire des archives de la Drôme*, t. II, E. 453.
(2) Annotation de Videl, dans la *Vie du Chevalier Bayard*, par Godefroy, p. 51.
(3) Archives de la Drôme, E, 463, 483, 470, 472.

Angélique de la Croix-Chevrières et sur la lésion causée par
l'abonnement. Un procès s'engage et des mémoires d'avocats
furent imprimés : Barthélemy, au nom des consuls, soutint qu'il
n'y avait pas eu de lésion dans une aliénation purement gratuite ;
Piémont de Frize, au nom du seigneur, défendit l'opinion contraire et Royer, dans ses *Observations*, établit que le contrat
d'abonnement n'était pas susceptible de revision pour cause de
lésion, que l'ordonnance sur les substitutions ne pouvait avoir
d'effet rétroactif et que M. de Clermont devait garantir l'acte de
son père. L'impression de ce mémoire coûta 400 livres. Après
diverses procédures, Louis-Claude de Clermont, mandataire de
son frère, conclut avec les consuls et délégués de Suze, le 19 novembre 1772. un accord portant désistement de toutes les demandes
faites, moyennant une pension annuelle de 20 setiers de blé,
mesure de Crest (1).

Outre le vingtain, les habitants de Suze. en 1682, devaient à
Louis Rostaing de Clermont-Montoison, le chevalage à raison de
2 ras d'avoine pour tout laboureur avec bœufs et d'un ras pour
autre bétail, 4 corvées ou journées par an. les lods au 4ᵉ denier et
le droit de prélation en cas de vente d'immeubles. le droit de
chasse et de pêche, le droit de pulvérage de tout conducteur de
troupeaux, à raison d'un liard par 30 bêtes à laine, la 24ᵉ partie
du grain pour mouture et 1 liard par habitant pour le fournage et
à Chosséon 1 quarte de blé de ce chef. Les lods ont été remplacés
depuis la Révolution par le droit d'enregistrement actuel et les autres
redevances supprimées, avec les censes dues par les propriétaires
d'immeubles. On a les chiffres du montant des revenus de la seigneurie en 1740, 1746 et 1749 ; ils sont de 999 livres 19 sols dans
les deux premiers baux et de 1.150 dans le dernier (2).

Avant Charles VII et Louis XI les charges féodales étaient presque les seules réclamées aux populations dauphinoises, et le rôle
des administrateurs communaux ne comprenait alors ni l'assiette
ni la perception de l'impôt foncier ou taille, ni la capitation ou
cote personnelle et mobilière, ni le dixième ou impôt sur le revenu,
ni les logements militaires occasionnés par les guerres du xvıᵉ siècle et par celles d'Italie et de Piémont. ni les aides ou secours aux
autres communautés pour le logement des troupes, ni les levées
de miliciens, ni l'entretien des chemins et des routes ; mais, avec
le temps, la gestion des affaires municipales se compliqua de tous
les détails relatifs à l'armée, aux cultes, à l'agriculture. au commerce, à l'instruction publique. Les archives de Suze mentionnent
effectivement des dépenses aux xvııᵉ et xvıııᵉ siècles pour le cadastre, pour les rôles d'impôts, pour les chemins, pour vérification
des dommages causés par les intempéries. pour les dettes commu-

---

(1) Archives de Suze. CC. 20 et FF, 5 et 6 dans l'*Inventaire des archives
de la Drôme*, t. VIII.

(2) *Inventaires de la Chambre des comptes et des archives de Suze.*

nales, pour l'envoi de pionniers, pour les écoles et pour les traitements d'un pasteur protestant et d'un curé à Suze et à Chosséon.

Il y avait autrefois dans la commune : 1° l'église des Templiers remplacée après l'extinction de leur ordre, en 1311, par celle de Saint-Pancrace ; 2° celle de Saint-Etienne, ruinée depuis longtemps ; 3° celle de Saint-Romain ou du château et du prieuré ; 4° celle de Chosséon ; et enfin il y a maintenant celle de Saint-Martin, construite en 1842 au quartier des Geaux dans la plaine. Le Cartulaire de Saint-Ruf à la date de 1207 reproduit une donation faite par Jeanne, mère de Pierre, à l'ordre où il était chanoine, confirmée par Amédée, son autre fils, de biens et revenus au manse de Francoel dans le territoire du château de Suze. Comme l'abbaye de Saint-Médard sur Piégros-la-Clastre, d'abord indépendante, appartenait alors à Saint-Ruf et qu'elle passa dans la suite à celles de Sainte-Croix et de Saint-Antoine de Viennois, les dîmes et les biens de Suze, au xvii° siècle, étaient devenus la propriété des Antonins qui payaient la portion congrue du curé, fixée à 200 livres par un arrêt du 7 août 1605. Dans une transaction du 30 décembre 1633 le chapitre de Saint-Antoine abandonna aux consuls la dîme et les revenus du prieuré, à la charge de payer le service religieux, les décimes au roi et 5 émines de blé de pension au commandeur de Saint-Médard, ainsi que les arrérages. Le curé, en 1648, déclare se contenter de la dîme et des biens du prieuré pour continuer le service religieux ; mais des difficultés surgirent entre le syndic de l'abbaye de Saint-Antoine, le promoteur de l'évêché de Die, le curé et les consuls. Un arrêt du parlement du 23 juillet 1683 condamna ces derniers à payer la portion congrue du curé et les ornements sacerdotaux. Ils en appelèrent, à la suite de la déclaration du roi du 29 janvier 1686 qui portait le traitement du curé à 300 livres, sous le prétexte qu'il était simple vicaire ou secondaire de Beaufort. Un accord de 1687 termina les difficultés en maintenant au curé les 200 livres de traitement et 36 autres livres pour tous frais et dépens. Quant à Chosséon (ou Chossieu), dépendance du prieuré de Gigors et par lui de Lagrand, ordre de Cluny, le service y était confié au curé de Mirabel et l'église fort pauvre, comme celle de Suze (1)

Population : en 1839, 456 habitants ; en 1876, 402 ; en 1901, 328 ; en 1911, 331 ; en 1921, 317. Superficie : 1.443 hectares et en 1839, 1397. 4 contributions de 1873 : 7.320 fr. 59 ; en 1787, la taille arrivait à 850 livres, la capitation à 608, les impositions accessoires à 102, les charges locales à 157. Productions : céréales, pommes de terre, noix. Distance : 12 kilomètres nord-est de Crest, 33 kilomètres de Die. Altitude : 498 mètres.

---

(1) Archives de Suze, FF, 1, 23 et GG, 4.

Beaufort-sur-Gervanne

I. — *La seigneurie.*

A 15 kilomètres nord-est de Crest, un bourg assez bien bâti, malgré l'étroitesse de ses plus vieilles rues, domine la verte vallée qu'arrose la Gervanne, affluent de la Drôme : c'est Beaufort. Assis presque au sommet d'une colline, il est entouré des hauteurs boisées de Col de Veraud sur Eygluy et de Lozeron sur Gigors. Son nom peut lui venir d'une solide forteresse, œuvre de ses premiers seigneurs ou d'une tour romaine destinée à maintenir une population robuste et indépendante. Le passage suivant de M. Denis Long semble confirmer la dernière hypothèse : « On a trouvé à Beaufort, dit-il, un amas de fragments de lames d'épées, de lances, de faucilles, de bracelets, une baguette très aiguë de plus de cinq décimètres de long et une statuette d'Hercule en bronze » (1).

La découverte d'une inscription en deux fragments, dont l'un est perdu et l'autre conservé à Montélimar chez M. Ludovic Vallentin, président de la Société d'Archéologie de la Drôme, corrobore ces renseignements. En voici le texte, la transcription et la traduction (2) :

COLL. VENATOR.   *Collegium Venatorum Deensium*
DEENSIVM ET QVI MI   *et qui ministerio arenario*
NISTERIO ARENARIO   *Junguntur (loco) dato ex decreto*
FVNGVNT. D. EX D. S. V.   *solverunt votum.*

« Le collège des chasseurs diois et ceux qui sont chargés du service des arènes ont acquitté leur vœu dans un local obtenu par décret des décurions. »

M. Long pense que le vœu avait été fait à Diane ou à Silvain et que l'inscription se lisait sur le support de la statue ; d'autres auteurs indiquent la déesse Andarta, plus spécialement honorée dans le Diois.

Ce collège ou association de chasseurs alimentait l'amphithéâtre de la capitale des Voconces de taureaux, d'ours, de sangliers, de loups et de cerfs, et J. Ollivier affirme que les jeunes patriciens gallo-romains se livraient à ces exercices pour développer leurs forces et montrer leur courage. Bien que l'inscription ait été trouvée dans les ruines du Monastier-Saint-Julien, où, plus tard, l'abbaye de Léoncel posséda un cellier et un prieuré, elle intéresse également Beaufort qui, en 1552, y ensevelissait ses morts près d'une chapelle dédiée à Notre-Dame.

----

(1) *Recherches sur les antiquités du pays des Vocontiens*, p. 121-23.
(2) Allmer, *Bulletin de la Société d'Archéologie de la Drôme*, X, 85.

Une autre preuve de l'antiquité du lieu se tire de l'existence
d'un chemin pour les muletiers de Lyon à Marseille, mentionné
en 1579, et abandonné depuis la chute du pont sur l'Isère à la
Sône et la peste de 1586. Cette voie antique, remplacée aujour-
d'hui par le chemin de Saint-Jean-en-Royans à Nyons, devait probablement exister déjà au temps des Gaulois établis au sommet
du mont Velan et dans les gorges d'Omblèze (1).

Il est impossible, faute de documents, de remonter au-delà des
premiers âges féodaux : mais au xii° siècle, les évêques de Die et
les comtes de Valentinois sont installés à Montclar et à Beaufort
formant un seul mandement. Dès 1203, un Dauphin de Viennois
devait 11.000 sols à Aimar de Poitiers pour Montclar, et, en 1245,
ce dernier ou son fils s'engageait à soutenir le Dauphin dans
toutes ses guerres. La rivalité constante des comtes de Valentinois
et des évêques avait engagé les Poitiers à réclamer la haute protection des comtes d'Albon. Aussi voit-on, en 1332, un autre
Aimar se déclarer vassal de Guigues, dauphin, pour Montclar,
Beaufort et son territoire, à l'exception du Monastier, appartenant
à l'évêque de Valence et Die. Pareille reconnaissance fut renouvelée en 1380 (2).

Le dauphin Humbert II, en 1349, et le comte de Valentinois
Louis II, en 1419, ayant donné leurs états à la France, Beaufort
dépendit, dès lors, du domaine royal. Aussi Louis XI, encore
dauphin, en 1447, récompensa-t-il les services des frères Charles
et Jean de Caqueran, originaires d'Asti en Piémont, par le don
des châteaux et seigneuries de Beaufort et Plan-de-Baix et de ses
droits à Montclar (3). En 1521, Catherine Adhémar, veuve d'Antoine de Clermont-Montoison et Blanche Adhémar, veuve d'Aimar
d'Urre, possèdent le fief qui écheoit par héritage à Louis d'Urre,
fils de Blanche, et par vente à la famille d'Arbalestier, originaire
de Châteaudouble. La généalogie de cette famille signale : Guigues
en 1275 ; Pons, vassal d'Aimar de Poitiers, en 1332 ; Jean, seigneur
de Beaufort en 1547 et coseigneur de Montclar ; Isaac, gentilhomme du roi de Navarre en 1584, et capitaine au régiment
du Cugie ; Charles, mestre de camp en 1635, major de la noblesse
du Dauphiné au siège de Turin en 1640, député pour l'exécution
de l'édit de paix religieuse en Lyonnais, Forez, Dauphiné et Provence ; Alexandre, capitaine de cavalerie en 1657 ; Paul, aussi
capitaine mort intestat, dont la succession échut à sa sœur, aux
de Fay, aux de Truchet, représentées vers 1700 par Florimond,
colonel-inspecteur des troupes du roi, en Vivarais ; Claude, abbé
de Chambon ; Alexandre, seigneur de Montclar et Vaugelas ;

---

(1) Archives de Beaufort, CC. 15. — Archives de la Drôme, E. 510.

(2) Archives de l'Isère. B. 3495. — Chan. U. Chevalier, *Inventoire des Dauphins*, n° 390. — Inventaire de la Chambre des Comptes. — *Inventaire des
Archives de la Drôme*, E, 510.

(3) *Catalogue des Actes du dauphin Louis II*, par M. E. Pilot, t. Ier, 53.

Paul-Alexandre de Montrond et à Antoine-René de la Tour-Gouvernet, marquis de Soyans. Comme Charles-François d'Elzéar de Voguë, capitaine de dragons, avait épousé Madeleine de Truchet, fille de Florimond, Jean-François de Clerc de Ladevèze, seigneur de Pierrerue, capitaine de dragons, acquit d'eux la seigneurie de Beaufort et les domaines de Freidières Clavinier. Les granges, etc. Celle-ci acquit encore au xviie siècle d'Antoine d'Hostun la portion de Nicolas du Peloux et d'Anne d'Urre, et Charles d'Arbalestier, fils ou petit-fils de Jean, devint l'unique possesseur de Beaufort, vers 1650, par acquisition du roi, au prix de 17.250 livres, et Paul en rendit hommage à la Chambre des Comptes en 1680.

Les ventes à réméré des terres domaniales n'étaient jamais définitives et les acquéreurs, d'ordinaire simples engagistes ou fermiers, se succédaient rapidement, car Beaufort passa des d'Arbalestier aux Truchet, venus d'Auvergne. Madeleine, fille de Florimond, l'un d'eux, colonel et inspecteur des troupes royales, épousa, vers 1730, Charles-François-Elzéar de Vogué, capitaine de dragons, qui transmit ses droits aux de Clerc de Ladevèze, originaires du Languedoc, derniers seigneurs du lieu, où leurs armes se voient encore sur les murs de l'horloge communale : *d'azur au chevron d'or, chargé de trois tourteaux de gueules, accompagné de trois pommes de pin d'or* avec la devise : *Avorum virtute clara* (illustre par la valeur des ancêtres).

II. — *Les vassaux.*

La féodalité était une association où le seigneur promettait protection au vassal et celui-ci, dévouement et soumission au seigneur. A Beaufort, la population reconnaissait les comtes de Valentinois, vassaux eux-mêmes des Dauphins, comme on l'a vu. Elle ne devait pas être bien nombreuse, si l'on en juge par un acte de 1447, qui la réduit à 32 chefs de famille, dont 11 extrêmement pauvres et un seul noble, Jean d'Arbalestier. En attribuant 5 personnes à chaque ménage, on arrive à 160 habitants, et 6 à 192. Le cadastre de 1579 en accuse 125 et 60 forains (1) ; mais un document officiel de 1637 réduit ce nombre à 59 et à 7 forains. Il ajoute que le territoire de la commune est aride, sec et léger et qu'une paire de bœufs et deux mulets suffiraient à le labourer tant il est exigu, ayant « en tout sens la portée d'un mousquet. » Des 1.192 setérées d'étendue en 1579, il n'en restait plus que 795 de taillables en 1637.

Les guerres du xvie siècle et la peste de 1586 avaient grevé le pays de dettes et anéanti son commerce ; ses meilleurs fonds appartenaient à MM. de Montclar, de Brotin et de Blagnac (d'Arbalestier). En outre, le roi y percevait des censes pour le four et le

----

(1) Archives de Beaufort. — *Bulletin de la Société d'Archéologie de la Drôme*, XXXIV, p. 78.

moulin et une dîme ou vingtain pour l'entretien des murs d'enceinte, à la cote 20° pour les grains et le vin, affermé 40 livres, à raison d'un sétier par 25 sétiers de grains et d'une charge de vin par 20 charges. En 1505, le châtelain, chargé de la recette des droits du roi, accusait 50 sétiers de blé des censes établies, lors de la concession de chaque parcelle du sol, 2 des albergements ou baux à long terme, 20 de la dime ou vingtain, 130 des moulins, 68 poules, 5 livres du notariat, 3 florins du ban champêtre (amendes de police), autant du pulvérage exigé pour le passage des bêtes à laine, etc. (1).

A cela se réduisaient les impôts d'alors avant la création des tailles ou impôt foncier, sous Charles VII et Louis XI, son fils. La somme annuelle exigée, d'abord assez faible, s'éleva sensiblement peu à peu et l'exemption des terres nobles ne tarda pas à la rendre très lourde. Un ancien compte consulaire de 1579 accuse, en recettes, 728 écus ou 1.484 livres et, en dépenses, 680 écus ou 2.040 livres, et celui de 1786, 1.395 livres de recettes et 1.343 de dépenses, comprenant l'impôt foncier et les charges locales (2).

L'administration communale dut, à l'origine de la commune, se réduire à des assemblées des chefs de famille, sous la présidence du châtelain ; mais avec les tailles naquirent les cadastres et les receveurs généraux et particuliers. Pour assurer le service nouveau, on nomma des consuls qui s'adjoignirent des conseillers et devinrent les exécuteurs des décisions prises dans les assemblées générales.

Pendant le moyen âge, Beaufort paraît être demeuré un peu étranger aux guerres des comtes de Valentinois contre les évêques de Valence et de Die ; rien ne prouve même que les troupes de Raymond de Turenne, cantonnées à Eygluy, vers 1394, soient venues jusque-là (3). Mais, à la fin du xvi° siècle, le bourg est pris et repris par les catholiques et par les réformés, à partir de 1569, notamment.

Selon d'Aubais, La Roche et La Bessonnière, capitaines protestants, surprirent la place en août 1569 et de Gordes, lieutenant général en Dauphiné y dirigea aussitôt des troupes qui les en délogèrent. Les *Mémoires des frères Gay* racontent avec détails une expédition des capitaines Chabanas, Appaix et autres, du 25 juillet 1574 qui rendit Beaufort aux réformés, en chassant les soldats de Sarralus, lieutenant de La Tour de Baumes, qui y fut tué.

Toutefois, paraît-il, d'après d'Aubais, les catholiques y rentrèrent et en furent expulsés par d'Arces. Celui-ci confia même

---

(1) Inventaire de la Chambre des Comptes.
(2) Inventaire des archives de Beaufort, CC, 6 et 14.
(3) Chan. U. Chevalier, *Documents inédits relatifs au Dauphiné*, p. 268.

la garde du lieu au capitaine Maupas avec six hommes. Un état des foules, souffertes pendant les deux ans et demi du séjour de ce gouverneur, accuse 1.436 florins et 494 pour les dépenses de Revol, son successeur, pendant dix mois. Enfin, une requête des habitants au conseil politique de Die nous apprend qu'ils avaient tenu « pour ceulx de la religion réformée depuis 1576 et contribué à iceulx de sommes grandes et insupportables », en payant les défenseurs du château et du bourg depuis la dernière paix. Ils n'obtinrent rien, si ce n'est, en 1581, la défense à M. de Saint-Ferréol de les contraindre à se libérer (1).

L'année suivante, Maugiron chargeait Ozias de garder la place avec 140 hommes, et le 6 décembre, Dansage rasait le château et les murailles (2).

Un comptable municipal de Beaufort a écrit à la première page d'un registre de clôture des comptes consulaires quelques lignes à conserver : « En après de l'année 1586, dit-il, la guerre s'est « continuée au present peys, et y a heu famine avec grande mor- « talité genérale et notamment en ce lieu de Beaufort où sont « décédées de contagion de peste environ 350 personnes. » La tradition ajoute que les pestiférés, placés à Claperier, venaient prendre les vivres apportés du bourg sur le monticule de Sarra-lier.

On sait par l'histoire quels vides créa dans la province cette grande peste, 4.228 personnes à Romans seul ayant alors péri.

Selon notre comptable, « la guerre continua en 1587 au pré-sent peys avec grandes contributions qu'il fallut payer tant à un party que à l'aultre , (par) grands contributions en argent, maga-zins de grains, foins et avoynes, les uns comme les aultres se sont grandement endebtés et embringués. La famine encore régnante (amène) grande mortalité de contagion de peste en plusieurs endroictz de ce peys. »

« En l'année 1588, la guerre civile continue avec grands contri-butions, magazins, impositions de pionniers pour fere le rempa-rement d'Oste et aultres lieux circonvoysins, de fasson que les communes se sont fort embringuées. La mortalité a cessé en ce peys. »

En 1589, l'assassinat d'Henri III met de nouveau la France en grand trouble. « La guerre a tousjours régné (avec) grands contri-butions, magazins et aultres impositions fort grandes (3). »

A l'appui de ces notes contemporaines, on peut rappeler la venue à Beaufort de l'armée de La Valette, conduite par Saint-Julien et forte de 1.000 hommes, laquelle pilla grains, vin, den-

(1) D'Aubais, I", 109, 187. — *Mémoires* des frères Gay, p. 40. — Archi-ves de Beaufort, série EE, 1.

(2) Archives de Beaumont-lès-Valence, EE, 1 (*Inventaire*, t. VII, p. 199).

(3) Archives de Beaufort, CC, 7 (*Inventaire*, t. VII, p. 427).

rées et bétail et causa une perte de plus de 2.000 écus, le logement de 200 hommes de M. de Cugie et autant de M. Vachères (1).

Fort heureusement la paix renaquit sous Henri IV et ne fut plus troublée à Beaufort qu'en 1687, lors de la condamnation à mort de Louise Moulin, dite la *Maréchale*, convaincue d'avoir assisté à une assemblée au désert, et en 1716, lors de l'envoi d'une compagnie du régiment Dauphin. Une lettre du marquis de Maillebois, du 20 septembre 1733, recommande la douceur et le bon exemple pour le maintien de l'harmonie et au besoin la punition des fauteurs d'assemblées des nouveaux convertis.

Cet exposé succinct de l'histoire de Beaufort doit être complété par quelques notes sur le château, les monuments religieux, les curiosités et la statistique.

Le château fut ruiné en 1582, comme on l'a vu, et un rapport d'experts de 1739 le déclare absolument improductif, la glacière étant hors de service.

Un état des prieurés, cures et chapellenies du diocèse de Die, dressé au xıv° siècle, ne fait aucune mention de Beaufort ; mais, en 1516, il y avait une cure et en 1552, une église ou chapelle dans le bourg dédiée à Saint-Barthélemy et à Saint-Sébastien et une autre au Monastier sous le vocable de Notre-Dame. En 1620, l'évêque ordonnait de reconstruire le chœur de l'église de Saint-Julien dont, dès 1604, le curé réclamait la restauration. La succursale remonte au 19 avril 1826. M. E. Arnaud date de 1608 le temple protestant et attribue au ministre de Saillans le service religieux. Au nombre des pasteurs de Beaufort figure J. Desaignes, auteur d'un recueil manuscrit des synodes de la province, de 1600 à 1620, dont une copie se trouve aux archives de la Drôme (2).

L'hôpital, simple masure aujourd'hui, existait déjà en 1520. Jean-Mathieu Vourey, droguiste à Orthez, lui légua en 1760 une partie de ses biens ; mais un procès en diminua beaucoup le produit. Ce donateur avait tué d'un coup de trident un espion des nouveaux convertis et gagné promptement la Suisse, d'où il passa dans les Pyrénées.

Dès 1625, l'école est dirigée par des instituteurs qui reçoivent de 60 à 150 livres par an.

Population : en 1839 elle est de 414 habitants ; en 1860, de 496 ; en 1873, de 597 ; en 1882, de 519 ; en 1896, de 446 ; en 1911, 427 ; en 1921, 381.

Contenance: en 1835, bois particuliers 410 hectares, terres 324, vignes 36, près 26, pâturages 112, rivières et chemins 33, etc. ; total : 949. M. Mermoz, en 1839, évaluait à 21.411 fr. le revenu

---

(1) Archives de Beaufort, série EE 1.
(2) Archives de la Drôme, D, 70.

des 915 hectares imposables et à 2.446 celui de ses 120 maisons. L'*Annuaire* de 1900 indique 846 hectares en tout. Altitude : 417 m.

Contributions de 1873 : part de l'Etat, 3.848 fr. 86 ; du département, 1.505 fr. 47 ; de la commune, 3.249 fr. 72 ; des non-valeurs, 185 fr. 92.

Distances : de Crest, 15 kilom.; de Die, 41 kilom. ; de Valence, 43 kilom.

Curiosités : Source de Fontagneux qui met en mouvement les artifices et usines de Beaufort, Barthalais, Mirabel-et-Blacons et fournit d'excellentes truites ; Grottes de la Bourne sous les murs du bourg et Sarzier, un peu plus loin ; Fossiles et empreintes de poissons.

Productions : soie de qualité supérieure, truffes, fourrages, vin, blé et noix.

Illustrations : Pierre Lombard Lachaux, pasteur à Orléans, maire de cette ville et député du Loiret à la Convention, décédé à Crest en 1807, était né à Beaufort, le 4 juin 1744. C'est là aussi que M. Didier, l'habile artiste en gravure, vient de temps à autre passer quelques jours de vacances non loin de Gigors son pays natal.

Gigors

Au sommet de la montagne qui borne l'horizon à l'ouest de Beaufort et domine à la fois la vallée de la Gervanne et celle de la Sye ou de Cobonne, existent encore les ruines d'un vieux château fort, contemporain des premiers seigneurs de la contrée. Malgré l'altitude de cet observatoire, le paysage découvert de là manque de poésie, n'embrassant que des montagnes nues ou à demi boisées et le val de la Sye, d'abord gracieux, puis monotone et étroit à son extrémité nord.

Des études sérieuses des grottes et des sites divers de Gigors auraient peut-être permis de reculer bien loin son passé. Quant à l'étymologie de son nom, de *Gigors* en 1163 et 1165, de *Giguorz* en 1193, de *Gigoriis* en 1210, de *Gigorns* en 1212, de *Guigorns* en 1244, de *Gigorium* en 1258, de *Guigorium* en 1302, de *Gigorcio* en 1516, les philologues sont embarrassés pour la trouver. L'acte le plus ancien sur la seigneurie est l'inféodation de son château et de ses fortifications à Pierre, évêque de Die, en 1163, par Guillaume dit de Poitiers et, par ses fonctions, comte de Valentinois, lui promettant fidélité et protection. Deux ans plus tard, le pape Alexandre III mettait sous sa sauvegarde les biens de la même église, et notamment les châteaux de Crest; Mirabel, Suze, Gigors et autres. Comme les Poitiers installés à Etoile, Grane, Marsanne et Crest, n'habitèrent pas les montagnes du Diois, ils y placèrent des serviteurs dévoués pour en défendre les

forteresses. Celui qui obtint Gigors en prit le nom, et dès 1169,
Lantelme y paraît en qualité de bienfaiteur de l'abbaye de Léoncel, dans le voisinage, fondée en 1137. La rude et solitaire existence
des moines et des chevaliers dans ce désert les avait rapprochés
les uns des autres et créé entre eux des relations bienveillantes,
au point que Ponce de Mirabel et Lantelme de Gigors, devenus
veufs, prirent l'habit cistercien. Une charte de 1232 rappelle une
donation faite, en 1185, à l'abbaye, par Lantelme de Gigors d'un
territoire compris entre la Baume-Saint-Romain et le chemin de
Châteaudouble à Léoncel (1) ; d'autres bienfaits, en 1244 et 1251,
témoignent de l'attachement de la famille envers les religieux,
jusqu'à son départ de la contrée pour le Vivarais. Les Reynier
semblent l'avoir remplacée vers 1296, et continué leurs faveurs
aux religieux de Léoncel en accroissant leurs revenus et leurs
pâturages. On les y trouve jusqu'en 1376, avec les de Quint, et
plus tard, y paraissent les Clermont-Montoison, les Grammont
de Vachères et d'autres familles du Diois. Lorsque, après la mort,
en 1419, du dernier comte de Valentinois, son héritage eut passé
aux mains des Dauphins de France, l'histoire de la seigneurie de
Gigors se confond absolument avec celle de Beaufort déjà
connu.

Relativement à ses annales militaires et civiles, l'humidité en
atteignant ses archives, en a détruit les preuves de leur importance. Ses annales religieuses se bornent à relater l'union de son
prieuré à celui de Lagrand (Hautes-Alpes), faite en 1048 par le
bienheureux Hugues, abbé de Cluny. A la vérité, on a prétendu
qu'il s'agissait d'un Gigors des Basses-Alpes, canton de Turriers,
arrondissement de Sisteron ; mais la dépendance du prieuré de
Gigors (Drôme), est prouvée par les visites de Cluny, en 1296, par
les archives de la Drôme et par celles de la commune. Il y avait
deux moines en 1296 et un à Chosséon-sur-Suze, et un accord
de 1565 (2) entre le prieur et les consuls en fixant la dîme des grains
à la cote 32 à l'aire et celle du vin à la cuve, exonéra le prieur du
quart affecté à une aumône journalière aux pauvres, du 24 juin au
27 décembre. Cette aumône fut rétablie dans la suite et puis
abolie faute de revenus suffisants.

La population était en 1839, de 650 habitants ; en 1876, de 552 ; en
1901, de 380 ; en 1911, de 364 ; en 1921, de 301. Altitude, 669 mètres.
Contenance : 3.527 hectares ; revenu des propriétés bâties en 1839,
d'après M. Mermoz, 2.039 fr., des propriétés non bâties, 47.569 fr.
— Contributions directes de 1873 allant à 9.717 fr. 45. Productions :
céréales, pommes de terre, bois et pâturages. — Distances de Crest :
14 kilomètres ; de Die, 46.

---

(1) U. Chevalier, *Cartulaire de l'église de Die*, n° vi, p. 20 ; n° xiii, p. 35 ;
Cartulaire de Léoncel, p. 41, 139.
(2) Archives de Gigors, GG. 2 (E. 13.815).

Plan-de-Baix

I. — *Topographie et Origines.*

En quittant la vallée de la Drôme près de la papeterie de Blacons, on aperçoit au nord-est « une immense tour d'un ton d'ocre
jaune des plus hardis se détachant sur le bleu du ciel» ; c'est, dit
M. de Saint-Genis, « la tête de pont du Velan ». Ni les ruines
pittoresques de Mirabel et de Montclar, à l'est, ni celles de Suze
et de Gigors, couronnant, à l'ouest, deux montagnes élevées, ne
parviennent à effacer l'impression produite par la vue de la tour
lointaine. Quand Beaufort est dépassé et que de nouvelles pentes
ont été franchies, on se trouve soudain en présence d'un colosse
de pierre sur lequel M. de Saint-Genis, le spirituel fondateur de la
Société d'Archéologie de la Drôme, a découvert un *oppidum*
gaulois, et son fils, le savant écrivain, la ville mystérieuse
d'Aeria (1).

Des preuves indiscutables manquent encore aux partisans
comme aux adversaires de l'une et l'autre opinions ; mais, à s'en
tenir aux seuls temps féodaux, les archives publiques offrent assez
de révélations pour évoquer le souvenir de personnages importants et de faits inconnus ou simplement oubliés.

Sur la carte géographique de la Drôme, en tirant une ligne
droite d'Etoile à la Baume-Cornillane et, de là, au Plan-de-Baix,
on traverse les plaines fertiles du Valentinois, ensuite les montagnes et plateaux qui terminent le massif imposant du dernier con-
trefort des Alpes dauphinoises. En réalité, à cause des circuits, le
Velan se trouve à 23 kilomètres de Crest, à 52 de Valence et à 49
de Die. La commune de Plan-de-Baix tire la première partie de
son nom de la conformation de son territoire en plaine au pied
d'une montagne de 874 mètres d'altitude, avec une faible déclivité
jusqu'à la Gervanne, affluent de la Drôme, à l'est et au midi, et
jusqu'à la vallée du Rif des Combes, à l'ouest ; la deuxième partie,
Baix, Baye ou Baï, *Bainum* et *Banium*, paraît à M. de Coston,
plus difficile à expliquer et suppose une mauvaise lecture au lieu
de *Bacium* ou *Bavium* (2), car Baïe, Baye, Baïa, Baiz, Biez, cor-
respondent au *bach* allemand, rivière, ruisseau ; Plan-de-Baix
équivaudrait ainsi à *plateau de la rivière*, ou plateau de l'eau (3).
Effectivement, outre la Gervanne, le sol abonde en sources, dont
l'une, Font de Baï, est même sulfureuse.

Le village principal éparpille ses maisons au milieu de prairies
et de champs fertiles, plantés d'arbres à fruits, et se divise en deux

---

(1) *Bulletin de la Société d'Archéologie de la Drôme*, t. II, 226 et 416.
(2) *Etymologie des noms de lieux de la Drôme*, dans le *Bulletin de la
Société d'Archéologie*, t. V (1870), p. 24, et tirage à part, p. 76.

(3) *Baye* en langue romane signifie jaune : c'est la couleur du Velan.

4

quartiers : les Perrins et Chabat (1). D'autres hameaux peuplent la commune de 1.988 hectares d'étendue et de 512 habitants en 1830, chiffre réduit à 3oo en 1901. à 293 en 1911 et à 249 en 1921 ; ce sont ceux de Bermond, près du précipice de Brudou, avec 5 maisons, de Font-Chaix, avec 9, de la Blache, avec 20, sur un plateau au bord d'une vallée ; de la Bâtie près de la Gervanne et de la cascade de la Druise, avec un château féodal ancien ; ensuite ceux des Girauds, des Perriers et de Vialaret, en remontant vers Omblèze.

Ce qu'il importe de retenir, c'est que le territoire de la commune actuelle, un instant chef-lieu de canton, de 1790 à 1800, comprenait jadis deux seigneuries, tour à tour unies et distinctes : celle du Plan-de-Baix et celle de la Bâtie de Poncet, appelée dans la suite château de Montrond, sans limites précises connues pour les séparer.

Comme le devoir d'un touriste exige l'escalade du Velan, et la recherche de l'histoire des habitants du voisinage, il importe de remplir cette double mission et de joindre aux curiosités de la nature, celle des événements de plusieurs siècles. Or, un défilé de 2 m. 5o de large sur 25 de long, gardé par une porte fortifiée où se voient encore des restes de murs de 4 mètres de hauteur et 2 m. 5o d'épaisseur, introduit assez commodément dans le plateau triangulaire cultivé et boisé qui termine le Velan. De ses deux côtés, taillés à pic et d'une hauteur perpendiculaire considérable, celui de l'ouest court le long de la commune du Chaffal pendant six kilomètres, tandis que l'autre va former l'une des parois des gorges d'Omblèze, bien connues des alpinistes (2).

L'enceinte du plateau qui forme un triangle isocèle de 15o mètres de base sur 200 au midi et 151 au nord, est protégée par un mur de défense de 15o mètres de longueur, 7 de hauteur, et 2 m. 15 d'épaisseur. Derrière ce mur, un parapet de 2 mètres de large et un fossé de 5 défendaient l'approche du camp retranché ou *oppidum*, ainsi que le village et le château de Brion ou de Baix.

D'après la tradition, les Sarrazins qui ont laissé leur nom à deux grottes voisines, peu spacieuses et d'un accès difficile, avec des restes de constructions, auraient détruit château et village dont l'étendue et celle d'Anse égalaient en « grandeur et Romans et Valence ».

Il existe pourtant une difficulté chronologique à l'encontre de cette légende, c'est que Romans n'existait pas encore au moment de l'invasion sarrasine.

---

(1) L'inventaire manuscrit de la Chambre des Comptes mentionne un acte de 1548 où il est question d'un fort appelé Perrin près du village de Baix.

(2) Le journal le *Tour du monde*, en a donné en 186o une courte description et les dessins.

Quoi qu'il en soit, le savant auteur du *Dictionnaire topographique de la Drôme* et celui des *Alpes dauphinoises* n'hésitent pas à placer sur le Velan les ruines des village et château de Brion, dont l'étymologie commune à 10 localités de France, situées au sommet d'une montagne, indique assez clairement une agglomération ancienne.

Ainsi Aeria, *oppidum*, fort et château, auraient occupé successivement cette position éminente ! Voilà certes bien des questions à élucider.

Pour la ville d'Aeria, malgré le savoir immense de M. Victor de Saint-Genis, son existence sur le Velan n'est pas encore acceptée par les archéologues qui la cherchent surtout dans la vallée du Rhône.

Quant à l'*oppidum* gaulois, il revendique en sa faveur l'étendue et la hauteur d'une montagne aux abords difficiles, ainsi que les murs de défense du plateau qui la couronne. Privées d'armes commodes, les populations primitives recherchaient de préférence de semblables positions pour résister à leurs ennemis et aux bêtes fauves. Une inscription de Beaufort prouve même qu'il y en avait dans ces parages, puisque le collège des chasseurs de Die venait y chercher pour ses arènes des ours, des sangliers, des loups et des cerfs (1).

Les Romains, après la conquête des Gaules, respectèrent ce camp retranché et à l'aide de forts, échelonnés de distance en distance, assurèrent dans le Diois la tranquillité et le bon ordre. Deux localités, Beaufort et Châtillon, paraissent remonter à cette époque. Plus tard, quand les invasions barbares désolèrent la vallée de la Drôme, les habitants durent chercher un asile sur les montagnes voisines, mais ils ne s'établirent définitivement auprès des forts de Plan-de-Baix, de Suze, de Gigors, de Montclar, etc., qu'au moment où les fonctionnaires civils et militaires des rois burgondes et des successeurs de Boson, élu en 879, à Mantaille, se proclamèrent souverains dans le territoire de leur juridiction, c'est-à-dire à la mort de Rodolphe III, dit le Fainéant, en 1032.

Ces nouveaux maîtres, trop faibles au début, pour résister à de puissants rivaux se placèrent sous la protection des évêques de Valence et de Die ou des comtes de Valentinois et de Diois et se déclarèrent, au moyen de l'hommage et du serment, leurs serviteurs dévoués, tout en exigeant de leurs subalternes une fidélité pareille. La Bâtie-de-Baix choisit les évêques de Die pour suzerains et Plan-de-Baix les comtes de Valentinois, dont les dauphins de France furent les héritiers.

On divise la domination féodale en trois époques ; dans la première, du IXᵉ au XIIᵉ siècle, elle est un bien en l'absence de tout ordre social ; dans la deuxième, du XIIᵉ au XIVᵉ siècle, elle

---

(1) M. Long, *Mémoire sur les antiquités du pays des Vocontiens*, p. 121-3.

rend son joug assez lourd pour obliger les communes à s'émanci-
per peu à peu ; dans la troisième, enfin, du xiv⁰ siècle à 1789,
l'intervention de la royauté amène un régime uniforme et régulier. L'absence de documents n'autorisera pas sans doute une
étude même sommaire de ces étapes ; mais l'histoire des possesseurs des deux seigneuries dans la même commune ne peut manquer d'offrir de curieux détails. Elle commence sur le Velan avec
les de Baix ou de Brion se continue sous les Poitiers, comtes de
Valentinois et les Dauphins de France, leurs successeurs, et se
termine avec les donataires et les engagistes du domaine royal,
les Caqueran, les Bertrand, les Cornillan, les Forez et les Dupuy-
Montbrun, les d'Arbalestier, les Baudet de Beauregard, et les de
Montrond, pour le Blan-de-Baix, tandis qu'à la Bâtie, ce sont
les Raynaud, les Cornillan, les d'Urre, les des Alrics, les d'Arbalestier et les de Montrond. Il y a là tout un nobiliaire qui permettra de peupler de vaillants guerriers et de belles dames des châteaux et des villages aujourd'hui pacifiques et d'y rencontrer des
familles qui ont souffert, lutté et aimé comme nous.

II. — *Premiers seigneurs.*

Un siècle à peine après la naissance de la féodalité, un grand
seigneur du Viennois, parent des comtes d'Albon et possesseur
de plusieurs terres, Charmes, Hauterives, etc., embrassait la vie
religieuse à Bonnevaux près la côte Saint-André avec seize gentilshommes, ses parents ou ses amis. L'abbé Jean, devenu dans
la suite évêque de Valence, envoya Amédée de Clermont fonder
une maison de l'ordre de Cîteaux à 34 kilomètres est de Valence,
dans une vallée solitaire partant d'Oriol-en-Royans pour aboutir
au Chaffal. Par ses soins, vers 1137, s'éleva bientôt à Léoncel une
habitation exposée aux rigueurs du froid, au séjour des neiges et à
l'impétuosité des vents. Les travaux agricoles, les prières et la vie
édifiante des nouveaux venus leur valurent promptement la protection des papes, des évêques, des ducs de Narbonne et de Bourgogne, des comtes de Provence, d'Albon ou Dauphins et de
Valentinois, ainsi que la sympathie et les libéralités des seigneurs
voisins.

Le *Cartulaire* de l'abbaye, imprimé en partie, signale parmi
ses premiers bienfaiteurs les d'Eygluy, les de Suze, les de Gigors,
les de Baix ou de Brion et bien d'autres encore.

En 1191, Raynaud de Brion assurait à l'abbé des revenus en
grains et lui vendait ses droits de propriété au Chaffal pour
300 sols viennois, sous la caution de Guigues de Baix, son frère,
et de Jarenton, évêque de Die. Joyète, épouse du vendeur, reçut
20 sols pour son approbation de l'acte passé dans le château de
Baix (*in castro de Bais*) et dans le chauffoir de Guigues, en présence d'Alix, épouse de ce gentilhomme, et de Chabert, leur fils (1).

____

(1) *Cartulaire de Léoncel*, p. 47.

Comme en 1209 Mahomet, successeur d'Aben-Joseph, avait résolu de conquérir l'Espagne et d'y remplacer l'Evangile par le Coran, l'archevêque de Tolède parcourut la France et l'Italie pour armer la noblesse et le peuple contre les Sarrasins. On dit que 100.000 ou tout au moins 50.000 prirent la croix et que la rencontre des deux armées ayant eu lieu le 16 juillet 1212, la victoire demeura aux Chrétiens (1).

Or, une charte de Léoncel de la meme année, nous montre Eustache de Brion, fils de Guigues, tout décidé à prendre part à la croisade contre les infidèles et prêt à réparer les torts de sa mère et les siens envers l'abbaye. Dans ce but, il lui céda le droit de pacage pour ses troupeaux dans tout le mandement de Baix par un acte qu'Alix, sa mère et Blandine, son épouse confirmèrent dans le château de Brion (*in castro de Brione*), en présence de Giraud Saurel, chapelain du lieu, de Giraud d'Allex, de Francon de Brion et de quelques autres temoins. Les religieux reconnaissants associèrent alors Eustache et sa famille aux privilèges spirituels de l'ordre de Cîteaux.

On ignore si le seigneur du Velan alla réellement guerroyer en Espagne ou s'il demeura paisible chasseur dans ses montagnes ; mais d'autres concessions de pâturages arrivèrent à l'abbaye vers ce temps de la part de Lantelme de Gigors, en 1212, de Ponce de Mirabel, l'année suivante, de Goteline de Gigors, femme d'Amédée de Quint, en 1214, de Lambert d'Eygluy en 1220 et 1228, de Guigues de Suze en 1233. Ajoutons que Guillaume de Baix, simple religieux en 1192, se qualifiait prieur de Léoncel en 1220 et traitait de la sorte avec des parents ou des amis.

Toutefois, les rapports de bon voisinage entre sa famille et l'abbaye cessèrent, paraît-il, à la mort d'Eustache de Brion et le droit de pacage octroyé en 1212 suscita des altercations entre les bergers de son successeur et ceux de Léoncel. Pour les terminer, les parties recoururent à un arbitrage, selon l'excellente coutume alors en vigueur. Albert de Foillans, sacristain de Die, choisi de part et d'autre, avec Guillaume de Brion, chevalier et Chabert, l'un frère et l'autre fils d'Eustache, pour cautions, après l'exposé de griefs réciproques, réclama la production de l'acte souscrit 49 ans auparavant, en reconnut l'authenticité, déclara la concession régulière et invita les uns et les autres à oublier leurs torts. La charte datée du 17 mars 1260, porte les sceaux d'Albert de Foillans, de l'abbé de Léoncel et d'Eustache de Brion, avec la légende S. EVSTACHI DE BRIO et une tête de chien pour armoiries (2).

A Eustache de Brion succéda Lambert qui eut des difficultés, en 1286, avec Hugues Raynaud, de Châteaudouble, au sujet de la dot de Catherine, fille de Bérenger de Suze, épouse défunte du

---

seigneur de Baix ou de Brion. Trois arbitres : Eustache d'Alixan, N. d'Hostun, damoiseau, et Albert Cornillan, seigneur de la Baume-Cornillane, décidèrent que Lambert renoncerait pour lui et ses enfants à tout droit sur l'héritage de Bérenger de Suze, dans le mandement de la Bâtie et que Raynaud lui paierait 210 livres d'indemnité (1).

La famille de ce dernier gentilhomme, alors fixée à Château-double, possédait à l'origine la Bâtie-de-Baix ou de Poncet, à titre de parente ou d'alliée des de Brion. Hugues, l'un de ses membres, avait pris l'habit monastique à Léoncel, avant 1165 ; un autre Hugues, en 1294, s'était reconnu vassal d'Aimar de Poitiers, pour tous ses biens de Baix et Pierre, fils de ce dernier, vendit, en 1342, ses château fort, juridiction et terre de la Bâtie à Pons Cornillan, seigneur de la Baume-Cornillane, au prix de 1.020 florins. Deux ans plus tard, l'acquéreur transigeait avec Louis I", comte de Valentinois, pour les limites de sa seigneurie nouvelle, et à deux siècles d'intervalle, sa postérité possédait à la fois Baix et la Bâtie-de-Baix (2).

Avant d'assister au départ définitif des Raynaud, rappelons un acte de 1291, où Hugues autorise le comte de Valentinois à vendre les pâturages de Baix, à la condition de recevoir le quart du prix, à exiger le vingtain ou vingtième partie des récoltes dans le territoire cédé et à mettre le Velan en devès ou garenne. Hugues, de son côté, conservait des droits sur David Bontoux, son homme lige, sur la montagne de Baix, et sur les biens acquis d'Humbert de Quint, de Pierre de Flandènes et de Guillaume de Blagnac, et un hommage rendu en 1340 à Louis de Poitiers par Pierre Raynaud confirme la transaction de 1291.

Tous ces actes montrent clairement le désir des comtes de Valentinois de posséder en ces parages le plus grand nombre possible de seigneuries et celui des Raynaud et des Brion de se rapprocher de la plaine, en se fixant les premiers à Châteaudouble, et les autres à Roche-sur-Grâne, à la suite d'un échange conclu en 1289 entre Lambert de Brion et Aimar de Poitiers ; cet acte rendait le comte de Valentinois seigneur de Plan-de-Baix et partant légitime possesseur de ses fort, château, bourg, territoire et juridiction, ainsi que du fief provenu de Goteline et des biens acquis du seigneur de Suze.

Une fois installés à Roche-de-Grâne près d'Autichamp, les de Brion y demeurèrent environ deux siècles et leur dernière héritière entra dans la maison des Dupuy de Rochefort, branche des Dupuy-Montbrun, qui prit le nom d'un fief de Valdaine, voisin d'Espeluche, qu'Alasie de Taulignan avait donné en 1472 à Eynier Dupuy.

<hr>

(1) Archives de la Drôme, E, 1557.
(2) Inventaire de la Chambre des Comptes au mot *Baix*.

Avant d'aborder la nouvelle période historique de Plan-de-Baix, sous les comtes de Valentinois, constatons l'existence d'un château, d'une chapelle et d'un village sur le Velan et l'identité de la famille de Baix avec celle de Brion, deux points importants pour cette étude.

III.   *Les Poitiers et les Dauphins de France.*

Grâce aux travaux d'André du Chesne (1), du Père Anselme (2) et surtout de celui plus récent et plus complet de M. le chanoine J. Chevalier sur les comtés de Valentinois et de Diois, publié dans le *Bulletin* sous le titre de *Mémoires*, il serait facile de donner à cette notice d'amples développements ; qu'il suffise de savoir que l'origine des Poitiers est encore entourée de mystères et que leurs droits à la Bâtie et au Plan-de-Baix sont antérieures à 1289 et 1342. Ainsi, Aimar, l'un d'eux recevait les hommages de Guigues, seigneur de Suze et d'Artaud, seigneur d'Aix, en 1279, celui de l'épouse de noble Pons Simon, en 1327, pour leurs biens de Baix, et dans un traité de 1332 avec l'évêque de Valence et Die, le comte de Valentinois se déclarait vassal du prélat pour Baix aux Montagnes. Enfin, un châtelain des comtes, de 1336 à 1339, y accusait une recette de 74 florins, 2 tournois, 613 sétiers de blé, 32 de légumes, 28 d'avoine et 62 poules, sommes qui, divisées par trois, indiquent le revenu annuel de la seigneurie.

La possession du Plan-de-Baix par la puissante maison des Poitiers, tout en lui procurant quelque illustration, fut peut-être cause de la ruine de son château et de son village sur le Velan. Si l'on ne peut l'affirmer d'une manière certaine, une sorte de géographie du Valentinois, du Diois et des Baronnies, écrite vers 1430 et publiée par M. U. Chevalier dans ses *Documents inédits relatifs au Dauphiné* (3), permet de le supposer, car après avoir déclaré le Plan-de-Baix dépendance du domaine royal, à demi-lieue de Beaufort et de Gigors, elle lui refuse tout château, alors que les actes de 1289, de 1332 et de 1374 en mentionnent un.

A la vérité, dans un intervalle de 141, de 98 et de 56 ans, un violent orage, comme il en éclate parfois dans la région, ou bien des frais de conservation trop onéreux ont pu, comme à Eygluy, amener sa ruine (4). Toutefois, il existe un autre indice, assez

---

(1) *Histoire des comtes de Valentinois et de Diois,* dans l'*Histoire généalogique des ducs de Bourgogne.*

(2) *Histoire généalogique et chronologique de la maison de France,* tome II.

(3) M. J. Chevalier ajoute dans ses *Mémoires* qu'en 1374, le comte déclarait tenir du pape le château de Baix aux Montagnes *(castrum Banii in montibus)* et le mandement de la Bâtie de Baix *(mandamemtum Bastide Baini in Diesio).* I. 290 et 370. — U. Chevalier. *Documents,* p. 268. — *Gallia christiana* t. XIV, *instrumenta.*

(4) *Et fuit diruptum castrum Egludini, quia nimis sumptuosum erat in custodia.* — U. Chevalier, *Documents inédits,* p. 268.

vraisemblable de sa perte, dans la géographie de 1430 déjà citée, c'est que Raymond de Turenne, ennemi des papes et des comtes de Valentinois, ainsi que le comte d'Armagnac, chef de Routiers, avaient des soldats à Eygluy, tout près de là, en 1391. « Il faut instruire le roi et son conseil, dit le document, des dommages causés, depuis trois ans, par la guerre de Raymond de Turenne, l'occupation de Lazer, en Gapençais, par Guillaume Chemisard, les garnisons d'Eygluy, de Saint-Ferréol aux Baronnies et du château de Pellafol au Viennois, d'où les Anglais, de la compagnie du feu comte d'Armagnac, rançonnent les marchands de passage et pillent les châteaux voisins (1). »

La tradition parle aussi d'un combat livré à Bouly, près de la Blache, à une époque reculée, sans détails précis, qui pourrait bien se rapporter à la même date (2).

Au surplus, la seigneurie de Baix avait alors changé de maître, car Louis II de Poitiers, dernier comte de Valentinois, était décédé, en 1419, à Baix-sur-Baix, une autre de ses terres sur la rive droite du Rhône, en aval du Pouzin, après avoir disposé de ses Etats en faveur du Dauphin de France, le futur roi Charles VII. Une clause de son testament obligeait le prince héritier à payer 50.000 écus pour acquitter ses legs et ses dettes et à ne jamais traiter avec le seigneur de Saint-Vallier, à peine de forclusion, lui substituant, en ce cas, le comte de Savoie et l'Eglise romaine.

Ces conditions suscitèrent maintes difficultés au Dauphin, et le comte de Savoie occupa même quelques terres de l'héritage des Poitiers, témoin l'albergement du Velan par son châtelain du Plan-de-Baix aux habitants du lieu et à ceux de Gigors. Mais sa domination fut de courte durée ; le futur Louis XI, fils de Charles VII, réfugié en Dauphiné, son apanage, dès 1446, gouverna 10 ans la province en maître absolu (3).

Tout absorbé par ses idées de réformes, le Dauphin manquait de loisirs pour s'occuper en détail de chacune de ses terres ; d'autre part, il avait des services à récompenser et son trésor était vide ; il distribua des fiefs. Ainsi, le 27 février 1447, Charles et Jean de Caqueran, fils de Bornon, dit le Borgne, originaire du comté d'Asti en Piémont, recevaient de lui Beaufort et Plan-de-Baix qu'ils gardèrent jusqu'à la mort de Louis XI, en 1483. A cette date, tout fit retour au domaine de la couronne et Fortunat Bouvier eut mission de percevoir les revenus des deux seigneuries. Pendant cette annexion, les habitants se plaignirent au roi Dauphin du dommage causé aux pâturages du Velan par les troupeaux de Beaufort et de Gigors et proposèrent un albergement plus avanta-

____

(1) Mêmes *Documents*, p. 216. Comme la comtesse d'Avellin qui testa le 7 octobre 1430 est mentionnée dans la géographie citée ici, ce document ne saurait être postérieur à 1430.

(2) Note de la mairie, conservée aux archives de la Drôme.

(3) Inventaire de la Chambre des Comptes.

geux au fisc, à cause du vingtain et d'autres revenus. Louis d'Arbalestier, en 1469, en obtint la jouissance au prix de 5 sétiers d'avoine, 6 poules, 6 livres de fromage et de 4 florins 3 gros. Plus tard, en 1537, le cardinal de Tournon, sur l'ordre de François Ier, vendit à réméré le Plan-de-Blaix à Humbert Bertrand, au prix de 1.952 livres.

L'acquéreur, qualifié viguier ou juge d'Alixan, appartenait à une famille noble de la localité, que Chorier a retrouvée dans une revision des feux d'Hostun, en 1429. La donation de 20 écus qu'il fit dans sa terre pour marier des filles pauvres rend son nom recommandable, puisqu'un dénombrement de 1540 réduit à 150 liv. ses revenus seigneuriaux. Mais comme les guerres avaient épuisé le trésor royal, des édits de 1547 prescrivirent une nouvelle aliénation du domaine et le Plan-de-Baix fut revendu l'année suivante avec 489 et, en 1573, avec 249 livres de plus value, ce qui en porta le prix total à 2.691 livres. C'est Catherine de Cornillan de la Baume-Cornillane, déjà maîtresse de la Bâtie-de-Baix, à titre d'héritage paternel, qui paya le prix de la surenchère. Elle appartenait à une ancienne famille de la région, déjà rencontrée plusieurs fois dans cette étude, et bien que les auteurs dauphinois lui octroient un grand maître des chevaliers de Saint-Jean-de-Jérusalem de ce nom en 1354, Catherine professait la religion réformée et voulut être ensevelie dans le temple de la Baume (1).

Mariée avec Tiers ou Thierry d'Urre, dit Tartarin, capitaine de cent archers de la garde royale de François Ier, Catherine de Cornillan eut deux fils qui la précédèrent au tombeau : Guillaume et Charles, seigneurs de Portes-lez-Mazenc, et quatre filles : Honorade ou Honorée, épouse de René des Alrics, seigneur de Rousset, dans le canton de Grignan ; Blanche, unie à Benoît de Priam, seigneur de Condillac ; Catherine et Louise, la première, femme de André de Forez, seigneur de la Jonchère, et la seconde, de Jean d'Arbalestier, seigneur de Beaufort et de Montclar.

Dans son testament du 17 mai 1579, Catherine de Cornillan légua 1.000 livres à Isabeau de Forez, fille d'André ; 100 de revenu à Louise de Priam ; 1.000 à Marie d'Arbalestier ; 2.000 à Louise d'Urre, outre sa dot ; 500 à Marie d'Urre, fille de Charles ; 100 à Françoise des Alrics de Rousset (Mme de Vesc de Comps) ; la seigneurie de Vinsobres à Pierre des Alrics ; la seigneurie de Plan-de-Baix, acquise du Roi et d'Humbert Bertrand, seigneur de Vatillieu, à Gabriel de Forez avec substitution en faveur d'Isabeau de Forez et d'Ezéchiel d'Arbalestier ; la seigneurie de Barcelonne à Gabriel de Lacour et le surplus de ses biens à Charles des Alrics, avec substitution pour Pierre, fils de Charles, à la condition de porter le nom et les armes de Cornillan *(de gueules à la bande*

------

(1) Inventaire de la Chambre des Comptes. — Chorier et Guy Allard, *Nobiliaires*.

d'or (ou à la fasce d'argent) chargée de trois corneilles de sable (1).
Ces legs, grossis de quelques libéralités aux pauvres et à l'Eglise
réformée de la Baume-Cornillane, indiquent une assez belle fortune chez les d'Urre-Cornillan. En effet, les d'Urre formèrent une
grande famille, sortie des environs de Crest et de la commune
d'Eurre, qui posséda de nombreuses terres en Dauphiné et notamment dans le Diois, où, même en négligeant les seigneurs de
Brette, de Grane, d'Allex, de Puy-Saint-Martin, d'Ourches, etc.,
on trouve Albert, décédé avant 1283, mari d'Alix de la Bâtie-de-
Baix, fille d'Hugues Raynaud ; Pierre, seigneur du Cheylard, uni
avec Catherine de Brion vers 1370 ; Guillaume vers 1290, époux
d'Amphélise de Cornillan ; Antoine qui obtint la main de Marguerite de Berlion, d'Ourches, fille d'Amédée et de Gilette de Cornillan, et Tiers, celle de Catherine (2).

Ce dernier mourut vers 1545, en grande réputation de bravoure.

Gabriel de Forez, un des héritiers de la veuve de ce guerrier,
avait eu pour ancêtres des marchands et des monayers de Romans.
Pierre et Antoine, frères, acquirent des Montchenu la maison
forte de la Jonchère sur Meymans et les coseigneuries de Jaillans
et de Beauregard. Isabeau, fille d'Aimar et de Madeleine de Cali-
gnon, en s'alliant avec René Dupuy-Montbrun, seigneur de Ville-
franche aux Baronnies, maréchal de camp, lui porta en dot la
Jonchère où ses armes se voient sur une plaque de cheminée
(d'or au lion de gueules armé, paré et lampassé d'azur). Une
autre branche des Forez joua, sous le nom de Blacons, un assez
grand rôle dans les guerres du XVIᵉ siècle (3).

L'Inventaire de la Chambre des comptes analyse un acte de
1649, contenant cession par René Dupuy et Isabeau de Forez,
mariés, à Charles d'Arbalestier, de Beaufort, de leurs droits sur la
seigneurie de Plan-de-Baix, moyennant 6.700 livres.

Déjà, le même gentilhomme avait acquis, en 1628, la seigneurie
de la Bâtie-de-Baix de Jacques des Alrics au prix de 6.000 livres.
On a vu dans le testament de Catherine de Cornillan, Charles des
Alrics, son gendre, père du vendeur, désigné pour son héritier
particulier. Il descendait d'Astorge Alrics, ou Henry des Alrics,
venu du Vivarais à Nyons, vers 1490, et amené au Pègue, près
Rousset, par une alliance.

Quant au nouveau seigneur de la Bâtie et de Plan-de-Baix,
Charles d'Arbalestier, il appartenait à une famille dauphinoise

---

(1) *Archives de la Drôme.* E, 2027. — M. le marquis de Boisgelin. *Esquis-
ses généalogiques sur les familles de Provence.* I, 358. Savant travail sur les
Adhémar, les Alleman, les d'Urre, etc.

(2) Par une bizarrerie curieuse le nom de la commune s'écrit Eurre et
celui de la famille Urre.

(3) Blacons sur la Roche-Saint-Secret fut vendu par Hector d'Armand de
Forez, qui en transporta le nom au devès sur Mirabel ; de là, le Mirabel-et-
Blacons actuel.

connue, dès 1275, et divisée en trois branches : celle de Blagnac,
celle de Beaufort et Montclar et celle de la Gardette sur Loriol,
encore existante. Des officiers de mérite l'illustrèrent, comme
Isaac, fils de Jean, qui fut capitaine au régiment de Cugie et gentilhomme du roi de Navarre en 1584 ; Charles, colonel de
4.000 légionnaires au siège de Turin, choisi par le Roi pour l'exécution de l'édit de Nantes en Dauphiné, Provence, Lyonnais, et
Forez ; Alexandre commandant, en 1667, d'un régiment de cavalerie ; Paul qui reçut en 1665, une compagnie du régiment de
Sault et ensuite une de chevaux-légers. Cet officier étant mort, en
1693, sans laisser d'enfants de Marianne Hardy, sa succession fut
revendiquée à la fois par Lucrèce d'Arbalestier, sa sœur, par les
familles de Montrond et de Truchet, alliées du défunt. Or les
Truchet venus d'Auvergne à Beaufort, étaient représentés à cette
époque par Claude, prieur de Chambon, par Alexandre, seigneur
de Montclar et Vaugelas, par Madeleine, veuve du marquis de
Soyans, par Marie-Hélène, veuve de Florimond de Fay, comte de
Coïsses ; par Marie-Candide, veuve de Just-Henri de Vocance ;
par Marie, veuve de René de Durand ; par Florimond de Truchet,
colonel et inspecteur des troupes du Roi en Vivarais et par les
alliés de cette maison (1).

Les procès nés de la succession de Paul d'Arbalestier duraient
encore en 1730 ; mais le Plan-de-Baix et la Bâtie avaient été cédés,
en 1722, par Marie-Madeleine de Montrond à Pierre-Paul-Alexandre, son neveu, dont l'existence fut troublée par diverses circonstances tragiques. Sa famille habitait le Vivarais et, en 1250, l'un
de ses membres prenait part à la croisade de Saint-Louis. Esther
d'Arbalestier, en épousant Denis de Montrond, fils d'Isaac, en
1650, l'attira en Dauphiné et Paul-Alexandre, seigneur de Plan-
de-Baix et de la Bâtie par héritage de sa grand-mère, s'allia en 1718
avec Suzanne Eynard, fille d'un châtelain de la Baume-Cornillane pour les des Alrics. De ses trois fils, Pierre-Alexandre, colonel
de la légion royale s'établit à Metz ; Paul fut lieutenant de dragons et Pierre-Paul-Alexandre, le troisième, mérite par ses
malheurs une courte biographie. Promu au grade de lieutenant
de grenadiers dans le régiment de l'Ile de France, et à la
veille d'obtenir une compagnie, il reçut à la guerre en 1744 une
blessure à la jambe. Pendant que cet accident le retenait chez son
père, il épousa Marie-Thérèse Bacon de la Chevalerie, fille de
Daniel, receveur général de la ferme du tabac à Lyon et de Claudine André.

L'année suivante, des réformés s'étant réunis dans une grotte
du Velan pour célébrer leur culte, le parlement cita le seigneur de
Plan-de-Baix à sa barre, le déclara déchu de la justice de son fief
et le condamna à 3.000 livres d'amende et aux frais du procès
(23 février 1745). Il paya le tout sans se plaindre, et lorsqu'il se

---

(1) *Archives de la Drôme et de Nyons.*

crut libre, on lui montra une lettre de cachet le vouant à une prison perpétuelle. La maréchaussée le conduisit donc à la tour de Crest, où il fut retenu une année entière.

Les angoisses du jeune ménage en présence de ces mesures de rigueur ne tardèrent pas à s'accroître. A peine de retour au château de la Bâtie, M. de Montrond vit sa demeure envahie, vers Noël, par un régiment de milice et par 3o brigades de maréchaussée, sous les ordres de M. d'Audiffred. commandant du Diois.

Père et fils sont arrêtés et la belle-fille, encore malade des suites de couches, est jetée sur un cheval et conduite avec eux, environnée de soldats et d'archers, à travers les neiges et les glaces des montagnes, à Valence et à Grenoble. Là, M. de Montrond père est relégué à l'arsenal, son fils dans les prisons de l'évêché et madame de La Bâtie à la conciergerie du palais d'où un jour elle entend une femme demander au geôlier le jour de son exécution. Après une semaine d'attente, les prisonniers apprennent qu'ils sont accusés de conspiration et qu'un émissaire anglais avait été chargé de voir en Dauphiné un gentilhomme, père de trois officiers, et de fomenter des troubles avec leur concours.

Malgré le vague d'une dénonciation pareille, les trois victimes sont retenues à Grenoble et toujours séparées ; cependant, après six mois, la jeune dame obtint la permission de partager le cachot de son mari, alors malade à la suite de la rupture de sa blessure à la jambe. La carie des os causée par l'humidité de la prison avait aggravé le mal au point que l'amputation avait été jugée inévitable.

Une hydropisie contractée dans sa détention emporta M. de Montrond père, en 1762, et madame de La Bâtie souffrit jusqu'en 1777 les conséquences de la persécution politique et religieuse de ses proches et de la sienne.

Les trois prisonniers recouvrèrent leur liberté en 1748 seulement et, à leur retour au Plan-de-Baix, ils trouvèrent leur demeure pillée et dévastée par les soldats. Elle fut restaurée à l'aide d'un secours de 1.200 livres et sous le ministère du duc de Belle-Isle, petit-fils de Fouquet, M. de Montrond, fils, reçut l'emploi de major de la tour de Crest, avec 700 livres d'appointements. On sait que les fils de famille insoumis et dissipateurs trouvaient là, par lettre de cachet, un asile forcé où le surveillant se montrait toujours plein de bienveillance (1).

Après quelques années de tranquillité, l'ère des tribulations revint ; le major de la tour, en 1788, eut à soutenir un procès, à cause de sa terre de la Bâtie, contre madame Michelle-Élisabeth de Virieu-Beauvoir, veuve de Louis Baudet de Beauregard, enga-

---

(1) *Archives de la Drôme*, familles, supplément, mémoire manuscrit — *Essai historique sur la Tour de Crest* dans le *Bulletin de la société d'archéologie de la Drôme*, années 1881, 82 et 83.

giste de Plan-de-Baix et contre Joseph Reynier et Pierre Lombard (1). En 1791, l'émigration de son fils aîné lui causait maintes difficultés, et sous la Terreur, le conseil général de Crest, par treize voix contre douze, le constituait prisonnier dans l'édifice national de l'ancien couvent de la Visitation, au pied même de la tour où il commandait naguères ! Une requête au représentant du peuple Boisset expose la rigueur d'une mesure prise contre un vieillard de 73 ans, accablé d'infirmités. désarmé uniquement comme ancien noble, soumis aux lois et menant une vie retirée.

Boisset renvoya sa plainte avec d'autres aux autorités de Crest, en leur demandant leur avis et leur recommandant une surveillance active et ferme.

Il dut être élargi peu après et mourut le 22 février 1804.

Selon l'usage suivi dans la société d'archéologie, l'histoire locale n'avait pas encore franchi le xviiᵉ siècle ; mais la reconnaissance due à notre premier président autorisera sans doute une dérogation à cette règle.

Or, Pierre Paul-Alexandre de Montrond avait laissé de Marie-Thérèse de Bâcon de la Chevalerie deux fils, Paul-Daniel et François-Hector, et plusieurs filles. Paul-Daniel, lieutenant au régiment des volontaires du Dauphiné, émigra en 1791 et demeura sept ans à l'étranger ; le cadet, officier d'infanterie à la Martinique, acquit des biens au quartier de Saint-Pierre et en fut dépouillé par les Anglais. Rentré en France sous l'Empire, l'aîné devint maire de Plan-de-Baix et chef de la légion de la garde nationale du département. Il avait épousé en 1785 Marie-Ursule-Victoire d'Hugues, fille de François-Armand-Léonor, marquis de Vaumeil, baron de la Motte, colonel d'infanterie, et de Marie-Françoise-Ursule de Piolenc, qui le suivit en émigration (2). Une des filles du major de la tour de Crest, Marie-Anne-Constance-Florence. s'unit, le 12 octobre 1778, avec M. Flour de Saint-Genis, officier supérieur de cavalerie et donna le jour à Turin, le 20 octobre 1800, à Henri-Alexandre.

Après avoir franchi avec distinction les premiers grades du service de l'enregistrement et des domaines, ce fils prêta en Afrique un précieux concours à l'organisation de la colonie et, rappelé en France, devint inspecteur à Rouen en 1846, directeur à Rodez en 1848, à Limoges en 1852 et à Valence en 1859. C'est pendant son séjour dans la Drôme qu'il obtint de M. de Montour, alors préfet, la création. en 1866. de la Société d'archéologie. Il la présida trois ans et mourut. vivement regretté. le 16 mars 1869, laissant un fils digne de lui et une association de travailleurs qui

---

(1) Mémoire imprimé d'avocat.

(2) *Archives de la Drôme.*

a mis à profit ses leçons et les exemples de son patriotisme. Il était officier de la légion d'honneur (1).

Jusqu'ici l'histoire des possesseurs de Plan-de-Baix sous l'ancien régime a vu défiler d'assez nombreuses familles nobles qui ont par leurs talents, leur valeur militaire ou leurs malheurs, donné quelque peu de vie à une localité perdue dans les montagnes. Il reste à parler de ses habitants au point de vue religieux et civil. Toutefois, avant d'aborder ce sujet, il convient d'ajouter quelques notes complémentaires sur les seigneurs du lieu vrais ou supposés. Tout d'abord, à propos de Louis Baudet de Beauregard, qualifié engagiste de Plan-de-Baix, on peut ramarquer que l'aliénation d'un fief avec clause de rachat a pu lui transmettre celui-là, et que les documents consultés ne révèlent ni son entrée en possession ni sa sortie. Il descendait d'une ancienne famille, maîtresse de Beauregard dans l'Isère, qui produisit un secrétaire-greffier au parlement et ensuite deux conseillers à la même cour.

Quant aux Chabrières, de Peyrins, malgré deux alliances avec les d'Arbalestier, celle de Lucrèce avec Gaspard, en 1619, et celle de Lucrèce-Eulalie avec Paul-César-Eléonor, en 1789, ils n'ont jamais été maîtres de Plan-de-Baix et leur origine de Baix sur la rive droite du Rhône a seule été cause de l'erreur populaire.

Enfin, le mariage en 1807 de Mélanie de Montrond, fille de Paul-Daniel et de Marie-Ursule-Victoire d'Hugues, avec François-Frédéric de Plan de Sieyès, amena au château de la Bâtie un nouveau maître auquel la tradition attribue l'introduction dans la commune des chèvres du Thibet.

D'après un document de l'an III, les propriétés de M. de Montrond valaient ensemble 76.512 francs de capital et un revenu de 1.500 ; elles comprenaient notamment les maisons, jardins, prés et terres de la Bâtie, le domaine de Langillat avec moulin à blé et pressoir à huile, une maison en la Combe et une autre en Font-Chaix, un bâtiment ou chasal et des terres hermes, plus une grange au Velan, le domaine de La Blache, les granges de la Croix-Haute, des Prés et des Rivières, les bâtiments de Perrichon et de l'Enchatra et diverses parcelles au nombre total de 65 (2).

Ces détails sembleraient indiquer l'étendue de la seigneurie de la Bâtie-de-Baix avant la Révolution.

IV. — *Les Vassaux.*

Après la fermeture complète de la grotte du Velan prescrite par la Cour de Grenoble en 1745, il n'a plus été possible d'en connaître l'étendue et la destination primitives. De sérieuses recherches tout autour et sur le plateau de la montagne pourront seules pro-

---

(1) *Bulletin de la Société d'Archéologie de la Drôme*, tome IV, p. 116-126 (Nécrologie, par A. Lacroix.

(2) *Archives de la Drôme*, série 9.

jeter quelque lumière sur les plus anciens habitants de la région,
comme sur son *oppidum* et camp retranché. Il est donc difficile à
cette heure de reculer la naissance de Plan-de-Baix au-delà des
origines de la féodalité qui, recherchant les hauteurs et les rochers
abrupts, trouva là, comme à Suze, Gigors, Mirabel et Monclar, un
emplacement à souhait.

A l'organisation romaine avaient succédé le désordre et les
guerres, et si l'élection de Boson, en 879, à Mantaille, amena
quelques années d'accalmie, à la mort de Rodolphe III, en 1032,
les fonctionnaires militaires et civils, devenus indépendants,
groupèrent autour d'eux leurs serviteurs et leurs amis. Trop
faibles dans l'isolement, pour résister à des voisins jaloux et forts,
ils se placèrent sous la protection des évêques et des comtes de la
région (1), et ceux-ci, moyennant l'hommage et le serment de
fidélité, s'engagèrent à les défendre. Une fois ce pacte conclu,
chaque chef ou seigneur s'occupa vite de fortifier sa demeure, de
sauvegarder sa position et d'assurer son existence et celle de ses
subordonnés en leur distribuant une part du territoire au prix de
redevances annuelles en grains, en volaille ou en argent, appelées
cens ou censes. De plus, afin d'avoir toujours des tenanciers
dévoués, il exigea d'eux, à toute mutation de propriété, des
muages en cas de mort, des *lods* en cas de vente et des *mi-lods* en
cas d'échange.

L'absence d'archives communales à Plan-de-Baix n'a pas permis
de connaître les autres charges foncières de la population dans les
siècles passés. On trouve pourtant qu'en 1517, sous les rois-
dauphins, héritiers des comtes de Valentinois, elle payait en
censes 39 setiers et demi de blé et 28 et demi de seigle et que trois
ans plus tôt, la Chambre des Comptes de Grenoble y avait fixé
le taux des lods à la moitié du prix des immeubles vendus, alors
que partout ailleurs il ne dépassait pas d'ordinaire le 6ᵉ denier (2).
Une note du cadastre de 1653 atteste même encore à cette date
l'existence d'une cote si élevée. Or, dans la commune, la coexis-
tence de plusieurs seigneurs directs, issus des de Brion ou de
Baix, des Raynaud, des Flandènes, des de Suze ou d'Eygluy,
rendait les mutations de propriétés excessivement onéreuses et le
droit de prélation ou de préférence fort difficiles. Un procès
de 1788, au sujet des lods, mérite même d'être rappelé ici, où sa
place est toute naturelle. Joseph Reynier (3) de la Bâtie-de-Baix,
ayant acquis des immeubles à Plan-de-Baix, M. de Montrond,
d'un côté et Lombard, de l'autre, au nom de Michelle-Elisabeth
de Virieu, veuve de Louis Baudet de Beauregard, seigneur engagiste de Plan, lui en réclamèrent les lods. Il répondit à M. de

---

(1) On se rappelle que la seigneurie de Baix relevait des évêques de Die et
celle du Plan des comtes de Valentinois et de Diois.

(2) Inventaire de la Chambre des Comptes.

(3) Il sera parlé de cette famille à l'article des illustrations locales.

Montrond qu'il les avait payés à Lombard et, en même temps,
cita ce dernier devant le juge de la Bâtie. Ce magistrat condamna
Reynier à solder les lods demandés par M. de Montrond et le
débouta de sa demande en garantie contre Lombard.

Sur l'appel au visénéchal de Crest, celui-ci produisit des reconnaissances du terrier du roi et ajouta que le premier juge n'aurait
pas dû connaître l'affaire.

Le visénéchal confirma néanmoins la sentence tout en ordonnant une procédure d'experts pour fixer l'étendue de la directe de
M. de Montrond.

Reynier fit appel de ces jugements et invoqua l'incompétence
des juges : aussi M. de Montrond, pour éviter un conflit de juridiction, soumit-il sa cause au bureau des finances où Lombard,
de son côté, assigna en garantie Mme de Beauregard, née de Virieu.
Là, M. de Montrond perdit complètement son procès et fut condamné aux dépens envers toutes les parties, malgré les reconnaissances antérieures qu'il avait produites. Il en appela au parlement.
Le mémoire imprimé qui donne ces détails avec une notice sur
les seigneurs de Plan et de la Bâtie de Baix, ne révèle pas,
malheureusement, l'issue du procès.

Outre les censes et les lods, les habitants devaient encore au
seigneur : 1° un droit de vingtain pour l'entretien de son château
et des fortifications, à raison d'un sétier de grains par 25 sétiers,
dont, en 1517, le montant s'élevait à 47 sétiers 1/2 de blé et 40 1/2
d'orge, et 2° un droit de gâche ou de guet, à raison d'une émine
de blé par habitant faisant feu. Charles et Jacques des Alrics
de Rousset, héritiers des Cornillan, désireux d'attirer de nouveaux habitants dans leurs terres, diminuèrent ce dernier droit de
moitié et réduisirent les corvées à une par bête de bât, une par
paire de bœufs ou par deux bêtes de bât et une des manouvriers.
La journée personnelle s'exigeait dans le lieu ou dans le voisinage
lorsqu'il était possible de rentrer au logis le même jour, et le seigneur nourrissait le corvéable. L'acte ajoute que ces concessions
purement gratuites ne pouvaient nuire en aucune façon aux
autres devoirs féodaux, et surtout à la banalité des moulins,
rigoureusement maintenue à peine de confiscation des grains
et du bétail qui les transportait. Dans les moulins de Poncet, la
mouture était levée à raison d'un sétier par 23 sétiers ; mais
les grains achetés hors du mandement pouvaient être portés
ailleurs.

L'acte du 15 septembre 1616 reçut, le 27 du même mois,
l'approbation, dans le temple, de Bénistant et de Bérenger, délégués de la communauté et celle de seize autres habitants. Un
second document du 11 mars 1622 réduit à 9 sétiers de blé les 10
de la cense annuelle imposée, en 1596, à Lantheaume, meunier.
Ces diverses faveurs paraissent avoir eu pour cause une diminu-
tion de la population : « aulcuns des plus aisés subjects du sei-
« gneur ayant absanté la terre, d'aultres se trouvant morts sans

« avoir laissé d'heretiers et ceux qui restoient étant fort pau-
« vres » (1).

Dans l'impossibilité, faute d'archives, de révéler les autres charges de cette commune agricole, il reste à étudier son organisation
religieuse et politique.

Evidemment, Brion ou Baix fut à cause de sa situation habité
le premier. Une charte de 1212 lui donne même déjà un chapelain, appelé Géraud Saurel (2) et une visite des prieurés de Cluny
de 1296 nous apprend que le moine de cet ordre y résidant d'ordinaire avait quitté le lieu (3). L'abbaye de Cluny fondée au x* siècle
reçut de bonne heure la direction de paroisses rurales dans la
Drôme, puisque le prieuré de Saint-Marcel-de-Félines ou de Saint-
Marcel-lès-Sauzet date de 955 et celui d'Allex sous le nom de
Saint-Baudile, à peu près de la même époque. Au xive siècle, un
pouillé ou état des bénéfices de Die place un prieur à Baix-Larlot
et un chapelain à la Bâtie. On possède aussi un acte de mise en
possession du bénéfice de Notre-Dame-de-Baix, du 3 juin 1432,
sous Amédée, duc de Savoie, comte de Valentinois et de Diois, par
Louis de Joyeuse (*de Gaudiaco*), prieur de Saint-Marcel-lès-Sauzet,
en faveur de Barthélemy Bonnefoy, moine de Cluny (4). En 1509,
Gaspard de Tournon, évêque de Valence et Die, en visite pastorale prescrivit quelques réparations à l'église paroissiale de Sainte-
Marie, l'achat d'ornements pour la chapelle de saint Jean-Baptiste,
la clôture en bois du cimetière et la démolition des grenier et
cellier établis dans l'église même au moyen d'un mur et d'un
plancher (5). Il y avait alors un vicaire et, en 1514, un curé,
témoin le testament de Junète Langon, veuve de noble Antoine
de Flandènes, de Saint-Jean-en-Royans, et mère de Catherine
de Cornillan, qui le chargea d'une partie de ses fondations de
messes, l'ancien vicaire Clair devant dire les autres (6). En 1540,
Jacques de Monts, prieur de Saint-Marcel-lès-Sauzet et de Plan-
de-Baix dénombrait à la Chambre des Comptes 20 sétérées de
terre ou prés avec un revenu de 28 deniers et d'une émine de
blé (7).

Les guerres du xvie siècle diminuèrent les ressources du clergé
et le nombre des fidèles, car, en 1635, le vicaire général de Die,
dans son procès-verbal de visite, y constatait seulement l'exis-

---

(1) Archives de la Drôme, Notaires de la Baume-Cornillane. E. 2136.

(2) Cartulaire de Léoncel. p. 72.

(3) *Bulletin d'Histoire ecclésiastique et d'archéologie religieuse des diocèses de Valence, Grenoble*, etc., t. IV, 1883-4, p. 32.

(4) Archives de la Drôme, E, 2139.

(5) *Bulletin de la Société d'Archéologie de la Drôme*. XVI, p. 376.

(6) Communication obligeante de M. le chanoine Magnat, curé de Châteaudouble.

(7) Inventaire de la Chambre des Comptes, au mot Bux.

tence de 20 familles catholiques et de 150 livres de revenus, sans aucune charge pour le curé ; aussi, moyennant l'abandon de cette somme, les fidèles s'engagaient-ils à entretenir un prêtre. Le titulaire d'alors, Pierre Arnoux, de Crest, connu par quelques pièces de vers latins imprimés, en sa qualité de chanoine de Saint-Sauveur et de prieur de Saint-Jean-d'Autichamp, se faisait remplacer à Notre-Dame-de-Baix par des religieux ou des curés voisins ; en 1604, c'était un Cordelier, puis un religieux de Léoncel ; en 1600, les curés de Gigors et de Beaufort. de 1614 à 1617, celui d'Omblèze y célébraient les offices. Pierre Arnoux ne paraissait dans la paroisse qu'au moment des récoltes et repartait aussitôt après le paiement de la dîme. Les fidèles lui réclamèrent d'abord en vain un remplaçant et l'évêque de Die finit par leur donner raison. En 1633, la maison curiale « était en ruines » et en 1687 inhabitable encore. La dîme rapportait alors 250 livres. Il suit de cet exposé sommaire que la réforme put facilement s'implanter à Baix, où existait un temple dès 1617, mais sans pasteur, celui de Beaufort faisant le service.

Ni les historiens, ni les archives ne relatent les événements accomplis dans le pays au xvi° siècle. On sait seulement que, Cugie et Gouvernet logèrent six compagnies au Plan et à Lozeron en 1586 ; que Lesdiguières y envoya ainsi qu'à Bonneval et à Vassieux la compagnie de La Touche en 1598 ; qu'en 1623, il fut question de démolir le château, où Sagnol commandait en 1629, preuve de sa conservation, et qu'en 1631 trois compagnies du régiment de Créquy s'y cantonnèrent ; mais ces renseignements révèlent à peine un fragment de page des opérations militaires de l'époque (1).

Peu de temps avant la révocation de l'édit de Nantes, le juge du lieu et le visénéchal de Crest exercèrent des poursuites contre plusieurs habitants qui s'étaient réunis trois fois au son de la cloche dans la maison commune, pour faire leurs prières. Ils furent conduits à Crest et, après enquête, condamnés à 50 livres d'amende et aux frais. Le même jugement acquittait Lucrèce Monier, Moïse et Louis Reynier et prescrivait l'enlèvement de la maison commune de toutes les marques de culte, ainsi que la démolition du clocher, et renvoyait pour la cloche à l'ordonnance du 22 mai 1664, rendue par Bochard et d'Arbalestier au sujet de l'exercice du culte protestant.

Deux ans plus tard, Vieux, Sauvan, Bérenger, Savoie, Granon, Reynier, Cherfils et vingt autres personnes étaient dénoncés au procureur du roi en la sénéchaussée de Crest pour voyage à Châteaudouble, avec épées, fusils et pistolets ; mais on ignore les suites de l'affaire.

---

(1) Voir Eust. Piémont et les Archives de la Drôme.

Jusqu'en 1745. le silence des archives publiques semblerait indiquer une période de calme ; or, à cette date, des réunions dans une grotte du Velan réveillèrent les persécutions, car les habitants furent contraints de la combler et de loger trois compagnies de soldats, et M. de Montrond, comme seigneur, à payer une forte amende et à perdre la justice de son fief. C'est aussi le temps de l'arrestation de la famille de ce gentilhomme par M. d'Audiffred, lieutenant-colonel, originaire de Béziers, nommé commandant des Baronnies, Valentinois. Diois et Gapençais par commission du 27 décembre 1744 (1).

Il ne reste plus qu'à mentionner, en 1712, les désordres commis par un détachement de soldats venus à Baix à cause du retard mis à fournir des voitures aux troupes de passage à Crest, et encore ce fait n'a-t-il aucun rapport avec la religion, et à dire un mot de la statistique et de la géologie de la commune.

M. Lory signale au Plan-de-Baix des marnes aptiennes reposant sur les calcaires bleuâtres à criocères, qui commencent dans le village même et en forment le talus septentrional ; elles sont recouvertes par un chapeau abrupt de calcaires siliceux du groupe de la craie dont se compose la crête du Velan et se prolongent vers le nord jusqu'au Chaffal et à Léoncel.

Au point de vue agricole, le sol argileux et pierreux craint le froid, la sécheresse et l'humidité excessive ; la culture en est pénible et il produit du blé et du seigle. L'eau de la Gervanne trop froide pour les arrosages n'est pas utilisée ; aussi les prairies sont-elles peu productives. Quant aux bois, ils offrent, en général, plus de broussailles que de beaux arbres et de beaux taillis. On y comptait, en 1802. 400 habitants ; 512 en 1830; 481 en 1838; 478 en 1851 ; 451 en 1856: 402 en 1886 ; 374 en 1891 ; 300 en 1901 ; 293 en 1911 ; 249 en 1921.

La contenance du territoire se divisait, en 1835, en 660 hectares de bois particuliers. 619 de terres labourables et jardins, 50 de vignes. 55 de prés. 494 de pâturages, 40 de chemins ou de rivières et 3 d'édifices publics. soit en tout 1.938 hectares (2).

D'après M. Mermoz, en 1839. le revenu des cent vingt-neuf maisons s'élevait à 1.708 francs et celui des propriétés non bâties à 25.054, soit 13 fr. 20 l'hectare.

Les quatre contributions, en 1873. y ont produit à l'Etat 2.713 fr. 42 centimes. au département 1.259 fr. 22, à la commune 2.770 fr. 25 et au fonds des non-valeurs 122 fr. 53 ; total : 6.871 fr. 88.

Pour les illustrations locales. il semble inutile de rappeler les familles de Brion, de Reynaud, de Poitiers, de Cornillan, d'Urre.

---

(1) Drôme, B, 802 et 786 ; E. 1228.
(2) *Statistique de la Drôme ; Annuaire officiel de la Drôme.*

des Alrics, d'Arbalestier, de Montrond et de Saint-Genis, déjà connues sommairement. La tradition locale veut que les Reynier, établis en Suisse, pour cause de religion, soient originaires de Plan-de-Baix, où, en effet, leur nom se rencontre souvent. Or, Jean-François Reynier, médecin, auteur d'articles sur l'agriculture dans la grande *Encyclopédie*, fut père : 1º de Jean-Louis-Antoine, naturaliste de talent, né à Lausanne le 25 juillet 1772 et décédé dans la même ville le 17 décembre 1824, devenu directeur général des finances en Egypte, sous Menou, et directeur général des postes à Naples, en 1808, sous Murat ; 2º de Jean-Louis-Ebénézer, mort à Paris le 27 février 1814, général de brigade à 24 ans et ministre de la guerre à Naples en 1808. Un de ses biographes affirme qu'il mérita le surnom de *juste* et fut l'un des officiers de l'Empire les plus instruits et les plus mal récompensés. Les deux frères ont laissé divers ouvrages sur les sciences, l'archéologie et l'histoire (1).

Des notes venues de la mairie en 1860 rappellent aussi un membre de l'ancienne famille de Bouillanne, anoblie à Quint par un Dauphin, qui fut blessé trois fois dans les campagnes d'Autriche, de Russie, de Saxe et de France et fait prisonnier à Waterloo. Devenu homme d'affaires de M. de Montrond, il rendit de réels services à la population en concourant à la construction de deux ponts sur la Gervanne et au rétablissement de l'église et de la cure.

Avant de quitter le Plan-de-Baix, signalons-y l'ouverture d'une route de Saint-Jean-en-Royans à Nyons, remplaçant l'ancien chemin à mulets de Marseille à Lyon ; une cascade curieuse de la Gervanne, une source minérale sulfureuse, une mine d'or et de plomb, rendue inabordable par un éboulement ; deux foires le 6 avril et le 8 octobre ; une rivière peuplée de truites excellentes et un climat tempéré et sain pendant l'été.

Bien des communes n'offrent pas les mêmes avantages.

Altitude : 720 mètres.

Distances : de Die, 49 kilomètres ; de Crest, 23 kilomètres.

Espenel

La commune d'Espenel, de 1.437 hectares d'étendue, présente au voyageur qui va en chemin de fer de Livron à Briançon un village bâti en rond sur le versant nord d'une montagne adjacente au groupe colossal de Chastel-Arnaud et de la Dent de Saillans. Il domine le cours de la Drôme jusqu'à cette ville et le défilé des Etroits, vestibule de la gracieuse vallée de Vercheny.

---

(1) *Biographie Didot.*

D'après les anciennes formes de son nom, Espenel indiquerait un sol peu fertile sauf en épines, d'une culture difficile et presque pelé, où les inondations causées par les pluies ont emporté arbres et récoltes. Vers 1630, il passait pour inculte dans 9 parts sur 10.

La population de 211 habitants en 1901, d'un bourg loin de la route de Die à Valence, reconnaissait pour seigneurs les Grammont de Montclar et de Vachères, les Piégros et les Darbon, et pour décimateurs les Bénédictins de Saint-Chaffre et, plus tard, les chanoines de Saint-Sauveur de Crest, auxquels elle payait en totalité 80 setiers de redevances en grains. L'église était sous le vocable de sainte Anne ; en 1509 le prieuré valait 100 écus et la cure 34 florins (1).

Au xvii° siècle, la paroisse était presque entièrement protestante.

L'absence d'industrie et de commerce la privait d'autres ressources que celles de l'agriculture.

Dénuée de biens domaniaux et patrimoniaux, elle prélevait sur ses impôts annuels seuls les frais d'entretien de sa fontaine, de ses maisons communales, les gages de ses gardes et instituteurs, et les dépenses des 'ogements de troupes autrefois très fréquents.

Depuis quelques années, la condition économique de la commune s'est améliorée avec la création d'une station de chemin de fer et l'amour du travail et de l'économie de ses habitants.

Actuellement, Espenel est un pays de chasse et d'agriculture ; mais autrefois, à cause de sa position stratégique, il était convoité à la fois par les évêques de Valence et par les comtes de Valentinois, souvent en guerre jusqu'en 1350. Ainsi, en 1277, Amédée de Roussillon s'en empara pour couper le passage aux troupes de son adversaire qui reprit la place bientôt après et fut condamné à la rendre par de grands personnages choisis pour arbitres de leur différend. Pendant les guerres du xvi° siècle et la période dite du Désert, il y eut là évidemment des logements militaires fréquents et des sujets de plaintes multiples.

Rien d'antique dans la commune, sauf les ruines d'un ancien édifice, dit Saint-Pierre, sur les confins d'Espenel et de Vercheny, d'un aspect fort vieux, mais sur lequel on manque de renseignements légendaires et historiques.

En 1789, la commune était d'une lieue en long et en large et comptait 320 personnes : le terrain maigre était en majeure partie en hermes ; la principale récolte, à côté des céréales et des pommes de terre, consistait en vin rouge, transporté à dos dans les montagnes voisines. Le peu de fourrage empêchait d'augmenter le nombre du bétail, 2 paires de bœufs, 28 mulets et 600 moutons ;

---

(1) *État du diocèse de Die*, par le chanoine Fillet, dans le *Bulletin d'Archéologie de la Drôme*, t. XVI (1882), p. 380.

une fabrique de ratines travaillait une partie de l'année la laine récoltée dans les montagnes voisines (1).

Altitude : 374 mètres. Superficie : 1.5o8 hectares.

Population : en 1911, 198 habitants ; en 1921, 192.

Distance de Die, 20 kilomètres ; de Saillans, 5.

Saint-Benoît

Presque en face de Vercheny, sur la ligne de Livron aux Alpes, débouche une vallée pittoresque portant le nom de la Roane, rivière sortie du mont Angèle et affluent de la Drôme. Dans cette vallée apparaît sur un modeste côteau le village de Saint-Benoît, terminé au midi par un château en ruines et au nord par une église de construction ancienne, à 10.916 mètres de Saillans, son chef-lieu de canton, à 25.479 de Die et à 54.348 de Valence. Une route de Saillans à Bouvières et à Nyons traverse son territoire, couvert de montagnes et coupé de vallées. Les montagnes de Chabanas-Faro, Gaudissard et les Clos ont leurs flancs boisés et une altitude de 1.000 à 1.600 mètres ; les vallées, d'un sol calcaire et argileux n'offrent qu'une végétation maigre et d'une fertilité restreinte. Sa population, en 1911 de 82 habitants, est de 89 en 1921. Altitude 387 mètres, superficie 417 hectares.

Comme curiosité on y remarque une fontaine intermittente qui coule avec plus d'abondance à 8 et 11 heures le matin et à 2 et 4 heures le soir, et, entre Pradelles et Saint-Benoît, des crêtes aiguës appelées les aiguilles Saint-Benoît et le Pic de l'aiguille, formées de calcaire oxford en couches verticales qui « frappent par leur forme élancé a hardiesse de leur pose » (2).

Béton, vers Saint-Moira le hameau chef-lieu ont seuls une histoire et encore est-elle die de pages blanches et de feuilles lacérées.

L'homme préhistorique a ses armes et outils, en silex taillé ou poli, puis en bronze et en ont-ils en cette commune quelque station sur le penchant d'une colline ensoleillée ou dans une grotte de la montagne, on l'ignore. Gaulois, Vocontiens, Romains et Gallo-Romains n'y ont laissé aucune trace de leur séjour.

Cependant la transition d'une existence ignorée à celle d'une renommée considérable indique une période inconnue sous les rois Boson, Louis et leurs successeurs. Les Arnaud durent alors exercer un emploi civil ou militaire important ; car, cent ans après la mort de Rodolphe le Fainéant (1032), dernier possesseur du trône élevé à Mantaille, ils s'intitulent seigneurs de Crest, d'Aouste, Divajeu, Aurel, Saint-Médard et Béton (1145).

---

(1) Archives de la Drôme. C. 3.

(2) *Statistique minéralogique de la Drôme*, p. 60.

Aimar du Rivail, ancien historien de la province. ne les croit pas nobles, et une géographie du Diois, antérieure à cet écrivain, leur attribue le Comté de Marsanne et veut qu'un roi d'Angleterre ait épousé une de leurs filles (1).

Un fait certain, c'est qu'en 1145 Arnaud de Crest donne à l'évêque et l'église de Die le château de Crest, ceux de Divajeu et Saint-Médard, Aouste et ses biens d'Aurel et de Béton, moyennant une somme de 1.200 sols Valentinois ou Diois et que le prélat le nomme son sénéchal (2).

Crest resta néanmoins aux Arnaud à titre de fief rendable, jusqu'en 1165 au moins ; mais la charte lapidaire du ban-vin. de ce temps-là ne mentionne plus que Pierre, évêque de Die, ses neveux, Guillaume de Crest et ses enfants.

Une parenté des Arnaud avec le prélat expliquerait tout probablement ou bien il faut admettre un changement de nom, et retrouver dans Silvion de Crest un descendant des Arnaud. Effectivement. en 1201, ce Silvion jouissait de Crest, Lambres, Divajeu, Aouste, Béton et Saint-Benoît, en vertu d'anciens droits, sous la dépendance des évêques de Die ; mais il ne se jugeait pas de force à lutter contre les comtes de Valentinois, du nom de Poitiers, qui figurent dans la charte lapidaire de Crest, sous le nom de Guillaume, vers 1165. Il y a là un mystère à éclaircir, un peu étranger à notre sujet.

Quoi qu'il en soit, en 1200, Humbert, évêque de Die, plaçait sous la protection de Béatrix, comtesse d'Albon et de Guigues-André. son fils, le château de Béton et le village de Saint-Benoît tenus de l'église de Die par Silvion de Crest, le château de Crest, Lambres, Divajeu, Aouste et le château de Saint-Médard.

On croit que ce Silvion, après la mort de la fille de Lambert Adhémar, sa fiancée, entra dans les ordres, et on trouve, en effet, un doyen de l'église de Valence de ce nom.

Une fois les Arnaud et les de Crest disparus, il ne reste plus dans le Diois que deux puissants suzerains : les évêques de Die et les Poitiers. comtes de Valentinois. Leurs guerres furent longues et un traité de paix de 1356 les termina.

Comme il n'est plus question de Béton ni de Saint-Benoît, il est probable que les évêques les conservèrent paisiblement et en firent percevoir les revenus par des châtelains ou des fermiers.

Puis, au xv⁰ siècle, ils les aliénèrent aux Grammont.

Les auteurs ne sont pas d'accord sur l'origine de cette famille ; les uns la font venir de Navarre et les autres du Gévaudan. Robert, compagnon d'armes de Louis, dauphin (plus tard Louis XI), fut gouverneur de Gigors en 1446, de Montmeyran, Charpey et Crest en 1447 et de Sauveterre en 1461. Il mourut en 1482 après

---

(1) *De Allobrogibus.* p. 124.

(2) U. Chevalier, *Choix de documents inédits, Cartulaire de Die,* p. 33.

avoir acquis le fief de Vachères et la coseigneurie de Montclar.
Claudie de Chastelard, d'une famille établie à Hauterives, lui
donna Eynard, père de Guillaume, et grand-père de Jean, capitaine de 100 chevau-légers de la garde du roi, mort sans postérité
en 1592. — Louis, frère de Jean et son héritier, fut capitaine de
50 hommes d'armes des ordonnances du roi et épousa Louise
d'Ancezune, fille du seigneur de Caderousse. Jacques-François,
né de cette alliance, laissa Philippe-Guillaume, page de la grande
écurie et aide-de-camp aux armées, en faveur duquel fut érigé,
en 1653 ou en 1688, le marquisat de Vachères, comprenant Saint-
Benoît, Espenel et la Chaudière (1).

Les derniers Grammont furent gouverneurs de la ville et de la
tour de Crest et leur postérité existe encore sous le titre de ducs
de Caderousse.

En 1509 l'église de Saint-Benoît est à la collation de l'évêque
et vaut 28 florins. Il est ordonné de murer une portion de la
fenêtre derrière l'autel et de vitrer les autres ainsi que celles du
presbytère (2).

Lors de la visite pastorale de 1644, il n'y avait qu'une famille
huguenote, les 35 autres étaient catholiques, ce qui faisait 60 communiants. L'église était en médiocre état. Les dîmes se levaient
à la cote 20°, ce qui faisait environ 30 livres de revenu, auxquels
s'en ajoutaient 40 à 50 autres provenant de divers fonds (3).

En 1789, le territoire uni à celui de Rimon était d'1 lieue en
long sur 3/4 de large, la population était d'environ 300 âmes ;
elle se plaignait d'un sol graveleux et pierreux, coupé de ravins ;
à cause des dents de rochers garnissant les fonds, il fallait que
4 ou 5 hommes piochent après la charrue les parties divisées par
les rochers. On y faisait pousser quelques pommes de terre, que
les habitants consommaient en gémissant, puisque c'était alors,
selon eux, une nourriture réservée aux cochons. Dans le seul
Saint-Benoît, on entretenait 2 paires de bœufs, 4 de montures et
6 trenteniers de moutons. Quelques habitants s'occupaient à carder
et à filer la laine pour le compte des fabricants de Saillans et de
Pontaix. Enfin la communauté, régie par 2 consuls, entretenait
2 mois durant un maître d'école à Saint-Benoît (4).

Barsac

Entre Saillans et Die la voie ferrée qui longe la Drôme traverse
le défilé d'Espenel et la pittoresque vallée de Vercheny, avant
d'arriver à Pontaix-Sainte-Croix. Sur le flanc occidental du

---

(1) La Chesnaye-des-Bois. *Armorial du Dauphiné*, p. 282.

(2) Etat des diocèses de Die. *Bulletin d'Archéologie*, tome XVI, 381.

(3) Chan. Jules Chevalier. *Visite pastorale du diocèse de Die*, dans *Bulletin d'Archéologie de la Drôme*, t. XLVI (1912), p. 318.

(4) Archives de la Drôme, C. 5.

massif de rochers qui occupe presque entier le territoire de cette station, le soleil mûrit le raisin d'un vin blanc mousseux fort agréable, connu sous le nom de vin de Barsac. Le village de ce nom, que dissimulent les sinuosités du terrain, est coupé en deux par un torrent, et ne présente ni ruines féodales, ni monuments antiques. Seule une colonne milliaire ronde, dont l'inscription est totalement effacée, rappelle les Romains ; mais elle a dû être apportée de Vercheny pour servir de piédestal à une croix, lors de l'installation du culte catholique à la fin du xviiᵉ siècle. Longtemps auparavant la population dépendit de Pontaix et n'obtint amiablement sa séparation que vers 1595. Elle eut dès lors sa mairie et son administration municipale. Comme seigneurie. elle releva d'abord des Poitiers, comtes de Valentinois, et des Poitiers-Saint Vallier. avec les localités voisines dont se formait le mandement de Quint. Des Perrachon elle passa aux La Baume-Pluvinel en 1652. Les Piégros dits de Lachau, éteints chez les Caritat de Condorcet, y possédaient une maison et divers immeubles. Quant aux autres habitants, tous cultivateurs laborieux, ils vivaient obscurs et heureux.

Le 29 octobre 1509, en l'église paroissiale de Sainte-Anne de Barsac. ordre de réparer la vitre existant derrière l'autel, de vitrer la fenêtre du côté gauche du presbytère et celle qui est sur le grand portail, et de clore le cimetière en bois ou en pierre (1).

En 1644. Mᵍʳ de Léberon en tournée pastorale y trouva 3o familles huguenotes et 4 catholiques : le prieur, commandeur de Sainte-Croix, y levait à la côte 20ᵉ les dîmes qui lui valaient 20 écus. Le chœur était couvert. mais le mobilier était dans un déplorable état (2). Le roi fit construire l'édifice au début du xviiiᵉ siècle (3).

En 1789. le village se divisait en 5 hameaux habités par 188 personnes. La communauté avouait quelques fonds productifs, pour ajouter tout aussitôt que la majeure partie appartenait à l'Ordre de Malte. La spécialité de production était le vin. exporté dans le Vercors et le Trièves. par des voituriers qui en descendaient. Le bétail se réduisait à 3 paires de bœufs. 8 mulets, 3 bourriques et 15o moutons ; le tissage de la laine de ces derniers occupait l'hiver quelques personnes. La communauté possédait quelques revenus, spécialement sur les moulins du lieu (4).

Distance : de Valence. 59 kilomètres ; de Die, son chef-lieu de canton, 15 kilomètres. Superficie : 811 hectares. Population : 13o habitants en 1901 ; 15o habitants en 1911 ; 135 en 1921. Altitude : 4o3 mètres.

---

(1) Etat des diocèses de Die, *Bulletin d'Archéologie.* tome XVI (1882), p. 38o.
(2) Visites Pastorales, *Bulletin d'Archéologie.* tome XLVI, page 137.
(3) Archives de Barsac. GG. 1. (Arch. Drôme, E. 14.253).
(4) Arch. de la Drôme, C. 3

Pont-de-Quart sur Aix

La voie ferrée de Livron à Briançon suit la vallée de la Drôme jusqu'à Beaurières, et à 8 kilomètres de Die permet au tramway de Châtillon de se détacher d'elle, à la gare du Pont-de-Quart pour remonter vers le nord-est pendant 8 kilomètres et demi. Ce tronçon peu connu encore des touristes a droit cependant à leur attention, à cause des souvenirs et des sites curieux que présentent les communes traversées : Aix, Saint-Roman, Menglon et Châtillon.

Pont-de-Quart sur Aix tire son nom comme Quint de sa distance de Die, capitale des Voconces (4ᵉ et 5ᵉ milles). La voie romaine qui partait de Milan passait à Gap, Luc, Die, Saillans et Aouste et venait rejoindre à Valence la route d'Orange à Vienne. Or, la Drôme grossie par toutes les eaux du haut Diois arrêtait souvent les voyageurs, non loin d'Aix, et un pont dut y être établi de bonne heure. Quelques maisons construites auprès abritèrent les premiers habitants de la localité où un petit autel avec une inscription fruste, conservé à Die et trouvé au cimetière d'Aix vers 1800, nous révèle le nom de l'un d'eux : Publius Saprinius Eusebes. C'était un païen rempli de confiance en Bormanus et Bormana, divinités locales représentant des fontaines déifiées (1). Le nom d'Aix, Ais, *de Aisio* et de *Aquis*, en latin, indique, en effet, un pays aqueux, et il s'y trouve même deux sources voisines, l'une d'eau douce et l'autre d'eau salée.

Sous la féodalité, la défense des châteaux et des villages ayant exigé le choix de hauteurs de difficile accès, les premiers seigneurs du lieu s'établirent un peu plus au nord, presque au pied du mont Glandasse, géant de pierre de 1.760 à 2.019 mètres d'altitude. Vers le milieu du xvıᵉ siècle, les La Tour-du-Pin Gouvernet fortifièrent cette vieille demeure et en firent une forteresse, flanquée de tours au fond desquelles existaient des prisons éclairées et aérées par une ouverture ronde au sommet de la voûte (2).

Grâce à la préférence que les villages actuels accordent à la plaine, Pont-de-Quart, de simple hameau est devenu chef-lieu de la commune d'Aix avec église, temple, écoles et mairie. Il y avait autrefois un péage du côté de Molières, maintenu par arrêt du 22 août 1670 à Charles de La Tour qui en avait prouvé sa possession immémoriale et supprimé ensuite le 5 juillet 1740. De l'autre côté de la Drôme apparaît le château de la Salle, ancienne maison de campagne des évêques de Die, gratifiés par les empereurs d'Allemagne Frédéric I en 1178 et Frédéric II en 1214, d'un tiers du mandement d'Aix. En 1224, Didier, un de ces prélats ayant cédé le haut domaine du même territoire à Hugues

---

(1) *Bulletin de la Société d'Archéologie de la Drôme*, t. VI, p. 361.
(2) *Statistique de la Drôme*, 2ᵉ édition, p. 417.

d'Aix, Guillaume Artaud, son oncle, transigea avec Bertrand qui avait remplacé Didier sur le siège épiscopal (1). Vers 1775, le seigneur du lieu croyait encore à la suzeraineté ecclésiastique et soumit la question au bureau des finances de Grenoble qui l'en dissuada.

L'histoire de la seigneurie exigerait d'assez longs développements pour être complète ; il suffira de rappeler les anciens maîtres des villages placés sur notre chemin et d'y joindre parfois un peu de statistique et quelques faits curieux.

La carte d'État-major dénomme la halte d'Aix « le Prieuré » et en effet, au XIVe siècle, il y avait là un établissement bénédictin, dépendant de celui de Châtillon, mais de minime importance, ruiné dans la suite à une date inconnue, comme la tour voisine de Charrociel : il s'appelait : le Prieuré de Pont de Bez (2) à cause de la rivière de ce nom qui va se jeter dans la Drôme, non loin de là.

L'oubli de ces vieux souvenirs a fait donner à la première halte du tramway le nom d'Aix. village assis au sommet d'une colline un peu plus loin au couchant.

Il fut, jusqu'en 1790, le chef-lieu d'une baronnie formée des communes de Molières entre Die et Pont-de-Quart, de Laval d'Aix, plus au nord, dans un repli de terrain au pied du Glandasse, d'Aix et de Saint-Roman. Les comtes de Die furent les premiers possesseurs de ce territoire, et leur origine encore ignorée doit remonter à quelque patricien romain. à un gouverneur de ville, à un magistrat ou fonctionnaire important. Ce qui étonne, c'est l'existence en 1027, du vivant même du dernier roi de Bourgogne Rodolphe III. d'une comtesse de Die, appelée Aleyris. approuvant une donation à l'église d'Embrun par Guillaume de Forcalquier, son mari (3). Malgré cette puissance territoriale étendue. ses héritiers ont très parcimonieusement laissé leurs noms et leurs actes. Seul, Isoard, l'un d'eux, se distingua par son courage à la première croisade et entra dans Jérusalem en 1099, avec le comte de Toulouse. Cette campagne honorable pour sa foi l'ayant obligé à vendre une partie de ses biens, le reste échut à Isoard II, à Pierre Isoard, à Roaix et peut-être aussi à la comtesse de Die, rangée parmi les troubadours. Or. le mariage de Roaix avec Hugues Artaud d'Aix. descendu lui aussi des mêmes comtes, vers 1196, fonda la puissance de leur postérité dans la région. Nous la retrouverons à Châtillon, notre prochaine étape. En attendant, sans s'attarder à la généalogie de ses membres et à leurs relations féodales avec les Dauphins de Viennois et avec les

---

(1) *Tituli dienses* ou Cartulaire de Die, par M. C.-U.-J. Chevalier, p. 68.
(2) Pouillé de l'évêché de Die, éd. par Ul. Chevalier. p. 44.
(3) Fantoni Castrucci, *Istoria della città d'Avignone*. II, 32-33.

Poitiers, comtes de Valentinois, il suffira de rappeler que la seigneurie d'Aix passa des Artaud de Montmaur et de Montauban à
Pierre de Caseneuve et ensuite à René de la Tour dit le Grand,
seigneur de Gouvernet, marié en 1573 avec Isabeau Artaud de
Montauban. Ami fidèle de Lesdiguières, ce capitaine protestant
joua un grand rôle au xvi° siècle, comme gouverneur du Bas-
Dauphiné et des villes de Nyons, Die, Crest, Montélimar. Il
acheta la baronnie au prix de 13.000 écus et fit reconstruire le
château du chef-lieu. Cinq descendants de ce nouveau seigneur,
sous le prénom de Charles, occupèrent aussi de hautes situations
et contractèrent de riches alliances qui les éloignèrent d'Aix, où le
château, en 1789, se trouvait en fort mauvais état. Jeanne-Angélique de la Tour, sœur de Charles, V° du nom, s'unit, en 1718,
avec Louis de Veynes, marquis du Bourg-lès-Valence, et Marguerite de Veynes, en 1747, épousa Jean de Plan de Sieyès, frère
d'Alexis de Plan des Augiers, dernier évêque de Die.

Avec l'histoire, même abrégée, de ces diverses familles, il serait
aisé d'allonger ce travail, si une esquisse de la condition économique des habitants n'offrait pas un sujet d'étude tout nouveau.

Outre les droits féodaux dont Saint-Roman nous fera connaitre
l'étendue, les seigneurs d'Aix possédaient le moulin banal de
Pont-de-Quart avec droit de mouture à la cote 25°, les domaines
du Bez, du Péage à Molières et de l'Oche à Aix, ainsi que les bois
des Blaches et du Fayn.

Pendant plusieurs siècles, les charges féodales pesèrent seules
sur les biens et sur les personnes des habitants, mais, à partir de
Louis Dauphin (1446-1456), des dons gratuits, transformés bien
vite en impôts fonciers annuels, servirent à payer l'armée et la magistrature. De là naquirent les cadastres et l'administration fiscale.

Les comptes consulaires des xvii° et xviii° siècles mentionnent
avec les tailles royales les dépenses pour l'entretien des immeubles
communaux, pour les logements militaires, pour l'école concur-
remment avec Laval d'Aix, le transport des pauvres dans les villages voisins, les réparations aux chemins et au Pont-de-Quart,
les procès et même des indemnités aux bohémiens pour les
éloigner.

M. Denis Long déclare avoir vu les restes du pont jeté sur le
Bez et il ajoute les détails suivants sur le sol voisin : « On y
trouve des médailles et une grande quantité de briques romaines.
Les vestiges de l'antique voie de la rive droite de la Drôme ont
disparu sous l'action du temps des pluies et des empiètements de
la rivière. Un plateau d'une grande étendue, couvert de briques
et de débris de moulins à bras, domine la vallée au loin et offre
un site favorable pour un camp romain permanent. Les rives du
Bez, aujourd'hui incultes et désolées, présentent des débris de
constructions, des marbres et des médailles » (1).

---

(1) *Mémoires sur les antiquités du pays des Vocontiens*, p. 133.

Au couchant de la halte et au nord de Pont-de-Quart, le village
et le château d'Aix n'offrent guère que l'image de la vieillesse
décrépite. Un mémoire du xviii° siècle donne quelques détails sur
le château autrefois plein d'animation et aujourd'hui totalement
abandonné. Ses quatre tours et un donjon protégeaient une partie
de la plaine entre Molières et le Pont-de Quart, aucune tranchée
ne pouvait s'ouvrir à sa base qu'au midi, au bas du rocher et là,
un défilé défendu par deux tours permettait seulement le passage
à deux hommes de front. En 1588, René de la Tour-Gouvernet
fit restaurer l'édifice et traita avec un maçon pour y construire
« quatre paires de fenestres croisières, trois demi-croisières et
deux portes » au prix de 99 écus (1). Or, une inscription funé-
raire, publiée par M. Long, nous apprend que les pierres employées
alors sortaient de la cathédrale de Die (2). On entrait au château
par un pont de pierre et par un grand portail où se voyaient les
armes des Gouvernet. Au rez-de-chaussée existaient une grande
salle d'armes, deux chambres et deux tours voûtées ; au levant,
trois chambres et une tour. Un bel escalier conduisait au premier
et unique étage, composé de quatre chambres. Prisons, cellier et
cave occupaient le sous-sol du rez-de chaussée. Eustache Piémont
raconte que le 15 juillet 1593, pendant un orage affreux, la foudre
tomba deux fois sur le château, et l'on sait d'ailleurs qu'en 1702
un incendie dévora la partie ouest, où était logée une compagnie
d'infanterie chargée de surveiller les religionnaires.

La route d'Italie amena souvent au Diois des passages de troupes désastreuses, comme ceux de F. Vallens, sous Vitellius, des
Wisigoths en 412, des Lombards en 576, des Sarrasins en 733, des
Bretons en 1374 et des soldats de Charles VIII et de ses successeurs en route pour l'Italie ou en revenant. Pendant les guerres
du xvi° siècle, la Ligue s'empara d'Aix, mais le nom de Gouvernet, ami de Lesdiguières servit souvent de sauvegarde à la population.

En 1644, l'église est sous le vocable de Saint-Genis : le prieur
Antoine Vial y prend les dîmes des grains à la 12e valant environ
100 livres, sur quoi on paye 60 écus pour la portion du curé. Il
n'y avait alors que 6 familles catholiques sur 90 familles protestantes (3).

L'église est hors du village, éloignée de plus de 500 pas, ruinée
ras terre, le cimetière est proche et sert aux deux religions. Le service est fait dans une chapelle, bâtie dans le village ; les murailles
en bon état ; non pavée. Les pauvres se plaignent que la 24e n'est
pas payée en espèces. Le curé ne fait pas la doctrine, il tient registre.

En 1789, dans leur réponse à la Commission Intermédiaire, les

---

(1) Drôme, E. 1793.

(2) *Antiquités du pays des Vocontiens.*

(3) Visite pastorale, tome XLVII du *Bulletin d'Archéologie,* p 294.

Consuls et habitants donnent trois quarts de lieue d'étendue
(1.649 hectares), un seul village, avec 32 habitants, 7 granges
éparses et une population de 120 personnes de tout âge. Le sol
rempli de coteaux arides ne produit que le trois pou un. On y
cultive le blé. 400 sétiers, l'épeautre, le seigle, les légumes et la
vigne, 300 charges. Il manque annuellement de 200 à 240 sétiers
pour la nourriture. Les arbres à fruits y sont exposés aux gelées
tardives d'avril et de mai. Pas de marché et 1 seule foire sans
importance (1).

Distance de Die, son canton : 8 kilomètres ; de Valence, 73 kilomètres. Population : 302 habitants, en 1911 ; 236 en 1921. Altitude : 522 mètres ; superficie : 1.649 hectares.

Saint-Roman et Laval d'Aix

Ce modeste village, bâti presque à l'extrémité du flanc méridional du mont Glandasse, n'offre rien de curieux au point de vue
monumental, mais au point de vue pittoresque, il est avantageu-
sement placé en face de la belle vallée de la Drôme. Son vieux
château a disparu, son église est devenue la maison commune,
seule sa population a gardé sa vie agricole, laborieuse et tranquille. On a vu que la commune dépendait de la baronnie d'Aix,
avant 1790, et que l'exposé de ses charges féodales nous restait
seul à offrir aux touristes.

En succédant à l'esclavage antique et au servage, la féodalité
conserva là comme ailleurs de nombreuses redevances et servitudes que la perte des archives ne permet pas de préciser en suivant
toutes les étapes de l'émancipation populaire. On sait pourtant
que de bonne heure il y eut à Saint-Roman des concessions de
libertés et de privilèges. La copie incomplète d'un acte de 1314
mentionne la faculté de vendanger et de moissonner au gré des
propriétaires, l'obligation de suivre le seigneur dans ses expéditions militaires pendant sept jours, aux frais des vassaux et de lui
payer 12 sétiers de blé sous le nom de vingtain, s'il tenait une
gâche ou garde, la nuit, en son château fort, en temps de paix et
de guerre, et la permission d'élire des syndics ou consuls pour
administrer la commune. Vers 1450, la garde fut supprimée, mais
le vingtain persista ; quant à la gestion des affaires communales,
elle ne comprenait plus, en 1789, qu'un châtelain ou représentant
du seigneur un consul, un receveur des tailles et un secrétaire.

A une époque où la vie pastorale était en grand honneur,
diverses transactions entre les seigneurs de Châtillon et d'Aix et
les habitants des deux mandements fixèrent les limites des territoires de chacun et assurèrent à la population en 1433, 1500 et
1561, un droit d'usage à Glandasse.

---

(1) Drôme, C. 3.

Un procès engagé par Saint-Roman contre Aix et Laval d'Aix, vers 1757, au sujet du pacage et du bûcherage se termina seulement en 1769 par un arrêt du Parlement de Grenoble qui maintint les demandeurs dans la possession de leurs droits anciens sur les montagnes de Glandasse et de Solaure, mit hors de cour M. de Gouvernet pour la production d'un vieux titre et condamna Aix et Laval d'Aix aux dépens qui s'élevèrent à 2,491 livres, dont 231 pour épices, 308 pour un imprimé, 114 pour l'expédition de l'arrêt, etc. D'après un accord du 13 juin 1588, le pacage et le bûcherage dans l'île de la grande Touche avait été octroyés à Saint-Roman par René de La Tour à la condition que les laboureurs avec bœufs ou bétail arable lui paieraient à la Toussaint 1 émine de blé et 1 d'épeautre ou rouge (1).

Ces charges n'étaient pas spéciales à Saint-Roman, car les droits seigneuriaux l'exigeaient à Aix, Molières, Laval d'Aix et comprenaient les frais de justice, les droits d'investiture et de prélation ou de préférence, les lods au 6ᵉ denier, lors des changements de tenanciers, les 3 corvées de bouvier et de bœufs et celles des travaux de la vigne, la banalité du moulin de quart, le vingtain à la cote 25ᵉ du vin, des céréales et des légumes, les sept cas impériaux à raison de 5 florins d'or chacun. Tous ces droits réunis s'affermaient 2.183 livres, en 1743, avec le produit des immeubles du seigneur s'élevant à 716 livres, sur lesquelles il était payé 100 livres de pensions à l'évêque et aux Cordeliers de Die.

En résumé, d'après les renseignements fournis en 1789, la baronnie, habitée par 125 chefs de famille à Aix, autant à Saint-Roman, 40 à Laval d'Aix et 20 aux Théogaux près Molières, n'offrait à l'agriculture qu'un sol inégal et peu fertile, et aux habitants qu'une seule récolte productive, celle du vin. Les gelées tardives y détruisaient souvent les fruits ; le manque de fourrage s'opposait à l'élevage du bétail ; l'absence de tout commerce et de toute industrie obligeait la population à vivre seulement de pain, de pommes de terre, de légumes et de jardinage ; le bois était rare et les pâturages éloignés ou privés d'eau ; la Drôme causait de grands ravages par ses crues fréquentes et, faute de réparations, couvrait de gravier les meilleurs fonds.

Saint-Roman est à 11 kilomètres de Die et 5 kilomètres de Châtillon, 76 kilomètres de Valence. Population : 186 habitants en 1911, 178 en 1921. Altitude : 604 mètres.

Le ruisseau de Laval d'Aix servait seul à l'arrosage des prairies ; mais il était souvent à sec et détourné par les fermiers du seigneur (2). Les sources salées d'Aix et de Laval d'Aix, bien que

-----

(1) A Aix, cette redevance s'élevait à 1 setier de blé du poids de 80 livres, un setier de gros blé, d'un faix de paille, d'une charge de bois et d'une poule.
(2) Saint-Roman ayant obtenu le prolongement d'un canal dérivé du Bez, au prix de certaines indemnités avait seul, dès 1726, mis à profit les irrigations.

ne produisant pas de sel, avaient été comblées par les agents de la ferme générale au grand détriment des familles pauvres qui les utilisaient pour leurs potages. Quant aux ressources charitables, elles se réduisaient à la 24ᵉ partie de la dîme d'Aix, soit 15 setiers de grains environ. Aix et Laval d'Aix entretenaient ensemble un maître d'école et Saint-Roman avait le sien.

En somme, la situation sans être brillante n'excitait pas alors d'autres plaintes que contre le pied fourché, impôt indirect levé sur les bœufs, moutons et autres animaux ayant le pied fendu, et contre la régie de certains biens, sans autres détails (1).

Laval d'Aix à 8 kilomètres de Die, 73 kilomètres de Valence. Population : 152 habitants en 1911, 120 en 1921. Superficie : 2.005 hectares. Altitude : 554 mètres.

Menglon

Presque en face de Saint-Roman, au sud-est de Châtillon et au nord de Recoubeau, s'ouvre une vallée agréable, protégée de trois côtés, par des montagnes pittoresques et se terminant en forme de cirque. Là, au pied et au sommet d'une colline conique apparaissent l'ancien et le nouveau Menglon. D'après son étymologie (*men*, pierre, *glon*, ronde) ce nom semblerait indiquer une origine celtique (2), bien que les tours et les murailles du vieux bourg, en grande partie ruinées, ne dépassent pas la naissance du régime féodal. Il fallait alors, en effet, des remparts et des forts pour défendre sa personne et ses biens. Mais, dès que la paix et la sécurité publique le permirent, la population descendit dans la plaine, où l'agglomération nouvelle avec la mairie, les écoles, l'église, le temple, les hôtelleries et les magasins a presque entièrement fait déserter l'ancienne avec sa halle inutile et sa matrice en marbre de mesures de capacité.

L'absence d'inscriptions et de monuments antiques ne permet pas d'y reconnaître la moindre trace du séjour des Romains et des Gallo-Romains et son plus vieux document paléographique remonte seulement au xiiᵉ siècle et n'a révélé que le nom de la localité. Deux autres chartes, l'une de 1178 et la seconde de 1214, renferment la donation de Menglon à l'évêque de Die par les empereurs d'Allemagne. De leur côté, les prélats diois gratifièrent leur chapitre des seigneuries de Marignac, Menglon et autres et, en 1445, le pape Eugène IV les plaça sous la protection de l'église romaine. Les détails manquent sur les commencements

---

(1) Archives d'Aix et de Saint-Roman. Molières n'a aucun document antérieur à 1790 et Laval d'Aix n'a conservé que des registres paroissiaux

(2) M. de Coston y reconnaît *Mess* pierre et se tait sur *glon. Étymologie des noms de lieu de la Drôme*, p. 28.

du bourg, sur la construction de ses murailles et sur la condition de ses habitants. A l'époque du grand mouvement d'émancipation communale, vers 1200, la population ne fit entendre aucune plainte ; ce fut un siècle plus tard que ses doléances amenèrent une crise terminée par une sentence arbitrale.

Les concessions énumérées dans un acte sur parchemin de l'an 1301 nous initient aux exigences de la vie féodale et rappellent un peu les charges contemporaines du *polyptique* d'Irminon, au ixe siècle. Voici l'analyse de ce document, dans le même ordre que le texte (1).

Tous les habitants de Menglon et de Luzerand doivent, au chapitre de Die, la dîme du blé, du gros blé, de l'orge et de l'avoine, celle des pois chiches, fèves et légumes, celle des porcelets, des agneaux et des chevreaux et celle du vin, du lin et du chanvre. Si les décimateurs refusaient d'assister au soutirage du vin, les propriétaires seraient crus sur parole pour la quantité récoltée ; les agneaux ̧us le samedi saint sont gardés aux frais des chanoines. Toute.. .s, la qualité d'hommes liges assure aux cultivateurs une grande bienveillance et l'exemption de la dîme du foin, des fruits, des arbres, des poulets et du jardinage, lorsque le château n'est pas habité, et s'il l'était, le jardinage devait être employé avec modération.

Quant aux poules, le châtelain et les serviteurs du chapitre peuvent les prendre à 6 deniers la pièce pendant dix jours et les chanoines habitant au château ont droit aux moutons, en en payant le prix. Chacun est libre de moudre ses grains et de cuire son pain à volonté.

Il ne sera livré aux membres du chapitre que volontairement des draps de lin et de laine, à leur arrivée, et des sacs et des cordes pour transports. Les possesseurs de bœufs doivent 2 corvées : sur le conseil des prud'hommes, le châtelain et les courriers nomment des gardes-fruits, de Pâques à la Toussaint. Les ânes des habitants ne peuvent être employés par le châtelain ou bayle qu'au transport à Die du blé des fermes ou des fiefs du chapitre et des bois destinés aux fortifications. En cas de vente d'un fief ou d'un immeuble lui appartenant, destiné à un pont, à un hôpital, à la maison d'une confrérie ou du vingtain, à une fontaine ou un puits, les lods ne seront dus que la première fois et ensuite à moitié de 15 en 15 ans. Lors de la fauchaison des prés, on suivra l'usage établi au sujet des fromages.

La perception du vingtain se fait selon la coutume (2).

L'emplacement appelé Patègue sis devant le château demeure

---

(1) Arc ives de Menglon, AA. 1 (Drôme. E. 12. 343). *Inventaire*, t. VII, p. 302.

(2) Il y avait jadis deux sortes de vingtains, l'un pour le seigneur qui devait entretenir les murs d'enceinte, et l'autre pour la commune en cas de nécessité.

commun à tous les habitants, qui l'entoureront d'un fossé, comme le fonds attenant du chapitre. Ses officiers approuveront la vente des fonds de sa directe, après en avoir reçu le plaid ou droit de mutation et revendiqué la propriété par droit de prélation ou de préférence. Il aura des mesures matrices marquées à son nom. Avec son consentement, il pourra être imposé une taille pour l'utilité publique et, une fois répartie sur tous, par le châtelain et les prud'hommes, elle sera exigée des contribuables. Mais aucune exaction, sous le nom de taille, fouage ou tolte, ne pourra être levée. Les bœufs des chanoines ne pourront plus aller paître dans les prés des habitants ; mais les pâturages communs leur seront ouverts comme à ceux des vassaux. Cependant ni les uns ni les autres ne pourront les céder à des forains, sauf en cas de guerre ou de péril.

L'hommage lige et la fidélité sont dus par tous les habitants au doyen du chapitre, et le baile ou châtelain à son arrivée jure d'observer toutes les clauses.

Ajoutons qu'elles ne furent pas absolument gratuites, car les délégués de la population, Ebrard, Balbe, Pinée et Albert s'engagèrent à payer au chapitre 5.000 sols viennois.

Cette sentence arbitrale fut rendue par Batelier, prêtre de Die et Passamar, de Saillans, dans l'église de Menglon, en présence du chapelain de la paroisse, de celui de Luzerand et de plusieurs clercs.

Tout à côté des charges rencontrées ailleurs il n'est pas inutile de constater, en 1301, dans cette seigneurie l'exemption de la banalité des four et moulin, des tailles et exactions, des cas impériaux exigés pour le mariage des filles du seigneur, pour sa rançon pour achat d'un fief, pour voyage à la Cour ou en Terre Sainte, etc. On ne voit pas non plus figurer le droit de moisson, comme à Aix.

A l'origine, la dîme formait la principale ressource paroissiale et se partageait entre le clergé, les pauvres et l'entretien de l'église. Un accord de 1433 la fixa à la cote 11ᵉ pour le vin et pour les céréales à la 12ᵉ gerbe. En 1726, elle rapportait 1.972 livres, dont 240 en argent, 32 pour 16 paires de perdrix à 2 livres l'une, 360 setiers de blé à 4 livres et demie chacun et 40 de gros blé ou rouge à 2 livres. On a vu qu'à Aix le seigneur exigeait pour l'entretien de son château la 20ᵉ partie des grains récoltés ; cet impôt existait aussi à Menglon et rapportait, d'après une enquête du 9 janvier 1573, jusqu'à 65 setiers de blé et autant de gros blé.

Quant au charroi de tous ces grains à Die et de ceux des censes, un accord de 1636 le maintint, à la condition que les voituriers seraient nourris par le chapitre et que les transports auraient lieu à la Toussaint. Malgré plusieurs tentatives d'exemption de cette servitude, elle existait encore en 1789. La fixation du prix des poules à 6 deniers en 1301 excitait aussi des plaintes au xviiiᵉ siècle ; mais elle ne paraît pas avoir été résolue alors. Au sujet du vingtain

que les habitants refusaient de payer, il y eut un procès qu'ils perdirent en 1607 et en 1611.

Outre ces charges féodales, il y en avait une autre, de 1452 à
1456 : c'était le guet ou la garde du château par quatre hommes
chaque nuit. Le dauphin Louis, en 1452, avait bien défendu d'exiger ce service, sauf en cas de guerre et de péril imminent ; mais
sur les représentations du chapitre, il le rétablit, tout en recon-
naissant que le château fort était inexpugnable. De là procès
devant le juge commun de Die qui donna raison au chapitre à
cause de sa justice haute, moyenne et basse. Les habitants en
appelèrent au parlement et obtinrent une enquête à ce sujet, par
un de ses membres. Guy Pape, chargé de la faire, reconnut que
la paix établie par le Dauphin rendait cette servitude inutile et
que la crainte d'une amende l'avait seule maintenue après Raymond de Turenne. On ignore la suite de l'affaire ; mais l'exemption octroyée à Châtillon par l'évêque de Die et à Aix par Jean
de Montauban dit Artaud, permet de supposer que le guet disparut aussi à Menglon vers 1450. On trouve, en 1561, une dépense
de 2 florins pour réparer une brèche aux murailles, l'année suivante, l'acquisition de 2 arquebuses au prix de 9 florins et l'entretien de 8 soldats au château. En 1573, malgré quelques désordres,
le châtelain et les consuls traitaient avec M. de Saint-Ferréol
(Alexandre Sibeud), pour la démolition des remparts et du fort.
Toutefois la grande voûte ne fut abattue qu'en 1579. Les archives
locales ne signalent pas d'autres faits de guerre ; mais une
demande en décharge de 3 feux sur 5, adressée à la Chambre des
comptes en 1604, s'appuie sur les logements militaires, l'envoi de
pionniers et le paiement d'aides ; « pendant les guerres civiles »,
disait-elle, le lieu avait souffert comme terre d'église tous les logements des troupes de passage au Diois, conduites par les seigneurs
du voisinage qui en exemptaient leurs vassaux.

Pour subvenir à ses charges, il avait été contraint d'aliéner ses
meilleurs fonds et son moulin banal aux nobles et exempts, les
autres étant ravagés par le Bez et les torrents descendus des montagnes. Malgré cela, ses dettes générales s'élevaient à plus de
18.000 livres et les particulières à plus de 30.000 ; une soixantaine
de maisons avaient été ruinées ou abandonnées et celles qui res-
taient avaient pour habitants des familles sans ressources, faute
de chemins, de commerce et de biens communaux et chargées de
redevances féodales nombreuses (1).

Les anciennes archives longtemps abandonnées aux vieux villages présentent des lacunes et ne permettent pas de faire connaître la condition des habitants au XVIIIᵉ siècle ; aussi arrêterons-
nous cette étude à l'année 1789. Menglon avait alors 4 hameaux ;
le village Luzerand, les Gallands et Boidans, 166 familles et
750 personnes. Le sol dans la vallée, maigre et d'une culture péni-

_____

(1) Inventaire des Archives de la Drôme, t. VII, p. 305 et suiv.

ble, était labouré sur les coteaux pàr 3 torrents et de nombreux ravins. Il produisait du vin, des céréales, des noix, du chanvre, des pommes de terres et du foin. Seule la récolte du vin présente un excédant. Les montagnes nues offrent à peine quelques broussailles et les torrents qui en descendent servent fort peu à l'arrosage.

L'administration de la commune comprend un châtelain, deux consuls, quatre conseillers et un secrétaire ; sur les 311 livres de son budget, le maître d'école en recevait 150, le garde 100. Le reste servait à payer l'entretien des monuments publics et les menues dépenses, 15 livres de pensions et de 24 à 25 setiers de blé assuraient aux pauvres des secours annuels (1).

On y trouve à différentes époques les familles de Bonniot, de Ferre et de Philibert. Cette dernière dut sa noblesse à François connu sous le nom de Cadet de Charence qui fit preuve de courage au combat de Pontcharra, en 1591. Le château de Perdeyer appartenait aux Philibert.

Lors de sa visite pastorale du 16 juin 1644, Mgr de Leberon trouva l'église paroissiale de Saint-Jean ruinée. Comme le prieur était le chapitre de Die, ordre fut donné à celui-ci de rebàtir d'ici six mois soit celle-ci, soit la chapelle Sainte-Anne : pareil ordre donné le 13 octobre 1634 n'avait reçu aucune exécution (2).

Les dîmes levées à la cote 13ᵉ valaient 450 setiers froment au chapitre de Die, qui en fournissait 40 au curé. Les revenus de l'hôpital n'étaient pas distribués, mais le 24ᵉ de la dîme l'était par le curé.

Le nombre de familles protestantes était de 80 environ et celui des catholiques 5 ou 6 seulement.

Distance de Die : 14 kilomètres ; de Châtillon, son canton : 5 kilomètres, distance de Valence : 84 kilomètres. Population : 720 habitants, en 1911 ; 620 habitants, en 1921. Superficie : 3.647 hectares. Altitude : 688 mètres.

Boidans et Guignaise

Cette halte tire son nom d'un hameau de Menglon, appelé Bois. d'Ans par la *Statistique de la Drôme* et Badouans par les anciens titres. Il est situé au nord du chef-lieu et au sud-est de Châtillon, dont il est séparé par une distance de 4 à 5 kilomètres et par la rivière de Bez, affluent de la Drôme. Formé avec les eaux de la Vierre et de la Borne qui naissent dans la commune de Glandage, le Bez traverse le défilé pittoresque des Guas ou des Gués, reçoit le Boulc au-dessus de Creyers, l'Archiane aux truites renommées, à Mensac, plus loin les torrents de Menglon et se jette dans la

---

(1) Archives de la Drôme. C. 4.
(2) Visite pastorale, *Bulletin d'Archéologie*, t. 47, p. 291.

Drôme en face de Montmaur, après un cours de 25 kilomètres. Il est un cantonnement de pêche et a joui de la qualification de flottable depuis Mensac. Cette voie de transport utilisée jadis a perdu son utilité depuis l'ouverture de la route de Die à Grenoble par les Lucettes et surtout depuis la création du tramway de Pont-de-Quart à Châtillon.

En 1835, la *Statistique de la Drôme* avait déjà signalé, sur le versant ouest de la montagne de Piémarc et au pied des escarpements qui dominent Boidans, des filons de plomb sulfuré ; mais leurs faibles produits en avaient fait abandonner toute exploitation, lorsque vers 1889, des minéralogistes français ou belges vinrent la reprendre et extraire de la *galène*, de la *blende* et de la *calamine*. Ici, l'histoire cède le pas à la métallurgie et oblige à recourir aux dictionnaires. *Calamine* signifie une masse compacte, concrétionnée ou terreuse, souvent cellulaire, formée en très grande partie de silicate de zinc, entremêlé de carbonate du même métal. *Blende* ou sulfure de zinc répond à une substance non métalloïde, tantôt jaune, tantôt brune, roussâtre et brune noire. Quant à *galène*, c'est un minerai composé de plomb, de soufre et pour l'ordinaire de quelques matières terreuses, jouissant d'un éclat métallique semblable à celui du plomb fraîchement coupé. Inutile de décrire le zinc connu de tout le monde. Une compagnie industrielle belge, après une étude attentive, créa une usine à Auby (Nord) et l'exploitation de la mine, commencée en 1890, fut autorisée l'année suivante et produisit, en 1891 et 1892, jusqu'à 13.071 tonnes de calamine, 160 de blende et 46 de galène, qui lavées et cuites sur place à l'aide de 2 fours à cuve et d'un four à réverbère, furent envoyées à l'usine.

D'après les rapports officiels des ingénieurs, on obtint, les années suivantes, en chiffres ronds les résultats que voici :

Années	Calamine		Blende	Galène
1893	7.089	tonnes	57	7
1894	6.024	—	29	35
1895	6.084	—	17	7
1896	7.274	—	88	96
1897	7.274	—	88	96
1898	5.274	—	88	96
1899	4.501	—	42	156
1900	3.957	—	331	155
1901	1.690	—	1.196	60
1902	606	—	1.810	1
1903 (1)	341	—	1.610	—
1904	—	—	160	160

-----

(1) En 1903, 341 tonnes de calamine et 1.610 tonnes de blende donnèrent 663 tonnes de zinc pur.

L'exploitation, abandonnée le 1ᵉʳ mars 1903, à cause de l'appauvrissement du gîte et de l'abondance des eaux au-dessous de
la galerie d'écoulement, se réduisit l'année suivante à l'abattage
des derniers piliers réservés pour le soutènement de deux galeries.
Le nombre d'ouvriers employés qui était, en 1902, de 97, descendit, à la fin, à 34 à l'intérieur et 15 à l'extérieur. Leurs salaires
variaient de 3 à 4 fr. 50 par jour à l'intérieur et ceux des femmes
et enfants au dehors, de 1 fr. 50 à 1 fr. 60.

Boidans n'a pas d'autre histoire et, en suivant le chemin de
Menglon à Châtillon, on arrive à Guignaise, ancien établissement
monastique, dont les ruines ont été utilisées pour une habitation
particulière au commencement du siècle.

M. Long dans ses *Mémoires sur les antiquités du pays des
Voconliens* nous apprend que des antiquités romaines et, en particulier, un nécessaire de toilette féminine furent découverts à
Guignaise de 1824 à 1826. Plus tard, une maison de chanoines
réguliers s'y établit et portait la qualification d'abbaye, en 1165,
lorsque le pape Alexandre III la donna aux évêques de Die. Ces
prélats, en vue d'assurer le service religieux à la population, y
firent venir des Bénédictins d'Aurillac en Auvergne, déjà prieurs
de Saillans. La générosité des fidèles et la possession des dimes
de la vallée du Bez firent vite du nouveau bénéfice un établissement de quelque importance. Parmi ses titulaires, Félix-Emmanuel de Castellane de Saint-Jurs mérite une mention honorable
comme bienfaiteur du pays. En effet, par testament du 10 août 1695,
il léguait 15.000 livres à l'église et aux pauvres de Châtillon,
10.000 à Glandage et 5.000 à Boule. Ces capitaux placés avec
intelligence rapportaient des revenus annuels sur lesquels 200 livres étaient prélevées pour marier trois filles ou veuves pauvres,
de moins de 25 ans. à raison de 55 livres à chacune et pour payer
l'apprentissage d'un métier à un jeune garçon pauvre.

Le restant servait à la nourriture et aux vêtements des malheureux, aux frais de culte et à des missions dans les trois paroisses
donataires En 1788. le revenu de l'argent du legs total s'élevait à
2.125 livres dont 2.000 se dépensaient en bonnes œuvres. Trois
ans plus tard le capital du legs placé sur les Etats de Provence, sur
le clergé de Die et sur plusieurs maisons riches de Provence, disparaissait avec la Révolution.

Un autre prieur de Guignaise. M. de Margaillan, avait aussi
donné aux pauvres de Châtillon une maison et un jardin acquis
de M. de Philibert de L'Argentière ; mais l'union du prieuré à
l'évêché de Die. supprimé à la même époque, entraîna la perte de
ces immeubles et celle de l'ancienne aumône distribuée par les
religieux (1).

---

(1) *Inventaire des Archives de la Drôme*, t. VII, p. 293 et suiv.

Châtillon-en-Diois

I. — *Topographie et origines.*

Aussitôt après la traversée de Guignaise, le voyageur aperçoit le profil du bourg de Châtillon, couronné de quelques débris de fortifications anciennes.

La route de Die à Grenoble par Glandage et Luc le traverse, et tandis que ses maisons inférieures descendent jusqu'au bord de la rivière, les autres montent vers le vieux château dont « il ne reste « plus rien que des ruines informes et un rocher taillé à pic au- « dessus des vieilles ruelles. Ce devait être là une position mili- « taire de premier ordre et le guetteur au sommet du donjon pou- « vait facilement découvrir toute la vallée. » Avec le château, ses jardins et ses terrasses ont aussi disparu.

Bâti au pied du Glandasse qui l'abrite au couchant et au nord, le bourg dans son ensemble, avec la verdure de ses prairies et le teint grisâtre de ses rochers, ne manque ni de charmes ni de poésie, au point que M. Darly y a vu « l'hymen du ciel bleu de la Provence et de la nature plus grande et plus puissante du sol dauphinois. » (1).

A Mensac, hameau de Creyers, tout voisin de Châtillon, un chemin côtoyant la rivière d'Archiane conduit à Treschenu, et un autre le long du Bez, à Creyers et à Ravel, assis en face l'un de l'autre sur des hauteurs cultivées ou boisées. Une bifurcation à l'entrée du curieux défilé des Eygats aboutit, au nord-est, à Glandage et à Lus, et, à l'est, à Soubreroche, Boulc et Bonneval.

Tous ces noms reparaîtront plus d'une fois dans l'excursion historique entreprise ici.

Il y eut peut-être, dans les âges préhistoriques, quelques famil- les de chasseurs et de pêcheurs installées soit dans les grottes de Glandasse, transformées plus tard en refuges de bergers ou de carriers, soit dans celles du massif de rochers dominant Mensac. L'abondance du gibier dans ces vals étroits et des truites de l'Archiane, renommées encore aujourd'hui, justifierait fort bien ces habitats inexplorés s'ils existèrent jamais.

Sous les Vocontiens, les patientes recherches du savant docteur Long n'ont révélé aucun monument de leur époque à Châtillon et il faut remonter aux Romains pour y recueillir des traces d'une civilisation avancée. L'habile archéologue n'est pas éloigné de croire à l'identité de *Geminæ*, ville perdue, avec Mens en Triè- ves, et à l'étymologie du nom de la vallée tiré de ses trois routes (*Trivie*) placées sous la protection de Diane et se dirigeant à Gre- noble ; celle de Gap, celle de Die et celle de Provence par Luc, Poyols, La Motte, Remuzat et Nyons. La première demeure évi-

---

(1) *Journal de Die*, du 19 octobre 1901.

demment en dehors de notre étude : celle de Die franchissant le
Glandasse au col du Haut-de-Gras, par un sentier bordé de pré-
cipices, est presque inconnue de nos jours ; mais celle de Provence, qui traverse Châtillon, se dirigea d'abord vers Treschenu
et les Nonnières et ensuite vers Glandage et Lus.

L'ancienneté de cette voie résulte de la fondation au vi° siècle
d'un monastère de filles aux Combeaux, sur Treschenu, par une
élève de S⁺ᵉ Radegonde, et de sa ruine par les Sarrazins, au viii°.
Mais prouve-t-elle suffisamment l'existence de Châtillon à ces
époques reculées ? Tout d'abord l'absence complète d'inscriptions
romaines semble infirmer l'hypothèse affirmative ; cependant
comme il y a eu jadis vers Guignaise une villa patricienne, centre
d'une importante exploitation agricole, on peut en conclure que
les Romains habitèrent le pays. M. Long rappelle, en effet, la
découverte, en 1826, d'une caisse en plomb renfermant une urne
en verre, des os brûlés et une médaille en argent de Trebonianus
Gallus (252 de notre ère) et tout près du tombeau, de neuf petites
fioles ou lacrymatoires en verre, dont deux contenaient un extrait
pharmaceutique d'odeur résineuse et quatre ustensiles en bronze
semblables à la garniture d'une crosse de fusil. L'année suivante,
au même endroit, les travaux de la route mirent à jour des
médailles, des vases en verre de formes variées et une urne bien
conservée en albâtre blanc veiné de gris. « Elle paraissait renfer-
« mer les restes d'une femme, car elle était entourée de petites
« boîtes en bronze, dans lesquelles se trouvaient des cylindres
« noirâtres, semblables, pour la forme et la grosseur, à des
« crayons d'une consistance un peu ferme, restes d'un nécessaire
« de toilette, analogue aux boîtes à mouchés des dames des pre-
« mières années du xviii° siècle, à l'usage de la défunte. Ce lieu
« était destiné aux sépultures publiques qui étaient presque tou-
« jours placées sur le bord des grands chemins » (1).

Ces détails permettent de reconnaître-là : riche habitation,
détruite probablement par les Sarrasins ou tous autres envahisseurs, et peut-être aussi, un peu plus haut, l'existence d'une tour
ou d'un fort qui donna son nom au bourg naissant (2). Les auteurs affirment, en effet, que les Romains employèrent souvent
ce mode de défense. Une charte de 1509 mentionne même une
autre tour, alors ruinée, à Charrociels, près du Bez, ayant une
destination pareille.

Si les invasions barbares qui se ruèrent sur le Midi ne pénétrè-
rent pas toutes dans cette région montagneuse, il y en eut d'autres
sans doute inconnues encore, également fatales à ses habitants,
car il n'est pas question d'eux sous les Gallo-Romains, les Burgondes, les Francs et les rois de Bourgogne, successeurs de Boson,

---

(1) *Mémoires sur les antiquités du pays des Vocontiens*, p. 162.

(2) *Castellio*, en latin, pour *Castellum*, châtelet, castel, petit château.

élu à Mantaille en 879. Il faut même remonter aux comtes de Die
pour trouver les premières pages de l'histoire de Châtillon, c'est-
à-dire au xi⁰ siècle.

II. — *Les comtes de Die et les Artaud.*

Les empereurs romains appelaient *comtes* leurs conseillers et,
si au iv⁰ siècle, des fonctions militaires leur furent confiées, ils
devinrent gouverneurs des villes au siècle suivant. Les rois de
France des deux premières races leur conservèrent cette mission
en y joignant l'autorité judiciaire (1). Charles-Martel, pour récompenser ses compagnons d'armes, créa de nouveaux bénéficiers et,
eu 877, les uns et les autres obtenaient l'hérédité de leurs charges
et de leurs droits. Dès lors, ni Boson, élu roi de Bourgogne, ni
son fils, Louis l'aveugle, ne peuvent arrêter leurs empiètements.
Aussi, à la mort de Rodolphe III, dit le Fainéant (1032), les comtes de Die, de Valence et autres villes se regardaient-ils comme
souverains.

Dès 1027, du vivant même du dernier roi de Bourgogne, Aleyris, épouse de Guillaume, comte de Forcalquier, issu en ligne
directe de Rotbold, vainqueur des Sarrasins, prenait le titre de
comtesse de Die. On lui donne pour fils et pour successeur Bertrand et pour petit-fils Guillaume-Bertrand et Geoffroy ou Ponce.
Après eux Guillaume fut remplacé par Isoard Iᵉʳ, dont les historiens de la première croisade louent le courage et la sagesse (1099).
Il aurait vendu, d'après Chorier (2), la plus grande partie de son
patrimoine aux évêques de Die, pour couvrir les frais de son
voyage en Palestine.

Jaucerand, son héritier, n'est guère connu que par deux chartes
d'Isoard II, bienfaiteur de la chartreuse de Durbon et vassal de
l'évêque de Die pour Luc (1159 et 1168). Ce comte laissa Pierre
Isoard, Roais, Isoarde et, selon le judicieux et savant auteur des
Mémoires sur les comtés de Valentinois et de Diois, la légendaire
comtesse de Die, illustre par sa beauté et par ses compositions
poétiques. A l'appui de cette opinion, il est permis d'invoquer un
ancien manuscrit la qualifiant épouse de Guillaume de Poitiers,
auquel une bulle de 1163 attribue des possessions dans le
Diois (3).

Pierre Isoard mourut peu de temps après son père, sans laisser
de postérité. Roais, sa sœur, en donnant sa main à Hugues Artaud d'Aix, lui porta Châtillon en dot.

Ce nouveau seigneur, qui descendait aussi des anciens comtes
de Die, devint puissant dans la contrée ; mais, à la mort de son

---

(1) Quantin, *Dictionnaire de diplomatique*, au mot comte.
(2) *L'allodialité dans la Drôme*, par M. de Pisançon, p. 218.
(3) M. Jules Chevalier, *Mémoires*, t. I, p. 185.

épouse, le dégoût des grandeurs l'obsédant, il se fit chanoine régulier à Saint-Marcel, dans le chef-lieu de ses états (1211).

De ses deux fils Guigues et Guillaume Artaud, l'aîné avait cessé de vivre en 1223 et transmis son héritage à Guillaume, auquel à cette occasion l'évêque de Die réclama l'hommage, en qualité de seigneur supérieur en partie d'Aix, Molières, Ravel, Borne, Glandage et Lus.

Comme il s'y refusait, Guillaume de Bourdeaux et Rambaud d'Ozasèche, arbitres du différend, le condamnèrent à remplir ce devoir en 1224. Ce qu'il fit encore, en 1239, pour Châtillon, Treschenu, les Nonnières et Archiane.

Isoard II et Pierre-Isoard, fils de Guillaume Artaud, se partagèrent sa succession : l'aîné obtint les châteaux et fiefs de la baronnie de Châtillon et Pierre Isoard, la seigneurie d'Aix et des terres de Trièves.

Isoard II octroya des libertés à ses vassaux, dont le texte est perdu, et eut de Draconnette de Montauban, son épouse, une fille appelée Malbérione, Malberjone et Malbergone, et Raymond dit de Montauban.

Malbérione s'unit en 1239 avec Raymond Ier de Baux, né du mariage de Guillaume Ier de Baux, prince d'Orange et d'Ermengarde de Mévouillon. M. le docteur Barthélemy, qui a si heureusement analysé les chartes des de Baux, ne croit pas à leur descendance des rois mages, ni à celle des Baltes, Wisigoths et Goths puissants, et les fait remonter seulement à Pons-le-Jeune, dont les fils Geoffroy et Hugues vivaient en 1059. Toutefois il ne rejette pas absolument la filiation de Pons-le-Jeune depuis 997.

Hugues laissa Guillaume-Hugues ; celui-ci, Raymond Ier seigneur de Berre (1095-1159), père de Bertrand Ier, prince d'Orange (1130-1181), par suite de son mariage avec Tiburce d'Orange qui lui donna plusieurs enfants et entre autres Guillaume dont un des fils, Raymond Ier, s'unit avec Malbérione Artaud.

Châtillon, d'après ces détails, a eu des possesseurs connus dans l'histoire dès l'origine de la féodalité, et bien que son château fort n'ait pas été leur demeure de prédilection, ils n'ont pas laissé d'en éterniser le souvenir.

III. — *Les de Baux.*

L'existence de Raymond de Baux, le nouveau seigneur, fut loin d'être paisible et heureuse. Comme Malbérione, son épouse, avait reçu en dot 10.000 sols viennois, Condorcet, Montjoux, Marsenne (1) et d'autres terres des Baronnies, Draconet Artaud

---

(1) Marsenne près de Sahune a été souvent confondu à tort avec Marsanne.

dit de Montauban, ou de Mondragon ne tarda pas à revendiquer diverses seigneuries, venues de Draconette de Montauban, et de déclarer la guerre à Isoard d'Aix, à sa fille et à son gendre. Le seigneur de Châtillon assiégé dans Condorcet ne dut son salut qu'à la fuite. Toutefois, les belligérants consentirent à un arbitrage et Raymond de Mévouillon choisi par eux, les convoqua au château de Treschenu le 3 mai 1342. Draconet ne se présenta pas ; cependant, l'arbitre donna raison à son mandataire, et obligea Isoard II, Raymond de Baux et Malbérione à renoncer aux biens réclamés par Draconet de Montauban et à toutes poursuites contre lui. Dans ces conditions, le prince d'Orange se trouvait dépouillé de la dot de son épouse et Isoard II dut partager ses biens entre elle et Raymond Artaud, ses deux enfants ; Malbérione obtint la baronnie de Châtillon et ses dépendances, et Raymond, les biens situés dans le diocèse de Gap.

L'importance de cet acte du 16 août 1246, dont le savant historien de l'église et du diocèse de Die a publié le texte, réclame quelques détails utiles à cette étude. Ainsi, Isoard II cède à Raymond de Baux ses droits de justice et de propriété sur Châtillon et son château, le haut domaine sur celui de Mensac (*Maçensac*) et sur Boule, sur le château de Treschenu et sa vallée, sur les mandement et collet de Glandage (*Glandaies*), sur le château de Borne, sur Grimone, Creyers (*Crisiers*) et Bonneval avec leurs dépendances et ses droits sur Valdrôme et autres terres. Il ajoute que si la donation venait à être contestée, elle serait considérée comme augment de dot à sa fille. Les chanoines de Die, qui tenaient sans doute leurs droits des évêques, obtinrent en même temps d'Isoard II la reconnaissance de sa vassalité pour Châtillon, Mensac, Creyers, les Nonnières, Archiane et les autres seigneuries nommées dans l'acte de 1246.

De son côté, Raymond Artaud, frère de Malbérione, émancipé en 1248, recevait de son père, à cette occasion, la propriété des châteaux et mandements de Boule, de Borne, de Grimone, de Bonneval, du collet de Glandage, etc., sous réserve de l'usufruit. C'était, on le voit, annuler en partie la donation faite à Malbérione deux a.. auparavant. Malgré cela, Raymond Artaud ne se montra pas satisfait, et une véritable guerre éclata entre lui, Raymond de Baux et Isoard II. Le jeune seigneur ne craignit même pas de porter les armes contre son père, qui le déshérita, pour crime de félonie, et lui enleva les biens donnés en 1248, pour en accroître la dot de Malbérione.

Isoard II survécut peu de temps à l'acte d'exhérédation du 11 novembre 1261 ; mais sa mort ne rétablit nullement la paix dans la famille, car en 1266, Raymond d'Agoult, seigneur de Luc, était appelé à terminer un nouveau différend. L'arbitre, après avoir ouï les parties, décida que les châteaux de Châtillon et de Condorcet appartiendraient à Raymond de Baux et à son épouse, tandis que ceux de Montmaur et de Volvent iraient à Raymond de Montauban. Il était réglé, en outre, qu'il tiendrait la seigneurie de Boulc sous la suzeraineté de Raymond de Baux et que le restant de la dot de Malbérione compenserait une partie de la dot de Draconette, mère de Raymond de Montauban, assignée sur le château de Châtillon. Cette sentence reçut l'adhésion des deux parties. Raymond de Montauban prit ensuite part à la croisade de saint Louis (1270), et la matrice de son sceau a été retrouvée naguère en Tunisie dans le harnachement du cheval d'un chef arabe, où elle servait d'amulette. Il mourut sans enfants et Mabille, sa sœur, épouse de Guillaume Artaud, seigneur d'Aix, hérita de ses biens.

Quant à Raymond Ier de Baux, enseveli à Orange en 1282, il eut pour successeur Bertrand IV, son fils. Sa veuve lui survécut et emprunta 500 livres viennoises au chapitre de Die avec le château et le bourg de Châtillon pour gage. Bertrand IV s'en plaignit ainsi que des préparatifs de défense que faisaient les prêteurs, comme s'ils redoutaient un siège. Le château appartenait à lui seul, disait-il, et le chapitre, en le fortifiant, avait perdu son haut domaine sur la baronnie. Celui-ci, de son côté, accusait Bertrand d'avoir occupé Châtillon, sans prêter l'hommage dû par tout vassal et sans en demander l'investiture. Pendant que les objections et les reproches se succédaient, la question de Châtillon se compliqua de celle de Condorcet que le prince avait pris à Malbérione. Pour terminer ce différend, le chapitre, la princesse d'Orange et son fils choisirent comme arbitre Raymond d'Agoult, seigneur de Luc. Le jugement du 5 avril 1294 adjugea à titre viager à Malbérione la baronnie de Châtillon avec ses dépendances : Treschenu, les Nonnières, Archiane, Mensac, Boulc, Soubreroche, Ravel, Esparron et la Bâtie-des-Fonts, qu'elle avait reçues en dot de son père, avec le droit d'en disposer après la mort de son mari ; condamna Bertrand à rendre au chapitre de Die les 500 livres empruntées par sa mère et à lui payer 1.000 livres à la mort de celle-ci. Une dernière clause portait que le prince d'Orange deviendrait alors seul propriétaire de la baronnie de Châtillon, sous la suzeraineté de l'église de Die, mais qu'il ne pourrait ni la distraire de la principauté d'Orange, ni la donner en gage pour emprunt, ni la livrer aux ennemis du chapitre ou aux bourgeois de Die, à peine de confiscation.

Parvenue à un âge avancé, Malbérione abandonna alors à son fils l'administration de ses biens, et le prince, en 1303, confirma aux habitants de Châtillon les franchises que leur avaient concédées son aïeul et son père. L'année suivante il convenait, avec le procureur des anniversaires de l'église de Die, que les 31 sétiers de blé dus au chapitre seraient payés avant le prince lui-même.

Dans le dernier acte connu de Malbérione, elle réduisait à 20.000 sols viennois les 34.000 que son fils s'était engagé à payer, et sa mort dut suivre de près. A son tour, Bertrand de Baux, en 1314, instituait héritier son fils Raymond et lui donnait la baronnie de Châtillon et les seigneuries qu'il possédait au diocèse de Die, sauf Condorcet, Saint-Ferréol, Guisans et Gumiane, et le nouveau seigneur, en 1315, recevait l'hommage de Guillaume de Ravel. Toutefois, le souvenir des anciennes difficultés causées à sa famille par une terre éloignée de la principauté d'Orange et peut-être aussi le besoin d'argent ne tardèrent pas à lui inspirer le désir de la vendre. Le 3 mars 1321, il entra en pourparlers avec Guillaume de Roussillon, évêque de Die et de Valence, et le prix fut fixé à 15.000 livres viennoises ; Boule, Saint-Ferréol, Guisans, Gumiane et Condorcet n'entraient pas dans la vente et l'acquéreur était tenu de laisser au chapitre la faculté d'accepter ou de rejeter les conventions, tout comme de payer les 32 setiers de blé des Anniversaires avec les revenus du péage de Châtillon. Une fois le marché conclu, les 15.000 livres du prix se tirèrent de l'aliénation de quelques biens ecclésiastiques, autorisée par le pape Jean XXII.

Le 15 octobre 1324, le prélat faisait son entrée solennelle à Châtillon et confirmait le même jour les libertés et franchises de ses habitants (1).

Jusqu'ici, le savant ouvrage de M. J. Chevalier nous a fourni les principaux détails sur les comtes de Die, les Artaud et les de Baux ; mais à partir de l'acquisition de Châtillon par les évêques diois, l'auteur, dans un autre ouvrage non moins bien documenté, donne d'intéressants détails sur les prélats, mais s'occupe moins de Châtillon (2). Par conséquent, l'histoire du bourg devient plutôt celle des vassaux que celle des seigneurs. Nous l'entreprendrons néanmoins, après avoir constaté que le fief ne sortit des mains épiscopales qu'à la révolution et, de 1591 à 1636, époque où il passa dans celle de La Tour-Gouvernet, seigneurs d'Aix, héritiers des Artaud-Montauban. Leur histoire a donc eu sa place naturelle dans la notice historique sur Aix.

Il paraît utile cependant de rappeler ici qu'un arrêt du parlement de Toulouse du 10 janvier 1636 obligea Charles de La Tour-Gouvernet, baron d'Aix et d'Auberive, sénéchal du Valentinois, à délaisser la seigneurie de Châtillon à Mᵉ Charles-Jacques de Leberon, évêque de Valence et Die, contre remboursement des 4.050 écus du prix, des loyaux coûts, des réparations et améliorations et à la condition de la réunir à sa mense, sans pouvoir l'aliéner.

Guy Allard, dans ses notes manuscrites, attribue une partie de Châtillon à la famille de Bourdeaux et cite un Joffrey qui en aurait fait hommage à l'évêque en 1289 et Raissande, sa veuve, qui aurait cédé ses droits au prélat en 1300.

---

(1) J. Chevalier, *Mémoires pour servir à l'histoire des comtés de Valentinois et Diois*, t. I, p. 89. — Barthélemy, *Inventaire chronologique et analytique des chartes de la maison de Baux.*

(2) *Essai historique sur l'église et la ville de Die*, t. II et III.

Le même auteur ajoute qu'Henri d'Herbeis, conseiller au parlement de Dauphiné, dénombra en 1540 et rendit hommage au Dauphin l'année suivante pour une portion du fief.

Mais comme, d'après lui, Charles de La Tour-Gouvernet, en 1645, et Barthélemy de la Tour, en 1687, remplirent le même devoir féodal et que les archives locales sont muettes à cet égard, il suffira de mentionner les faits et les dates en ajoutant que cette portion avait appartenu à Guillaume Auger, vassal du Dauphin, en 1352 (1).

IV. — Les vassaux.

Dès lors que sous Trébonien Galle, l'an 252 de notre ère, Châtillon possédait une villa, une partie de son territoire devait appartenir à quelque famille riche et puissante qui la faisait cultiver par des esclaves. Il serait donc à propos d'étudier les étapes successives suivies par les patriciens romains et gallo-romains jusqu'à la féodalité, et par les esclaves, devenus serfs de la glèbe et main-mortables. Mais, d'après le savant M. Guérard, pendant les quatre premiers siècles de la monarchie en France, peuples, états, institutions, intérêts, tout est discordant, hétérogène et aucune démarcation n'existe entre les hommes libres, les lides, les colons et les esclaves. Sous Charles-le-Chauve, emplois et territoires deviennent héréditaires, et chacun fait de sa tenure un fief perpétuel. Les hommes libres, en choisissant leurs maîtres s'astreignent à des conditions honnêtes et faciles ; le fief intime des colons, d'abord grevé de redevances, leur constitue à la fin du xe siècle un véritable droit de propriété ; les lides, moyennant des tributs et des services personnels jouissent d'une petite partie du sol, et les serfs eux-mêmes voient la liberté et la propriété entrer par quelque coin dans leur humble cabane, malgré les tributs fixes et les services arbitraires auxquels ils sont assujettis (2).

Quand la féodalité s'installa à Châtillon, les comtes de Die respectèrent les situations acquises et la transition s'opéra sans secousse. Puis, lorsque la population du bourg se fut accrue, elle réclama des franchises et notamment le droit de tester et celui d'élire des procureurs ou syndics pour la gestion des affaires communes à tous. Un extrait d'acte authentique de 1552 mentionne la libre disposition des biens autorisée depuis une époque lointaine, et dans la charte de 1303, Raymond de Baux s'adresse à des syndics ou représentants de leurs concitoyens, ce qui suppose une concession antérieure, non retrouvée.

Quoi qu'il en soit, les deux premiers articles des libertés connues rappellent encore d'anciennes servitudes personnelles, telles

---

(1) Copie aux Archives de la Drôme.
(2) Guérard, *Polyptique d'Irminon.* Introduction.

que : 1° la faculté au seigneur et à ses officiers de justice de requérir les ânes et autres bêtes « de faix » des habitants pour faire leurs vendanges un ou plusieurs jours, à la condition de laisser ouvertes les portes du château et de ne gêner en rien le transport des raisins ; 2° la faculté de prendre l'herbe des prés et les pâtures (mélange de paille et de foin) des granges ; 3° et celle de vendre ou de prêter les deux corvées de bœufs qui lui étaient dues. Il est vrai qu'à titre de compensation, Bertrand de Baux exonère ses sujets de toute taille, tolte et exaction injuste, se contentant des deux seules corvées de bœufs et des cavalcades ou chevauchées (courses à cheval). Il abolit aussi les privilèges octroyés par Malbérionne, sa mère, à quelques habitants, de ne contribuer au bien commun ni de leurs conseils, ni de leur bourse, ni de leurs bras et promit de ne plus accorder de semblables faveurs. Il ajoute que lorsqu'un étranger ne payera pas sa dette, son créancier pourra lui faire saisir un gage dont la cour de justice autorisera la vente ; que cette cour n'aura pas le droit d'informer contre quiconque fournira caution de se présenter devant elle et d'accepter sa décision, et que tout accusé aura trois jours pour se justifier ; qu'enfin, il ne sera permis à aucun lombard (banquier italien) de s'établir dans le lieu sans avoir promis au seigneur d'être son vassal, après un an de séjour, de lui rendre hommage et de faire le guet et la garde comme les autres habitants.

A ces franchises personnelles, le prince d'Orange en ajouta d'autres plus spéciales à la communauté, comme : 1° la défense d'introduire dans le bourg du vin étranger lorsque celui du cru suffira à la consommation ; 2° le droit de s'imposer un vingtain ou la vingtième partie des récoltes pour achat d'armes et pour les fortifications, pourvu que cet impôt soit voté en assemblée générale et ne puisse être employé contre lui ou ses officiers.

Le prince confirme toutes les franchises antérieures non modifiées par sa charte et autorise toute assemblée pour l'accepter.

A une époque où la législation criminelle n'était pas fixée, le prince, à l'exemple d'autres seigneurs, détermine les amendes encourues pour délits ordinaires : 10 sols pour coup de poing suivi d'effusion de sang, soufflet, coup de pied, prise aux cheveux, violation de saisie et vol de légumes, la nuit ; 5 sols pour coup de poing léger et vol la nuit, dans un jardin ; 15 deniers pour vol de paille, d'herbe ou de légumes, le jour, et pour achat à crédit de vin ou de comestibles dans les auberges. Si le coupable n'a rien, il est emprisonné un jour. Les appels du juge ordinaire vont au juge supérieur ou juge mage, qui, en 1789, connaissait en première instance des affaires civiles et criminelles de Châtillon, avec droit d'appel au parlement (1).

En prenant possession de la seigneurie acquise des princes

____

(1) Archives de Châtillon, AA. 1, et *Almanach du Dauphiné* de 1789.

d'Orange, Guillaume de Roussillon, évêque de Valence et Die, confirma les 30 mai et 15 octobre 1321, la faculté des habitants de s'assembler et d'élire des syndics et procureurs devant son châtelain qui s'opposerait à tout empiètement sur ses droits. A son exemple, Aimar de Lavoulte, en 1331, Henri de Villars, peu après, Pierre de Chastellus ou de Chalus en 1343, Louis de Villars en 1354, le vicaire général de Guillaume de Lavoulte, en 1378 et Amédée de Saluces en 1385 ratifièrent cette faveur et, à leur tour, les juges mages de Die, les châtelains, notaires, bedeaux et officiers de justice jurèrent solennellement, de 1364 à 1427, de la maintenir.

Le cercle restrictif de ces libertés s'élargit encore dans la suite, à des époques inconnues, témoin la disparition des corvées de bœufs, des cavalcades et du prêt de bêtes de somme pour les vendanges. Les reconnaissances générales en 1517 à Gaspard de Tournon, en 1670 à Daniel de Cosnac et en 1770 à Gaspard de Plan des Augiers, n'en font effectivement aucune mention. Dans ces trois actes les habitants se bornent à promettre aux prélats de défendre leur personne et leurs biens, à proclamer leurs droits de justice haute, moyenne et basse, et d'exiger les lods (droit d'enregistrement d'aujourd'hui) au 5ᵉ denier pour les fiefs, censes et rentes soumis à ce devoir et au 6ᵉ pour les autres, en cas de vente et la moitié moins en cas d'échange. Ils les reconnaissent propriétaires des eaux et aiguages, des chemins publics, des moulins banaux, ainsi que de leurs canaux et écluses, du bois de Piémarc, du château, de ses plateformes, régailles, circuits et fossés, du péage sur les marchandises et denrées (1) et du pulvérage sur les troupeaux de Provence à raison de 2 sols 6 deniers par 30 têtes. A l'évêque appartient également le droit d'interdire la chasse et la pêche, de faire marquer à ses armes les poids et mesures (2) et d'exiger les langues des bœufs et des vaches tués dans le mandement et de recevoir trois deniers de cense pour la maison consulaire, sise dans la grand'rue au-dessus du four de la fontaine, depuis 1533 ; une poule et demie pour la place de Reviron depuis 1524 ; une perdrix pour la rue établie sur les fossés de Reviron jusqu'à la porte neuve, depuis 1533, et une moitié de poule et trois deniers pour la fontaine de la place de Reviron.

Ces prélats avaient aussi le pouvoir d'empêcher toute aliénation de fiefs, censes et rentes de leur mouvance, à des privilégiés et gens de main-morte, sans permission et indemnité, et de

---

(1) Le *Bulletin d'Archélogie de la Drôme*, 1902, p. 70, a fait connaître les droits de péage exigés à Châtillon.

(2) Les mesures pour les grains comprenaient le setier, l'émine, le quartal le civayer et le quarton ou leydaire ; celles du vin, la charge ou sommée, le barral ou setier, l'émine, le quart, le quarteron, le pot et la feuillette. Le civayer équivalait à quatre quarterons et douze civayers faisaient le setier ; le pot valait deux feuillettes et trente-deux pots un barral, comme soixante-quatre une charge du poids de 208 livres.

réclamer l'hommage et le dénombrement de tous possesseurs dans le lieu de fiefs nobles et roturiers. Or, cette obligation permet de reconnaître la noblesse locale à des époques déjà reculées : ainsi Pierre Claret figure, en 1332, pour le château de Treschenu, des biens à Châtillon et les vallées d'Archiane et les Nonnières ; Artaud de Fourcinet et Raymond Jaumard, la même année ; Guy de Morges pour Creyers, Mensac et Rachas en 1355, Aimar d'Ambel pour les mêmes terres en 1398, Louis de Marol en 1465 et 1469 ; Jacques de Châtillon, fils d'Aimar, en 1475 ; Pierre Fauchet, héritier de noble Antoine Brun ; Guillaume de Villette pour Mensac et Creyers et Mermet de Claret, fils de Pierre, pour Treschenu, en 1475.

Toutes ces obligations et redevances n'excitèrent pendant long-temps aucune réclamation ; mais, en 1770, la possession des eaux souleva de grosses difficultés entre l'évêque et les habitants, désireux d'accroître leurs récoltes au moyen de l'arrosage ; ils voulaient aussi la liberté de la chasse et de la pêche et la posses-sion des terres gastes ou incultes (1).

Si à l'origine les droits féodaux étaient légers, leur poids devint intolérable quand la royauté eut ses armées, ses tribunaux et son administration payés avec le produit des tailles et autres impôts et que les seigneurs eurent confié la perception de leurs revenus à des gens d'affaires plus enclins à grossir leurs recettes qu'à se rendre utiles. Alors s'accentua la résistance des communes et des particuliers et une organisation nouvelle s'imposa.

Toutefois, il reste à faire connaître le rôle des administrateurs communaux pendant les siècles antérieurs, car il honore les hommes de cœur, alors au pouvoir.

V. — *Administration communale.*

Pendant la période féodale et jusqu'à nos jours, le bourg, admi-nistré par des citoyens dévoués, se développa peu à peu, malgré divers obstacles. Les chartes de 1303 et de 1324 favorisèrent sur-tout l'émancipation communale, et la dernière fut suivie d'une élection de syndics ou procureurs par les chefs de famille assem-blés sur la place du Marché, devant Guillaume de Divajeu, châ-telain ou représentant de l'évêque de Die, seigneur du lieu. On en choisit d'abord plusieurs, et ensuite, en 1354 et 1379, deux seulement, auxquels quatre conseillers ou consuls furent adjoints. Il en fut de même en 1395, 1404 et 1411 ; à la dernière date, leur mission devint annuelle. Une délibération de 1444 obligea même les administrateurs sortants à rendre compte de leur gestion, à se harger des archives, après inventaire, ainsi que du calice en-

---

(1) Archives de Châtillon, AA. 1-3, C. 44, FF. 11.

argent de l'église de Saint-Nicolas, et à faire écrire par un secrétaire les décisions prises en assemblée générale. La création de l'impôt foncier annuel, vers ce temps, rendit fréquentes ces réunions municipales et fit nommer deux consuls et huit conseillers. Plus tard, en 1619, la population obtint du parlement la permission de porter à vingt-deux membres le personnel administratif qui, au xviii° siècle, recevait une légère rétribution.

La vente des offices municipaux, sous Louis XIV et Louis XV, ne paraît pas avoir modifié cette organisation, bien qu'une lettre de 1704 eût engagé les consuls à les acquérir, et qu'en 1744, l'Intendant eût maintenu en fonctions les deux consuls, malgré l'élection de deux échevins. Rappelons, en passant, qu'en 1789, les affaires communales étaient gérées par un châtelain, deux consuls, huit officiers municipaux et un secrétaire et que, de nos jours, elles le sont par un maire, un adjoint, et dix conseillers. En 1671 et 1674, tous les habitants soumis aux tailles étaient convoqués à la maison commune pour délibérer, au moyen d'une proclamation renouvelée trois fois dans tous les carrefours et ensuite affichée ; en 1675, aucun habitant ne se présenta. Quant au secrétaire, il fût longtemps remplacé par un notaire du bourg, et lorsque sa fonction devint un office vénal, l'évêque de Die s'en rendit acquéreur (1662) et la confia à des laïques.

Les délibérations conservées ne dépassent pas l'année 1665, les comptes consulaires 1494, et les pièces justificatives de comptes, 1326 ; ces trois sources de renseignements vont favoriser nos recherches.

De 1326 à 1356, des poursuites de créanciers apparaissent déjà, et pour les arrêter, les syndics obtiennent de l'évêque de Die, seigneur du lieu, l'autorisation d'imposer sur le vin 5 sols par muid vendu et 10 en cas d'insuffisance, outre une gabelle ou impôt de 100 sols ou de six livres par semaine et un double droit de mouture au moulin banal. Cette ressource permit d'alléger fortement les créances de Pierre et de Péronnet Claret, père et fils, seigneurs de Treschenu, s'élevant à 700 livres, et celle de la veuve de noble Pierre Pyer, d'un total de 360.

Alors aussi un droit de joyeux avènement, offert à chaque nouvel évêque, exigeait la levée d'une taille. Jean Jouffroy ou Joffrevy, appelé au siège épiscopal de Die en 1352, en autorisa une de ce genre, et quatre ans après, Louis de Villars, son successeur, accordait les 70 livres qui lui avaient été offertes, à un bourgeois de Die appelé Barleton, en récompense de services rendus ; enfin, en 1477, Antoine de Balsac, nouveau prélat, recevait 50 florins d'or et six beaux moutons : ce qui révèle un droit nullement déterminé et fixe.

Il a été question déjà d'exemptions particulières octroyées par Malbérionne, princesse d'Orange, et abolies par Bertrand de Baux, son fils. Elles avaient, paraît-il, survécu à la prohibition de 1303, puisqu'en 1372, Jordanon Pyer, refusait de payer une contribution, et que les syndics lui firent vendre des gages saisis. Pareil différend renaquit, en 1380, avec noble Henri d'Ambel, mari de Clémence de Ravel, dame de Mensac et de Creyers, et cette fois des arbitres le terminèrent, en exonérant des tailles les habitants de Mensac pour leurs biens situés au delà des rivières d'Archiane et de Bez, malgré l'usage et une promesse antérieure contraires, et en soumettant à l'impôt les étrangers et les forains pour leurs biens de Châtillon et la dame de Mensac aux charges des nobles châtillonnais.

La même année, Clémence de Ravel promettait à Humbert de Claret de ne recevoir dans sa terre aucun homme lige du seigneur de Treschenu et de n'accepter ni hommages, ni serment de fidélité de l'un des vassaux de son voisin et allié. Toutefois, cet accord ne dispensait pas les habitants de Treschenu, venus à Mensac, de contribuer aux tailles de Châtillon comme auparavant.

Une autre cause de dépense naissait de l'entretien et de l'agrandissement des fortifications. Les premiers seigneurs avaient construit le château fort, mais les murs d'enceinte ne remontaient pas à la même date. La copie d'une charte de 1242 mentionne un droit de vingtain d'Isoard Artaud pour la clôture du bourg, et l'exemption qu'en obtint alors Hugues, prieur de Saint-Julien, pour les terres de son église. Jusqu'en 1357, il n'en est plus question. Or, deux ans auparavant, Bastet Dupuy, châtelain de Châtillon, s'étant absenté au moment où le bruit courut qu'Aimar de Poitiers avait assiégé Die et causé du dommage à ses habitants, fut à son retour menacé de mort, ainsi que son fils Hugonet. Henri de La Baume, chargé par Louis de Villars, évêque élu de rechercher et de punir les crimes et délits commis dans le comté condamna les habitants de Châtillon à 100 florins d'amende et affecta cette somme à leurs fortifications (1357). Quinze ans plus tard, des compagnies bretonnes commandées par Olivier Duguesclin, frère de Bertrand, étant venues à Die, en avaient ruiné les faubourgs et menacé la ville d'un siège ; la population effrayée leur offrit 3.000 florins et elles se dirigèrent vers le Trièves en ravageant Châtillon à leur passage. La nécessité de réparer ses remparts devint alors urgente, et Guillaume de Lavoulte, nouvel évêque, en visite de la paroisse et de sa seigneurie, y fixa la hauteur des murailles à 4 cannes et la largeur à 6 pieds à la base et 4 au sommet, prescrivit l'ouverture de fossés, et réclama le concours des nobles et de tous les habitants pour couvrir la dépense occasionnée par la construction des murs d'enceinte et par la démolition de plusieurs maisons.

Ces travaux exigèrent la levée d'un vingtain ou vingtième partie des grains, du vin et du foin, principales récoltes du pays, et les syndics l'adjugèrent à deux entrepreneurs chargés de bâtir 90 toises de murailles, la chaux leur étant fournie (1382). La même année, le fermier du prieuré de Guignaise obtint dispense de payer sa cote du vingtain en fournissant deux bêtes un mois pour

le charroi des pierres, de la chaux et du sable et en payant 4 florins
d'or annuels pendant 3 ans. Un autre vingtain fut voté en 1383,
ainsi qu'une taille sur les habitants qui ne récoltaient rien ; puis.
en 1386, on traitait avec Garcin pour les frais d'un mur élevé sur
sa maison. Enfin, en 1389 et 1390, les syndics confiaient à de
Marczas, leur châtelain, la surveillance des fortifications et à Jean
de Cormes, la garde du bourg, aux gages de 34 florins, et peu après
envoyaient noble Pierre Claret au siège de Châteauneuf-de-Mazenc
avec 10 florins de gages pour un mois.

Quel ennemi avait donc jeté l'alarme à Châtillon ? c'était Louis-
Raymond, vicomte de Turenne et comte de Beaufort et d'Alais.
N'ayant pas osé déclarer la guerre au roi de France, il avait atta-
qué Louis II d'Anjou, comte de Provence, le pape résidant à Avignon, Louis II, comte de Valentinois, et Jean, évêque de Valence
et de Die, de la famille de Poitiers. En 1388, Raymond de Morges,
seigneur de Rochefourchat. réclamait à Châtillon 14 florins d'or
et 7 gros d'argent ; de Vitrole, syndic du lieu, lui fit observer
qu'Amédée de Saluces, en quittant le siège épiscopal de Die, était
resté possesseur de leur seigneurie, que nulle taxe ou contribution
ne pouvait y être levée sans autorisation de sa part, et que les
courses des gens de guerre s'opposant à toute communication avec
lui, il en appelait au pape, si un délai lui était refusé. Un autre
document de 1404. après avoir rappelé la guerre de Raymond de
Turenne dans le Diois *(tempore quo Raymundus de Thorena
faciebat guerram in partibus Diensis)* mentionne un enlèvement
de fers, de bois, de poutres et de fenêtres. déposés entre le bourg
et le prieuré de Guignaise, dont le titulaire réclamait le prix. Des
arbitres lui allouèrent 56 florins d'or. l'exonérèrent de toute imposition arriérée pour les travaux défensifs et lui promirent un tiers
de la valeur des objets retrouvés. les deux autres tiers devant
appartenir à la commune. Bien qu'il n'existe pas de preuves d'hostilités à Châtillon plus explicites, toute crainte de surprise n'y
avait pas cessé, et en 1426, Gonon de Vitrole se fit adjuger un
trentain des grains, du vin. des légumes et du foin à la condition
d'ajouter 30 cannes et demie de murailles au fort nouvellement
commencé. D'autre part, en 1437. le conseil épiscopal de Jean de
Poitiers obligeait plusieurs nouveaux habitants d'une noblesse
douteuse à concourir aux frais des fortifications et à faire l'arrière-
guet pendant que les autres citoyens monteraient la garde. De
Châtillon, de Vitrole et Garcin interjetèrent appel de cette ordonnance. qui du reste perdit bientôt sa raison d'être, la paix et la
sécurité établies en Dauphiné par le futur Louis XI ayant porté le
prélat en 1450 à dispenser les habitants de faire garder leur château
fort, la nuit, par quatre hommes.

L'obligation de concourir à l'entretien des remparts comme au
paiement des tailles suscita quelque opposition de la part de la
noblesse locale. Ainsi, en 1425, Jean Pyer, châtelain, refusa de
payer sa quote part d'un don gracieux et l'évêque l'en exempta tant
qu'il serait en fonction, selon l'usage : il fut seulement condamné

à payer les impositions pour les remparts, les ponts, les chemins et les œuvres pies ; c'étaient là les cas de droit, dont Alexandre de Châtillon, en 1501, voulut s'exonérer. L'official de Die l'obligea, en qualité de paroissien, à donner six gros pour réparer l'église et, comme habitant, un florin pour les murs d'enceinte, les ponts, fontaines et chemins.

Jean Claret, seigneur de Treschenu, souleva aussi, en 1451, une difficulté pareille et ne se libéra des tailles et autres impôts à l'exception de la gabelle du vin et de la rêve pour vente de bétail, qu'en abandonnant à la commune une pension de 2 florins et demi sur une grange et de six gros sur un jardin à la Pène des Bruns ; en cas de vente de ces immeubles, les acquéreurs devaient en supporter les tailles et, à leur défaut, il s'engageait lui-même à payer 60 florins.

Ces tendances au privilège n'étaient pas spéciales à Châtillon ; on les trouvait dans toute la province. Aussi quand les guerres d'Italie, sous Charles VIII, Louis XII et François Ier, y multiplièrent les passages de troupes, les étapes, les aides ou secours, et que les tailles, de ce fait, eurent grossi d'année en année, les doléances et les récriminations s'accentuèrent et furent portées au pied du trône. Michel de l'Hôpital et Bellot, chargés de les atténuer se prononcèrent en faveur des privilégiés. Des troubles allaient probablement éclater quand l'arrivée de des Adrets changea tout-à-fait la situation.

Placé sur la route de Grenoble à Die et aux Baronnies par le Trièves, le bourg de Châtillon offrait une position stratégique de quelque importance, dont catholiques et réformés convoitaient la possession.

On manque de renseignements sur les premiers faits d'armes de des Adrets dans le Diois, bien que M. Long reporte à 1562 une alarme suivie de l'enfouissement à Guignaise d'un trésor de 30.000 francs, composé de pièces d'or des rois et des papes régnants de 1462 à 1569, et découvert au commencement du xixe siècle. Le même auteur ajoute que de Gordes, lieutenant général en Dauphiné, ordonna, en 1568, la démolition des remparts de Châtillon et des petites villes où dominait la réforme. Il y a là sans doute quelque erreur de date, car « le desmantellement des chasteau, tours et forts » du lieu remonte seulement au mois d'avril 1573, sous la direction de Rosset, lieutenant de Gordes et de M. de Soubreroche, d'après les archives de Menglon. Les mêmes documents parlent aussi alors d'une demande de vivres pour sa troupe par Claude de Mirabel, chef protestant. Le 7 décembre de l'année suivante, Glandage, gouverneur catholique de Die, chargeait le capitaine La Barme de fortifier le château de Châtillon, presque rasé ; aussitôt, Villedieu et Sainte-Marie, du parti réformé y envoient la compagnie de gens de pied du capitaine Champs et les capitaines Branche et Brancion. A leur arrivée, les catholiques se réfugient dans le château, sommairement fortifié, et leurs adversaires gardent le bourg protégé par de fortes tranchées. Averti de la résolution de son détachement d'abandonner le poste, s'il n'était secouru, Glandage profite de l'absence de Villedieu et de Sainte-Marie, tout comme de la division survenue entre leurs soldats et ceux du capitaine Champs, pour surprendra ces derniers, enfoncer leurs barricades et les enfermer dans le maison de M. de Soubreroche.

Après avoir rafraîchi la garnison de Châtillon, le gouverneur de Die revient dans cette ville avec trois ou quatre prisonniers et la troupe de Champs se retire à Menglon. De là, le capitaine Vonier réclame du secours à Sainte-Marie et à Villedieu qui arrivent sans retard et, ne pouvant forcer le château, vont commettre « beaucoup de maux » à Luc, Glandage et Montlaur et livrer aux flammes le château de Recoubeau. Le siège de Livron délivra Châtillon de toute nouvelle attaque jusqu'en juillet 1575. A cette date, Montbrun ordonna à Lesdiguières de s'emparer de la place. De Gordes de son côté prescrivit à d'Ourches, son gendre, d'assembler promptement des forces et celui-ci eut bientôt sous ses ordres 400 arquebusiers et 2.500 Suisses avec 200 chevaux. Le lieutenant général y vint lui-même le 12 juin et obligea les réformés à en lever le siège et à se replier sur Menglon ; mais le lendemain, Montbrun, qui avait franchi les montagnes par le col de Pennes, pour amener du renfort, attaque si furieusement de Gordes que ce chef a son cheval tué sous lui et qu'il bat en retraite vers Die. Comme les Suisses ne se pressaient pas de fuir, ils furent écrasés au pont d'Oreille sous Molières (1), et ce combat sanglant ne tarda pas à être suivi d'un autre près de Mirabel-Blacons où Montbrun fut blessé et fait prisonnier.   .

Jusqu'en 1579, l'histoire se tait sur Châtillon dont le fort est démoli cette année-là ; ses remparts éprouvent le même sort en 1585 par ordre de Lesdiguières, successeur de Montbrun. Ce chef y passe lui-même deux ans plus tard, en venant de Mens à Die et à cette date le capitaine Robe ou Raube y relevait le château.

On ne sait rien de plus des fastes militaires du bourg où les passages de troupes, les aides, les envois de pionniers, les impositions forcées et les logements se succèdent sans trêve ni merci. En 1587, la compagnie du cadet de Soubreroche et des détachements de celles de MM. de Triors, de Vachères, du Poet et de Baudon s'y trouvent : en 1632, ce sont les chevau-légers de Toiras ; en 1647 et 1648 des cavaliers ; en 1649, les compagnies de Montanègues et de Champoullion ; en 1650, celles du régiment de Gesvres ; en 1653, c'est le régiment de Canillac ; en 1692 et 1693, les 300 volon-

---

(1) Ils y perdirent 800 fantassins, 30 cavaliers, 16 capitaines avec leur colonel, 16 drapeaux et tout leur bagage : il y eut aussi de 6 à 7.000 fantassins français mis hors de combat, au dire de d'Aubigné, de Serres et autres, et les vainqueurs eurent à regretter 6 ou 22 morts seulement. Ce qui est peu vraisemblable.

taires armés pour la défense du pays contre le duc de Savoie et logés dans des casernes improvisées. Ajoutons que de 1639 à 1641 une étape y fut établie, que pendant un siècle des aides ou secours en vivres ou en argent furent payés à Die, Nyons, Quint, Lesches et autres lieux de la province, et que cette liste des charges militaires est loin d'être complète.

Tous ces détails prouvent clairement que les fonctions consulaires exigeaient alors un dévouement sans bornes et un vrai patriotisme.

VI. — *Derniers renseignements.*

La défense du bourg ne créait pas la seule préoccupation de ses administrateurs : ils en avaient d'autres encore qui vont être sommairement exposées.

Agriculture. — L'utilité des arrosages engagea les consuls, dès 1363, à réclamer la permission de dériver l'eau du Bez. Le mandataire de Louis de Villars, évêque de Die et seigneur du lieu, l'accorda du samedi soir au lundi matin et toutes les fois que le moulin chômerait, après avis au meunier, et à la condition de placer des vannes en bois et de curer le béal du moulin le long de leurs possessions ; il joignit à cette faveur la faculté de prendre l'eau de Bellante tous les jours, sauf du lundi soir au mardi et du jeudi au vendredi, temps réservé au pré seigneurial, et d'utiliser toutes les autres eaux du mandement pour l'irrigation. On manque de preuves sur la jouissance de ce droit aux xv° et xvi° siècles ; toutefois, en 1600, de Fauchet, châtelain et les consuls rétablissaient le canal du moulin qu'une inondation avait emporté et un mémoire de 1736 soutient que les habitants avaient le droit d'arroser leurs fonds par prescription, par concession des princes d'Orange, dont la charte avait disparu, par l'acte de 1363, et par l'acquisition, en 1734 et 1776, de l'eau du fuyant des moulins de Mensac. Aussi, quand la demande d'une reconnaissance restrictive à l'évêque se produisit, en 1770, la communauté engagea-t-elle contre le prélat une action devant le parlement. Le consul Accarias, député à Grenoble pour la soutenir, obtint d'abord une sentence arbitrale de MM. de Sauzin et de Chièze qui, tout en réservant les droits, usages et possession des habitants, attribuait à l'évêque toutes les eaux sorties d'un lieu public ou traversant les chemins. Or, comme le canal du Plan, par concession des habitants de Châtillon, vers 1715, avait été continué jusqu'à Saint-Roman, et traversait la route de Die, le procès recommença entre deux particuliers et les consuls, leurs garants. Grâce à des concessions réciproques l'affaire s'arrangea définitivement cette fois, vers 1782.

Commerce et Industrie. — En 1681, le cadastre accusait 331 sétérées de fonds nobles, 1.194 de fonds roturiers et 240 habitants. La montagne de Glandasse, ajoute le document, domine le terri-

toire et n'offre ni bois, ni pelouse, ni herbages ; les torrents qui
en descendent ravagent le plat pays, comme ceux de la montagne
de Labeilh ; la rivière de Bez, depuis le cadastre de 1670, a emporté
le pont, une partie des murailles et plus de 200 sétérées de terres
et jardins ; il ne se fait aucun commerce dans le pays et les
passants y sont peu nombreux ; de plus, la grêle y détruit souvent
les récoltes. En 1789, il n'y avait aucun trafic important, malgré
l'existence d'une filature de coton, d'une fabrique de chapeaux, et
d'autres de draps et sergettes avec la laine de la commune et du
voisinage. *La Statistique de la Drôme* (1835) y mentionne l'industrie du chanvre comme importante, l'élevage d'agneaux à la
viande délicate appelés *truans* et qualifie la plaine voisine du
bourg de « vaste et riant jardin ». Jean de Montluc, en 1557,
avait obtenu du roi le rétablissement du marché du jeudi et la
création des foires du premier jeudi de mai et du jeudi après le
28 août; mais, à cause des guerres, les lettres patentes furent véri-
fiées seulement en 1595. En vue de favoriser le marché, les consuls,
en 1619, demandèrent au parlement d'interdire tout achat de
grains, de vin, d'huile, de sel, de fer, de bétail et de toute autre
marchandise, sauf du bois de chauffage, un autre jour que le
jeudi. Malgré cela, il ne réussit pas, et dut être rétabli vers 1712.
Quant aux foires, les consuls, en 1724, évaluaient à 3.000 livres
le chiffre des affaires de celle du jeudi gras, à 2.000 celle du
26 mars, à 800 celle du 29 août et à 1.500, celle du lundi avant la
Toussaint. Actuellement, le marché se tient le dimanche, de
nouvelles foires ont été créées et les chemins, jadis impraticables,
améliorés (1); bientôt même un tronçon de chemin de fer vivi-
fiera toute cette intéressante contrée.

Cultes et Bienfaisances. — Le service religieux, d'abord exercé
par des chanoines réguliers, peut-être par ceux de Saint-Marcel
de Die où un seigneur de Châtillon alla finir ses jours, fut confié
aux prieurs de Guignaise qui dépendaient de l'abbaye fondée à
Aurillac par saint Géraud, comte d'Auvergne, au IXe siècle. La
date précise de ce changement n'est pas connue; si, en effet, le
cartulaire de Durbon mentionne le prieuré de Saint-Julien de
Guignaise en 1145 et une bulle pontificale de 1165 le qualifie
d'abbaye, sans aucune autre indication, il est prouvé qu'en 1352
et en 1354, il relevait déjà de l'abbé d'Aurillac, alors en procès
avec les habitants au sujet de la dîme. Il était situé au midi et au-
dessous de Châtillon, entre la route de Die et la rivière du Bez,
où des murs anciens, utilisés pour d'autres constructions, existent encore aujourd'hui. Les biens passèrent, en 1775, à l'évêque

---

(1) Les archives anciennes mentionnent ceux d'Avignon, de Châtillon aux
Nonnières, de Boulc, de Saint-Claude ou des Roustains, de Menglon et de
Rias, de Mensac et de Die à Grenoble. D'après l'usage déjà existant en 1387,
les riverains devaient les réparer.

de Die, déjà seigneur du lieu. Une église dédiée à saint Nicolas, bâtie au pied du rocher, déjà existante en 1444 et beaucoup plus commode, se trouvait en assez pauvre état de conservation, en 1658, et munie d'un calice en étain, de 2 chandeliers en laiton et de 2 en bois, de 5 chasubles et d'une aube en toile grossière. Elle réclamait des réparations en 1549, et gravement endommagée pendant les troubles du xvi⁰ siècle, sa nef dut être refaite en 1599. L'architecte Dieulamant, par ordre de Louis XIV, la remplaça en 1588, sur la place de Reviron, par un édifice que Mgr de Plan des Augiers, en 1767, déclarait propre, bien éclairé et fort convenable. Son procès-verbal de visite y accuse 260 familles dont 130 de la religion réformée et 400 communiants ; il y en avait 120 seulement, en 1658.

Les archives locales ne révèlent aucune cause particulière de l'introduction de la réforme à Châtillon. Une lettre de 1562, adressée à Colladon, ou en son absence, à Calvin par Bermen, pasteur de Die, nous apprend que de Lamer, de Sisteron, « pédagogue bien modeste, morigéné et de médiocre savoir », était envoyé à Genève par les églises de Valdrôme et de Châtillon pour achever son instruction. On trouve après lui Ferand qui desservait aussi Poyols et Menglon, avant la séparation de ces églises. Un acte d'union entre catholiques et réformés témoigne de l'esprit de tolérance de la population. Au moment de la révocation de l'édit de Nantes (1683), il y avait un temple et un cimetière ; celui du quartier des Baumes date de 1788, et celui des catholiques d'abord au-delà du ruisseau de Bayenc, non clos et parfois inaccessible, fut interdit en 1767 et déplacé.

Les fondateurs du prieuré l'avaient doté de plusieurs immeubles et le service paroissial lui assurait la dîme, divisée en trois parts à l'origine : une pour le clergé, une pour l'entretien de l'église et une pour les pauvres, réduite plus tard à la 24⁰ partie du tout. Elle se levait pour le vin à la cote 16⁰ et pour le blé à la 17⁰, et rapportait avec les immeubles, les censes et les pensions de 1.378 à 5.600 livres. Les habitants en retiraient une assez bonne part, témoin : 1° les 1.050 livres payées au curé et au vicaire en 1789 ; 2° l'aumône hebdomadaire d'un quarteron de pain, du dimanche gras à la saint Jean (24 juin), à tout pauvre inscrit sur une liste dressée par le curé, le châtelain et les consuls, exigeant 100 sétiers « de blé cossial » par an ; 3° l'aumône le dimanche gras d'une livre de pain « avec son tour » à tout individu qui se présentait à Guignaise, d'un quarteron de viande de bœuf ou 3 liards « à tout garçon portant instrument faisant bruit », et un repas le même jour aux officiers municipaux. Un accord de 1504 entre le prieur et les consuls avait réservé l'aumône du carème entrant au 24 juin aux seuls pauvres de Châtillon et celle du dimanche gras aux pauvres et aux riches sans distinction. Plusieurs fois, les fermiers du prieuré tentèrent, mais toujours en vain, de s'affranchir de ces aumônes ou de les rendre moins onéreuses en fournissant du pain de mauvaise qualité. En 1789,

l'évêque de Die, prieur, retirait 1.378 livres et les sacristain, pré-
bendier et pitancier, habitant hors du lieu, 5oo.

Outre les aumônes du prieur, les pauvres avaient depuis longtemps un hôpital dont le bâtiment servait à l'école de filles en 1789;
il était sans literie ni malades à la même époque, et d'un revenu
de 3 sétiers de blé et de 21 livres 17 sols en argent. Un acte de 1355
le montre dirigé par Pierre Pyer et avant lui par Humbert d'Ars,
chanoine. Au XVI° siècle, ses biens furent vendus et le revenu
servait à secourir les malheureux et à marier des filles pauvres.
Les recettes des recteurs, en 1667, allaient à 47 livres et en 1784
à 240. Daniel de Cosnac, en 1657, ordonna que les secours en
provenant seraient distribués, en présence du curé, du recteur et
des conseillers, à tous les indigents écrits sur une liste, qui servait
aussi pour l'aumône du prieur et dont le nombre variait de
100 à 136.

A ces ressources restreintes, Félix-Emmanuel de Castellane en
ajouta, en 1695, une nouvelle assez importante, d'autant plus
digne d'être rappelée que le souvenir s'en efface de jour en jour.
La famille de ce bienfaiteur, issue des anciens barons de Provence,
conserva jusqu'en 1189 la souveraineté des terres qu'elle avait
conquises sur les Sarrazins ou reçues des rois de Bourgogne; elle
forma plus de vingt-cinq branches, et notamment celle de Novey-
san, illustrée de nos jours par un maréchal de France, celle de
Majastres, dont sortait un préfet de la Drôme de 1862 à 1864 et
celle des marquis de Grimaud, dans le Var, venue d'Antoine,
baron d'Allemagne, mari d'Honorade de Glandevez, acquéreur,
en 1508, de la baronnie de Saint-Jurs dans les Basses-Alpes, dont
la postérité garda le nom. François de Castellane, un des descendants d'Antoine, devint maréchal de camp et grand maréchal des
logis de la maison du roi et laissa, entre autres enfants, de
Marguerite de Forbin-Janson, son épouse, Félix-Emmanuel, abbé
de Lure dans les Basses-Alpes, prévôt de Saint-Jurs et prieur de
Guignaise-lès-Châtillon, de Boule et Glandage. Touché de la
misère d'un certain nombre de familles de ces trois paroisses, il
voulut leur assurer des moyens d'existence, et par un testament
du 10 août 1695, en faveur de Marc-Antoine, son frère, gouverneur de Saint-Tropez, il chargea Albert de Saint-Martin Duchêne,
président au parlement de Provence, de l'exécution de ses charitables desseins. Ce magistrat, s'associant aux intentions géné-
reuses du testateur, rechercha des placements sûrs et prêta
14.745 livres en 1696, 2.550 en 1700, aux Etats et au parlement
de son pays, 6.949 au corps du clergé de Die et le restant des
31.101 livres léguées à des particuliers. Diverses réductions de
créances diminuèrent un peu les revenus de ces capitaux : cependant, en 1767, Châtillon recevait encore 551 livres pour ses pauvres, 220 pour marier trois filles et 55 pour l'apprentissage d'un
garçon de 14 ans, plus 300 pour une mission décennale dans les
trois paroisses et en 1789, 450 livres des Etats de Provence et
109 et demie du clergé de Die ; mais bientôt après Etats et parle-

ment, corps du clergé, évêché et prieuré de Guignaise, tout disparaissait et avec eux les revenus des pauvres. Heureusement l'esprit de bienfaisance qui anime la population survécut aux orages, et le revenu des pauvres s'élève aujourd'hui à 1.757 fr. 19 (1902). Les archives municipales donnent les noms des jeunes filles dotées et des jeunes apprentis menuisiers, tailleurs, cordonniers, maçons, serruriers, fabricants de petites étoffes et teinturiers et conservent les comptes des dépositaires du legs de Castellane, de 1715 à 1788. Le premier accuse 2.479 livres de recettes et 1.750 de dépenses et le dernier 2.001 de dépenses contre 2.125 de recettes.

Il suit de là que l'administration municipale ferait acte de justice en rappelant le nom du prieur bienfaisant par une inscription à la mairie ou par le nom d'une place ou d'une rue.

Un successeur de M. de Castellane, Jacques-Gaspard de Margaillan de Grinde, légua aussi aux pauvres, vers 1737, la part de maison et de jardin qu'il avait acquise de M. de L'Argentière (de Philibert).

Ecoles. — En 1680, celle tenue par Boudra était gratuite ; pendant tout le xviii° siècle, le maître reçoit 150 livres et la maîtresse 100.

Employés. — Il y avait une sage-femme, un chirurgien, deux gardes-champêtres, un messager allant à Die une fois par semaine, pour porter les lettres et paquets et les rapporter, à raison de 3 à 6 deniers et des gages de 17 livres par an, vers la fin du xviii° siècle.

Edifices publics. — La halle parait de 1771 à 1774 ; l'horloge, de 1723 à 1726 ; les fontaines, de 1599 à 1767 ; le pont endommagé en 1543 fut réparé en 1699, 1721 et 1733 et emporté par le Bez, le le 2 mai 1787. Le moulin appartenait à l'évêque et le four au prieur jusqu'en 1575 ; la commune l'acquit alors pour 228 l., outre 230 de plus-value en 1604 ; mais en 1650, le prieur le revendiqua, à la charge d'en payer le prix et les frais. Comme il ne remboursa rien, la commune le garda jusqu'en 1691 et peu après le reprit du prieur, moyennant une pension de 31 livres par an. On possède les comptes des fermiers de ce four et les recettes varient de 700 à 1.235 livres, de 1714 à 1848 et de 1.125 à 755, de 1749 à 1772. La cure fut acquise, en 1659, pour 181 livres et la maison commune se trouvait au-dessus du four.

Police et justice. — Le châtelain et les consuls veillaient à la salubrité publique et au maintien de l'ordre. En 1694, quatre habitants gardaient les fruits et récoltes ; en 1674, c'étaient deux gardes-champêtres. Divers règlements publiés les jours de foires, en 1531 et 1551, défendaient la chasse et la pêche, la culture des terres « gastes », la destruction des jas ou refuges de bergers, l'introduction du vin étranger ainsi que du bétail malade, la vente des marchandises non pesées ou mesurées au poids du seigneur et prescrivaient la visite des chemins, la fixation du prix du pain et de

la viande, la propreté des rues et des bassins des fontaines et l'affec-
tation du pacage de la montagne communale aux agneaux seuls.

Présents. — L'usage en avait établi plusieurs au profit de
M. de Gouvernet, lorsqu'il était seigneur du lieu et des gentilshommes du voisinage, MM. de Saint-Ferréol, de l'Argentière,
du Pilhon, etc. ; ils consistaient en chapons, en perdrix, en truites, en vin et en fromage.

Procès. — A une époque de vie pastorale, un brin d'herbe sou-
levait un procès ; ainsi, il y en eut avec Saint-Roman pour Glandasse où en 1433, 1506 et 1592 des limites séparèrent la part de
chaque communauté ; il y en eut, en 1537, avec Ravel au sujet de
Combe-Noire et en 1532 avec Menglon.

Tailles et Impôts. — Les redevances féodales existent seules à
l'origine : sous Charles VII et Louis XI l'impôt foncier, né sous le
nom de don gracieux, est voté par les Etats, réparti par les gens
de Comptes et ensuite par les Intendants, sur la province, et par
des péréquateurs sur les contribuables. La recette en était délivrée
aux enchères au 3, au 5, au 6 et au 10 pour 100. La capitation
remonte à la fin du xvii⁰ siècle, le dixième à 1710 et les vingtième
et double vingtième un peu plus tard. La vénalité des offices créés,
supprimés et rétablis amena aussi des charges tout comme les dettes contractées pendant les troubles du xvi⁰ siècle.

Quelques renseignements statistiques, en achevant l'histoire de
la commune, peuvent se placer ici :

Distances : De Die, 15 kilomètres ; de Valence, 80.

Population : En 1650, de 1.000 à 1.100 habitants ; en 1724, de
1.107 ; en 1789, de 1.400 ; en 1839, de 1.174 ; en 1856, de 1.267 ;
en 1867, de 1.248 ; en 1876, de 1.222 ; en 1901, de 948 ; en 1911,
de 862 ; en 1921, de 763.

Contenance : 2.802 hectares, dont 2.721 imposables, d'un revenu
de 57.141 francs, soit 21 francs par hectare ; le revenu des
305 maisons, en 1839, arrivait à 9.910 francs.

Contributions : En 1873, pour l'Etat, 9.774 fr. 73 ; pour
le département, 3.868 ; pour la commune elle-même, 5.634 fr. 04 ;
pour le fonds des non-valeurs, 489 fr. 16.

Productions : En 1724, blé 1.300 quintaux, poids de table,
méteil 20, seigle et avoine 18, épeautre ou rouye 65, chanvre 150,
laine 20, paille 1.600, foin 1.200, vin 2.500 charges de 208 livres
chacune, bêtes à laine 900, chevaux 30, mulets 81.

Malgré la beauté du site et l'intelligence active des habitants,
Châtillon a produit jusqu'ici peu d'écrivains et aucun artiste. Les
écrivains sont : 1° Jacques-Accarias de Sérionne, publiciste et
économiste, né le 6 octobre 1706, décédé en Autriche en 1792 (1).

-----

(1) Brun-Durand, *Dictionnaire biographique de la Drôme.*

2° Jean-François Nicolas, médecin à Die, au Buis à Grenoble et à l'armée d'Italie, décédé en 1816, à l'hôtel des Invalides d'Avignon. Il découvrit entre Saint-Roman et Châtillon une source sulfureuse inexploitée et publia plusieurs ouvrages (1).

3° M. Groslong, actuellement capoulié du félibrige ou chef de la Provence littéraire, a puisé le goût de la poésie au pays natal « où « la nature à la fois si puissante et si douce et les cieux si purs ont « pu verser dans son âme » leurs trésors variés.

Les généalogistes dauphinois gardant le silence sur les Fauchet, les Châtillon, les Vitrole, les Pyer, les Garcin, les Brun et autres, le rôle de ces familles a dû être bien effacé ; aussi ne reste-t-il plus qu'à inviter le lecteur à voir ce bourg chef-lieu de canton, éclairé à l'électricité et plein d'activité et de mouvement (2).

Treschenu

I. — *Les Seigneurs.*

A une époque où le séjour estival en montagne est devenu fort à la mode, il semble utile de signaler une commune dont l'altitude varie de 664 à 1.976 mètres.

Elle s'appelle Treschenu et offre cette singularité bizarre que, n'ayant aucune agglomération de son nom, elle l'a donné à quatre hameaux différents : Archiane, Bénévise, Menée et les Nonnières pour former un tout dont on se fera une idée exacte en se représentant une colline fort élevée, de forme mi-circulaire, avec Bénévise au sommet, Menée au pied, Archiane à l'ouest et les Nonnières à l'est, ces trois derniers assis en de gracieux et pittoresques vallons.

Treschenu a pour chef-lieu actuel Bénévise ; sa distance, selon les hameaux, varie de 6 à 8 kilomètres de Châtillon, son canton ; de 20 à 22 de Die et de 86 à 88 de Valence, dans la direction du nord-est.

On y accède par la route départementale n° 8 et par le chemin d'intérêt commun n° 20, ancienne route de Die à Grenoble, que l'on prend à Mensac, près Châtillon, pour suivre le ruisseau d'Archiane, renommé par ses truites, jusqu'à sa jonction avec celui des Nonnières, sous Menée.

---

(1) Brun-Durand, *Dictionnaire biographique de la Drôme.*

(2) Principaux ouvrages consultés : *Inventaire sommaire des archives de la Drôme*, tome VII, p. 267-297 (Châtillon) ; *Mémoires sur les comtés de Valentinois et de Diois* et *Essai sur l'histoire de la ville et du diocèse de Die*, par M. Jules Chevalier : *Inventaire des archives de la maison de Baux*, par An. de Barthélemy ; *Annuaires* et *statistiques de la Drôme* ; *Mémoires des Frères Gay* et ceux *d'Eustache Piémont.* Les frais indiqués sans référence sont empruntés aux archives communales.

L'origine de ces quatre hameaux se perd dans la nuit des temps, selon la phrase consacrée ; toutefois, les Nonnières paraissent rappeler clairement un monastère de Nonnes, fondé au vii* siècle, au lieu d'un *Nonno* quelconque imaginaire ou d'une redevance féodale à la cote 9* : Archiane signifierait canal ou fontaine en vertu du vieux mot Archan ; Menée redirait un mur de pierres *(mœnium)*, selon M. de Coston. Quant à Bénévise, il équivaut à Bellevue ou plutôt à bénéfice, à champ donné à cultiver en emphytéose, d'après Ducange ; enfin, Treschenu révèlerait, non pas trois chênes, mais trois montagnes de couleur blanche ou dénudées, tout comme Montchenu près de Saint-Donat (1).

Ici, nous nous écartons un peu du savant auteur des *Etymologies des noms de lieu de la Drôme ;* mais le lecteur nous pardonnera sans doute.

Lors du dénombrement du royaume de Bourgogne, en 1032, la seigneurie comprenait peut-être seulement la vallée que le ruisseau d'Archiane arrose, avant de se jeter dans le Bez. Là, en effet, se dressent encore les ruines d'un château ancien. Les évêques ou les comtes de Die ne tardèrent pas à y étendre leur domination ; toutefois, on manque de documents précis à ce sujet, et les Isoard, après avoir brillé à la première croisade, paraissent avoir laissé leurs biens aux d'Agoult, aux de Mison et aux Artaud.

Hugues d'Aix avait eu une fille mariée avec Guillaume Artaud et celui-ci, en 1238, reconnut tenir de l'évêque de Die Archiane et les Nonnières (2).

Isoard Artaud, dit Isoard d'Aix, obtint la main de Draconette de Montauban et laissa Raymond et Malberjonne.

Cette dernière, par son mariage avec Raymond de Baux, appela les princes d'Orange dans le Diois.

A trois lieues d'Arles, « au sommet rocailleux d'un versant des Alpines, sont épars les débris d'une ville qui, par le grandiose du site, par l'ancienneté de sa fondation et l'importance du rôle qu'elle a joué, attire les pas du voyageur, exalte l'imagination de l'artiste, offre à la curiosité des archéologues une abondante pâture, irrite et confond leur docte sagacité. » C'est la ville des Baux, ainsi appelée du grec, au dire de quelques-uns, des Baltes, famille illustre chez les Gots et les Wisigots, selon d'autres ; il en est même qui ont attribué la construction de son château, en 388, à un descendant des rois mages ; mais l'opinion la plus autorisée fait

---

(1) Les formes anciennes *Archiana,* Benevize, Menuey pour Menney, en 1317, Menées en 1036, *de Noneriis,* aux xiv* et xvi* siècles, castrum de *Trescanutis, de Treschanuto,* Troischanus, Trochenu et Truchenu, sont indiquées, dans le *Dictionnaire topographique du département de la Drôme,* par M. Brun-Durand.

(2) Columbi, *De rebus gestis episcoporum Valentinensium et Diensium,* p. 123.

remonter la famille des Baux à Pons, vivant en 973, aïeul de Guillaume, vicomte de Marseille.

Son histoire occupe une large place dans celle de la Provence, et Bertrand, l'un de ses membres, en épousant Tiburge, fille de Rambaud, devint prince d'Orange à la mort de ce dernier.

Des relations littéraires ou politiques entre les Artaud d'Aix et les de Baux amenèrent une alliance entre les deux maisons et Raymond I⁺ʳ, prince d'Orange, s'unit avec Malberjonne Artaud, fille d'Isoard d'Aix.

Le 16 août 1246, Isoard, seigneur de Châtillon, donnait à son gendre les château et vallée de Treschenu, les seigneuries de Boule, collet de Glandage et les châteaux de Châtillon, Ravel, Mensac, Borne, Bonneval, etc., avec substitution en faveur de Guillaume de Baux, fils de Raymond et de Malberjonne, et sous réserve des droits de l'évêque et du chapitre de Die.

Ces droits, en effet, soulevèrent, en 1294, des difficultés que Raymond d'Agoult, seigneur de Luc, eut mission d'aplanir comme arbitre.

Après avoir entendu les parties, Raymond décida que Malberjonne posséderait sa vie durant la baronnie de Châtillon comprenant les châteaux de Treschenu, les Nonnières, Mensac, Boule, Ravel, Creyers et la Bâtie-des-Fonts, formant sa dot, sous la suzeraineté du chapitre de Die, avec pouvoir d'en disposer après la mort de son mari ; que Bertrand IV, prince d'Orange, paierait immédiatement 500 livres viennoises au chapitre de Die qui les prêterait à Malberjonne, sous la caution de son fils, et avec Châtillon pour gage ; qu'après la mort de Malberjonne, le prince d'Orange donnerait 1.500 livres à ses exécuteurs testamentaires ; que toute la baronnie deviendrait la propriété exclusive du prince et serait unie à perpétuité à la principauté d'Orange ; enfin que le chapitre, à raison de son gage, ne pourrait aliéner tout ou partie de sa part de suzeraineté sur la baronnie (1).

Malgré la clause relative à l'union perpétuelle, les princes d'Orange vendirent Châtillon aux évêques de Die en 1321 et ceux-ci rétrocédèrent Treschenu aux Claret vers 1326 (2).

Il existe pourtant un hommage rendu, de 1343 à 1347, à Humbert II, dauphin de Viennois, par Humbert Claret pour Treschenu, Esparron et les possessions du Trièves et du Champsaur (3) et un dénombrement fourni, en 1540, au sénéchal de Crest par Marguerite d'Urre, veuve de Gaspard Claret et tutrice de son fils Louis, de la seigneurie de Treschenu, avec toute juri-

---

(1) BARTHÉLEMY, *Inventaire des chartes des de Baux*, nᵒˢ 323 et 734.

(2) *Dictionnaire topographique de la Drôme*.

(3) Inventaire des Archives de l'Isère, B. 2614.

diction, valant environ 200 livres de revenu et de maisons, censes, droits et immeubles à Châtillon, rapportant 10 livres (1).

L'*Armorial du Dauphiné* fait venir les Claret du Languedoc en notre province et leur donne une antiquité reculée. Pierre fut bailli du Briançonnais en 1232 ; un autre Pierre se battit à Varey, en 1326, aux côtés de Peyronnet, son frère ; un troisième Pierre se trouva à la bataille d'Azincourt en 1415 ; un quatrième devint maître d'hôtel du Dauphin et lieutenant de la province en 1482, et un cinquième eut le gouvernement d'Embrun. Louis, chevalier de l'ordre du roi et gentilhomme ordinaire de la chambre d'Henri III en 1580, laissa une fille unique, Lucrèce, mariée avec Antoine de Simiane, seigneur de Séderon et de Cairane en Provence.

M. J. Chevalier cite encore : Mermet, devenu seigneur de Valréas, après de grands procès, en recueillant l'héritage d'Hugonet Eymeric, fils d'Hugues et d'Isoarde d'Agoult, et celui de Claude de Grandis, lequel s'opposa au transport, par le Rhône et l'Isère, des sels du midi destinés au Graisivaudan et à la Savoie, à cause de la perte qui en résulterait pour le Diois. Il testa, en 1502, en faveur de Gaspard, son petit-fils, et mourut en 1504 (2).

Malgré ces illustrations diverses, la famille Claret de Treschenu n'obtint jamais la gloire de celle de Simiane qui hérita de ses biens.

Celle-ci eut, en effet, au rapport des auteurs héraldiques, une origine commune avec les d'Agoult et les souverains d'Apt, l'un desquels vivait en 993.

Comme elle a formé quatorze branches, son histoire ne saurait être abordée ici. Qu'il suffise de rappeler que Louis de Simiane-Claret vivait, en 1633, avec les qualifications de seigneur de Treschenu, Chalancon et Arnayon, qu'il jouit d'une grande faveur auprès de Philippe d'Orléans, régent du royaume, et devint, grâce à lui, lieutenant des gendarmes écossais de la garde du roi, premier gentilhomme de la chambre de son protecteur et, en 1715, lieutenant général en Provence (3).

Né probablement à Valréas, le marquis d'Esparron ou de Simiane épousa, le 29 novembre 1695, Pauline Adhémar de Monteil, fille du comte de Grignan et petite-fille de Mme de Sévigné. Le mariage fut célébré, dans l'église du château paternel, par l'archevêque d'Arles, sans fête et sans apparat, l'état de santé de Mme de Grignan ne permettant pas de se réjouir. La jeune dame alla habiter, dans Valréas, le superbe hôtel de la famille de son mari.

---

(1) Inventaire de la Chambre des Comptes, au mot Treschenu.

(2) *Armorial du Dauphiné*, p. 156.

(3) *Essai historique sur l'Eglise et la ville de Die*, II, 488.

Née à Paris en 1674, elle dut à sa grand'mère une bonne partie de son histoire. Il faut voir avec quels détails enthousiastes Mme de Sévigné parle de sa beauté et de son esprit ! C'est à elle qu'échut le triste rôle de faire part aux amis communs de la mort de la grande et inimitable épistolière. Elle se rendit à Paris en 1701 et y demeura jusqu'en 1704. Le marquis de Simiane mourut en 1718, laissant à sa veuve le souci de pourvoir à l'établissement de trois enfants et de soutenir les procès suscités par la succession de son père.

Ses lettres ont été publiées par MM. Monmerqué et de Gallier, à la suite des *Lettres de Mme de Sévigné* qu'elle fut la première à faire connaître.

De ses trois filles, l'une se fit religieuse en 1720, la seconde épousa, en 1723, M. de Villeneuve de Vence, et la troisième, en 1725, le marquis de Castellane-Esparron.

Mme de Simiane mourut à Aix en 1737 (1).

Il résulte des renseignements recueillis dans les archives de la Drôme que Treschenu resta dans la maison de Simiane jusqu'à la Révolution ; que François, marquis de Simiane et d'Esparron, baron de Chalancon, La Baume-Transit, Les Vignaux près Chalancon et Gumiane, seigneur de Treschenu et Glandage, demeurant à Paris, testa, le 30 janvier 1734, en faveur d'Antoine-Charles-Augustin-Joseph, fils aîné d'Alexis-Elzéar de Simiane, seigneur de Mollans, encore vivant vers 1780 (2).

Ces détails mettent en pleine évidence les souvenirs historiques à évoquer, en parcourant une commune aujourd'hui peu connue et digne pourtant d'attirer l'attention des touristes et des amis de l'air des montagnes.

II. — *Les Vassaux.*

L'histoire d'une seigneurie ne comprend pas seulement celle de ses possesseurs illustres ou inconnus ; elle embrasse aussi celle de ses habitants.

A Treschenu, la perte des archives communales (3) ne permet pas de retrouver des traces de leur émancipation successive. On sait pourtant qu'en 1735, le marquis de Simiane, seigneur haut justicier, jouissait des bois, du moulin banal, des scies et de divers droits, comme censes et lods, corvées et vingtain. Les

---

(1) *Biographie Didot.* — Aubenas, *Histoire de Mme de Sévigné* et *Notice sur Valréas.*

(2) Drôme. B. 1193.

(3) Elles étaient placées, en 1789, dans un meuble à la cave d'une maison des Nonnières où se tenaient les assemblées communales et fermées à double clef. L'humidité les a peu à peu consumées.

censes rappelaient une concession primitive du sol, moyennant certaines redevances, et les lods sont représentés aujourd'hui par les droits d'enregistrement pour ventes, échanges et mutations ; les corvées étaient un reste de l'ancien servage, et le vingtain, ordinairement levé pour l'entretien des murs d'enceinte d'un village, n'avait aucune raison d'être à Treschenu, s'il n'était pas la conséquence d'une cession de territoire.

Un terrier ou livre de redevances de 1636, en faveur de Louis de Simiane de Claret, « seigneur de Truchenus », en mentionne un autre de 1366, en faveur d'Imbert de Claret, avec un hommage en 1398 à Pierre de Claret, son successeur, prêté par les habitants de Treschenu dans la forteresse du château : un autre hommage, en 1401, rendu par les habitants de Bénévise ; un troisième de 1418 par ceux d'Archiane ; un quatrième, en 1557, à Louis de Claret ; un cinquième, en 1599, à Antoine de Simiane, mari de Lucrèce de Claret.

D'après ce document officiel et contemporain, les hommes liges et justiciables, les emphytéotes et tenanciers de Louis de Simiane, possesseurs de fonds « à Truchenus, Menée, Les Combes, « Archiane, Benevize, Les Nonnières, Combeaux et Esparron », lui devaient : 1° les lods au sixième denier et lui reconnaissaient le droit de prélation ou de préférence en cas de vente ; 2° la 25ᵉ partie de tous les biens récoltés, « froment, seigle, coséal, gros bled, espeaute, millet et avoine et de toute autre qualité de légumes et grains », laquelle redevance se levait à l'aire par ses fermiers ; la 25ᵉ partie du premier foin appelé Mazene et la 25ᵉ partie du vin en raisins ; 3° cinq corvées de tout chef de maison et autant de ses bœufs, vaches, ânes, mulets, cheval ou jument, « tant dedans que dehors le mandement à la charge, toutesfois qu'ils puissent aller et revenir dans un jour et qu'ils soient deffrayés de bouche ».

Ils lui reconnaissaient, en outre, la propriété des « bois, eaux, pasqueirages et chemins » du mandement, la banalité de ses fours et moulins et des censes pour les immeubles tenus de lui en emphytéose (1).

Un résumé, signé par M. de Simiane en 1679, accuse 141 tenanciers, 256 sétiers de blé une quarte, lesquels réduits en argent, donnaient 832 livres 16 sols, à raison de 3 livres 5 sols chacun, 83 livres en argent, deux charges et un barral et demi de vin, évalués 23 livres 16 sols, 10 agneaux à 20 sols l'un, total 951 livres 13 sols (2).

D'après un second terrier en faveur de François de Simiane de 1724 à 1735, celui-ci avait, sur ses hommes liges, justiciables

---

(1) Drôme, E. 1719.

(2) Drôme, série E, supplément, familles ; Simiane.

et fidèles taillables de Treschenu, juridiction haute, moyenne et
basse, exercée par un juge, un châtelain et un procureur d'office ;
ils lui devaient prêter hommage et serment de fidélité et, comme
en 1636, la 25° partie des récoltes, 5 corvées, etc. (1).

Aucun résumé n'accompagne ce document ; mais une déclaration de Chancel, châtelain, des consuls Corréard et Galland et de
Pascal, secrétaire-greffier, en 1735, évalue les revenus seigneuriaux, censes, lods, vingtain et pensions à 1.800 livres, dont il
faut déduire 135 livres pour la défense du seigneur à ses vassaux
de faire de la poix. ce qui porte le total à 1.665 livres de plus, les
moulins s'affermaient 350 livres et les scies à bois, 50, et l'on
arrivait ainsi à 2.065 (2). Quelque cinquante ans plus tard
(26 avril 1789), Chancel, consul, Daspres, Boyer, Rolland, Michel
et Riste traçaient à la Commission intermédiaire le tableau suivant
de la communauté (3) :

Elle a deux lieues de diamètre et quatre environ de circon-
férence. Ses deux paroisses, Les Nonnières avec Bénévise, et
Menée avec Archiane, comprennent environ 600 personnes chacune. Les maisons, bâties à chaux et sable, sont toutes couvertes
en chaume aux Nonnières, Bénévise et Archiane. Quelques-unes,
à Menée, ont leur toiture en lauses du pays, et les autres en paille.
Le sol, en général, est mauvais et produit du seigle, de l'orge, de
l'avoine et peu de blé. Les noyers ne fournissent pas l'huile nécessaire et le froid nuit aux arbres fruitiers. On s'y nourrit de seigle,
d'orge, d'avoine, de pommes de terre, de choux et de raves, les
grains récoltés n'équivalant pas aux 2/3 de la consommation.

A cause de l'éloignement des forêts, on n'en tire aucun parti ;
elles appartiennent au seigneur, ou du moins il se les approprie.
Les habitants peuvent seulement y prendre du bois pour construire leurs maisons, et mener paître leurs bœufs, en payant un
gros par tête, dans le devès du seigneur appelé les Combeaux.
Comme ce dernier afferme tous les ans les pâturages communs
aux bergers de Provence qui amènent là 7.000 bêtes à laine et
que le sel est trop cher, la population ne peut entretenir qu'un
nombre restreint de menu bétail.

L'eau d'Archiane et des Nonnières est excellente pour l'arrosage,
mais peu de personnes en profitent à cause de l'élévation du sol
au-dessus du niveau de ces rivières.

Il n'y a ni foire, ni marché, et l'unique industrie locale consiste
au transport à Châtillon de quelques charges de buis ou de bois à
brûler.

Avec cela, aucun revenu communal ; la 24° partie de la dîme

---

(1) Drôme, E. 1720.
(2) Drôme, C. 107.
(3) Drôme, C. 5.

produit aux pauvres, dans les deux paroisses, six setiers de seigle ;
ceux des Nonnières, grâce à la générosité d'un habitant, jouissent
du revenu de 1.000 livres placées sur le clergé.

L'administration communale se compose du châtelain du seigneur, de deux consuls et de huit conseillers élus chaque année.
L'entretien du grand chemin de Die à Grenoble, jusqu'au sommet
du col de Menée, coûte 150 livres et, cette année, 300, à cause de
l'envoi, trois ou quatre fois, de 50 hommes pour l'ouvrir, ce qu'ils
n'ont pu faire. Chaque hameau a son maître d'école que les
parents des élèves nourrissent et paient (1).

Depuis lors, d'importantes améliorations ont changé la condition des habitants : des chemins faciles ont été ouverts, les maisons se sont couvertes de tuiles, une certaine aisance a pénétré
dans le pays.

M. Mermoz, en 1839, portait la contenance imposable à
6.897 hectares, dont 5.914 en landes ou inexploitables, et lui attribuait pour les propriétés bâties un revenu de 2.047 francs et pour
les propriétés non bâties, de 20.691, soit en moyenne de 3 francs
par hectare. En 1815, la *Statistique de la Drôme* accusait
1.940 hectares de bois communaux, 691 de bois particuliers,
708 de terres labourables, 272 de prairies, 3.019 de pâturages,
84 de chemins et rivières, 262 de terres incultes et 5 d'édifices
publics, total 6.981 hectares et 203 maisons.

Ses quatre contributions ont produit en 1873 : 2.977 fr. 48 à
l'Etat, 1.290 fr. 33 au département, 1.400 fr. 72 à la commune,
121 fr. 85 au fonds de non-valeurs, total 5.790.

Sa population de 500 habitants en 1900 paraît avoir été bien
plus forte jadis, puisque la déclaration de 1789 en donne 600 à
chacune des deux paroisses, ce qui paraît exagéré. M. Mermoz la
dit de 845 en 1839, la *Statistique*, de 847 en 1835. En 1911, elle
était de 411, et en 1921, de 349.

Altitude : 763 mètres.

Distance de Châtillon, 6 kilomètres ; de Die, 20 ; de Valence, 86.

Pour terminer cette étude, il reste à parler de chacun des hameaux.

III. — *Les hameaux.*

L'étude du passé de Treschenu ne pouvait manquer de soulever
une question difficile à résoudre, celle de savoir si une localité de ce
nom a existé ; mais sur ce point les documents font défaut et les hy-
pothèses offrent seules une solution plus ou moins vraisemblable.

Le voisinage de forêts et de l'Archiane, rivière poissonneuse,
permet de supposer une station préhistorique près de sa source ;
malheureusement elle n'a pas été explorée jusqu'à ce jour.

---

(1) Drôme, C. 107.

Du côté des Nonnières, l'antiquité du couvent des Combeaux nous reporte aussi jusqu'aux âges lointains de notre histoire nationale. Voilà déjà deux faits constatés. Si Treschenu présente bien l'aspect d'un nom ancien, tiré de la nature. ce nom s'appliquait-il à une agglomération quelconque. à un château ou à une paroisse ? Rien ne l'indique. sauf les ruines d'un castel entre Mensac et Menée, sur la rive gauche de la rivière d'Archiane, en descendant.

Il n'est pas probable que les comtes de Die et même les évêques aient songé à habiter ce val un peu désert. De leur côté, les Artaud qui avaient à Aix et à Châtillon un séjour plus agréable n'ont pas dû aspirer à un changement. Il ne resterait donc que les Claret, et avec eux nous sommes en plein moyen âge.

En admettant une habitation féodale, il faut y joindre des maisons pour les vassaux et les soldats. Or. comme cette vallée ne paraît pas fertile et que leurs cabanes couvertes en chaume devinrent quelque jour la proie du feu, seigneur et vassaux se réfugièrent à Menée, où le sol est meilleur et le climat plus agréable.

Rien de plus logique et de plus naturel que d'y voir installer en même temps le siège de la seigneurie et de la paroisse. tout en gardant le nom primitif de Treschenu pour l'ensemble du pays.

Les archives ecclésiastiques, à leur tour, mentionnent un prieuré de Treschenu sous le nom de Saint-Martin. et le même vocable se retrouvant aux Nonnières, il peut y avoir eu confusion ; cependant, la fondation, en 1350. par Pierre Claret de trois chapellenies, l'une à Saint-Jean de Treschenu. l'autre à Saint-Jacques d'Archiane et la troisième à Saint-Martin des Nonnières. crée une difficulté plus apparente que réelle, car le vocable de Saint-Jacques se retrouve à Archiane, celui de Saint-Martin aux Nonnières et celui de Saint-Jean à Menée au xviiie siècle.

A cette dernière date, la paroisse de Treschenu comprenait les hameaux de Menée et d'Archiane et 40 habitants « presque tous de la dernière misère ».

En 1644, le service du culte était célébré à Menée en attendant la reconstruction de l'église des Nonnières et de Bénévise, son annexe.

La dîme de tous les grains à la cote 21e et celle des agneaux à la cote 10e y produisait 18 sétiers de seigle du poids de 85 livres et 14 à Archiane qui, à 3 livres 5 sols l'un. rapportaient 154 livres (1). Le curé y possédait aussi quelques immeubles et pensions en 1728. Peu d'années auparavant, en 1687. ses revenus atteignaient 80 écus (2).

____

(1) L. Gap, Couvent de N.-D. des Combeaux, dans *Bulletin de la Société d'Archéologie de la Drôme*, IX. 97-8.

(2) Arch. Drôme. Evêché de Die, déclarations de 1637 et 1728.

Ne quittons pas Menée sans rappeler le terrible incendie qui, le 28 juin 1864, vers minuit, y détruisit 28 maisons : désastre réparé à l'aide de souscriptions publiques.

De pareils sinistres dans une commune où naguère toutes les maisons et même les églises étaient couvertes en chaume, se sont renouvelés plusieurs fois : en 1818, le 12 août, la foudre mit le feu à une maison et il se communiqua à 27 autres de Bénévise ; le 4 avril 1839, 4 devinrent la proie des flammes à Archiane ; le 5 février 1860, 9 aux Nonnières, et le 19 décembre 1870, 24 au même hameau eurent le même sort.

Depuis lors, les toitures en chaume ont disparu de toute la commune.

C'est près des Nonnières que se trouvait le couvent des Combeaux sous le titre de Notre-Dame. Il avait été bâti, vers l'an 610, par Meltride et trois légataires de Sainte-Radegonde, fondatrice du célèbre monastère de Sainte-Croix de Poitiers, épouse de Clotaire I", roi de Soissons, et fille du roi de Metz. Grâce aux trésors destinés par elle à la fondation de maisons religieuses, Meltride avait été envoyée par saint Césaire, archevêque d'Arles, à l'évêque de Die et Germélie à l'évêque de Vaison qui leur indiquèrent les Combeaux et Prébayon (1).

Des auteurs affirment que les deux maisons nouvelles furent brûlées par les Sarrasins en 787 ; mais cette date est contestée par M. le chanoine Isnard qui fait venir les Arabes dans nos contrées, la première fois, en 734. Les archives de Vaucluse ajoutent que, lors de l'incendie des Combeaux, l'abbesse Angélie mourut avec 27 religieuses, qu'il resta seulement Aprilès, Jarrie, Ondule, Bélie et Esther, et que l'évêque de Vaison ayant fait reconstruire Prébayon, les survivantes des deux maisons y entrèrent sous la direction de l'abbesse Eliane en 802.

D'après un Mémoire imprimé, « on tient, par une ancienne tradition, que les premières religieuses habitaient anciennement sur la montagne des Combeaux, païs de Trièves, diocèse de Die, où les masures du couvent paraissent encor à présent, et où elles ont quelques rentes et directes, et on justifie par actes que, depuis 500 ans et davantage, elles habitent dans la principauté d'Orange et que le lieu de leur résidence et les biens qu'elles y possèdent leur furent baillez par l'abbé et moines de Montmajour à titre d'albergement ».

Plus tard en 1060, Geoffroy, comte de Provence, et Etiennette, sa femme, cédèrent à Montmajour l'église de Saint-André des Ramières et tous leurs biens du territoire d'Orange. Or, le prieur de Montmajour, ayant appris, en 958, que les religieuses de

---

(1) Visite pastorale, dans *Bulletin de la Société d'Archéologie*, t. XLVII, (1913), p. 297.

Prébayon, établies dans une gorge profonde souvent inondée, à
5 ou 6 kilomètres est de Sablet, étaient victimes d'une épidémie,
leur proposa Saint-André des Ramières, à 3 ou 4 kilomètres nord-
ouest de Gigondas et à 7 ou 8 de Prébayon, sous la redevance de
60 sétiers de blé et 7 de pois chiches, réduite plus tard à une
obole d'or. Leur installation, dans ce nouveau local, eut lieu
en 963 ; mais il fut brûlé en 1563, par les protestants.

Il y eut plus tard, aux Nonnières, un prieuré rural desservi par
un curé qui, avec la dîme à la cote 23° sur tous les grains et
légumes et 12° sur les agneaux, le casuel et quelques immeubles,
possédait, en 1769, de 600 à 700 livres de revenus. La paroisse
comprenait alors 73 habitants dont 64 catholiques, un hameau
(Bénévise) avec 30 habitants et en tout 220 communiants.

Aujourd'hui, il y a encore deux paroisses.

En résumé, au point de vue religieux, au point de vue civil et
au point de vue topographique, Treschenu méritait une monographie ; de nouvelles recherches permettront peut-être de combler les lacunes que la nôtre présente et d'attirer l'attention sur
cette curieuse commune.

Le *Journal de Die*, dans ses derniers numéros de septembre 1899,
annonce la découverte près d'Archiane d'une grotte merveilleuse
dont il ne donne pas la description. Ce sera là une nouvelle considération pour visiter ce pays placé derrière le Glandas, chanté
par M. l'abbé Moutier comme :

> ..... lou tout proumier dous serreis
> Embe sous su pluma qui trepassa sous fréreis
> Ventour, Toulau Nevo et Couspé...
> M'eis avis d'apercevre à ta pouncho trouflanto,
> Vou béleu l'Autar d'*Andarta*.

Creyers

Châtillon avec ses archives importantes réclamait un historien ;
les communes voisines, moins bien favorisées, peuvent se contenter d'un touriste, forcément discret. Creyers, à l'est, en remontant
le Bez, signifie en vieux français carrière de craie ; et s'il n'a
jamais eu d'exploitation de ce genre, son territoire est cependant
compris dans la région crétacée. La commune a quatre hameaux :
Mensac, Reychas, le Serre et l'église ou le village. Le premier,
tout voisin de Châtillon, dont il semble une dépendance, se
trouve au confluent du Bez et de l'Archiane aux truites renommées. A cause de *men*, pierre, et de *sac*, maison, en langage
celtique, on a cru à l'existence d'une petite tribu réfugiée dans
une grotte de la montagne adjacente. Là, en effet, la chasse et la
pêche pouvaient suffire à son alimentation. Le Serre et Reychas,
hameaux perdus dans quelque coin de terre susceptible de culture

et abrités par de hautes montagnes, n'ont pàs d'histoire. Quant au
chef-lieu, assis au versant méridional d'une haute colline rocheuse
au sommet, sur la rive droite du Bez, il se réduit à quelques maisons jetées sans ordre auprès de l'église et de la mairie et n'offre
rien de curieux, pas même le luxe d'une auberge. Un chemin à
voiture y conduit ainsi qu'un sentier étroit et pierreux à travers
bois. Or, malgré l'absence de tout ancien château, il y avait là
une seigneurie fort vieille appartenant, comme Châtillon, aux
premiers comtes de Die, ensuite aux Isoard et aux Artaud d'Aix
et enfin aux de Baux, princes d'Orange. Cependant, une famille
en prit le nom, de 1166 à 1194, et celle des Ravel, qui lui succéda,
s'éteignit chez les d'Ambel, originaires du Gapençais, vers 1380.
Aimar, fils ou petit-fils d'Henri, l'un d'eux, habitait Châtillon
en 1424. et Coquette. sa sœur, en épousant André d'Urre, seigneur
de Vercoiran près le Buis, forma la branche des Creyers d'Ambel.
On trouve, en 1540, une autre famille, venue aussi des Hautes-
Alpes, en possession de Creyers. de Furmeyer et de Veynes en
partie ; elle s'appelait de La Vilette et Marguerite, une de ses
héritières, par son mariage avec Louis de La Poype Saint-Jullin,
lui transmit le fief. Il appartenait, quelques années avant la
Révolution, à Jacques Pélissier-Tanon. de Mens. Or, de ces
divers seigneurs, un seul y a laissé un souvenir digne d'être
rappelé.

C'était en 1753. Le prieur-curé, Penin, exposa aux habitants
réunis en assemblée générale devant Pierre-Accarias Mellières
châtelain du lieu, que feu le président de La Poype (1) ayant fait
divers legs aux pauvres de ses terres, dans son dernier testament,
les consuls avaient reçu 300 livres pour la part de ceux de Creyers,
et que ce don méritait leurs prières pour le repos de son âme.
« Ces 300 livres, ajouta-t-il, ont été employées à l'achat de 60 sétiers
de seigle qui sont en état d'être distribués, et d'autant que, par
la grâce de Dieu, la récolte de l'année dernière a été assez abondante pour que les pauvres n'y soient pas exposés à souffrir.
comme les années précédentes, il proposa de conserver cette
quantité de grains pour la distribuer dans les plus pressants
besoins, et par préférence aux plus indigents ». De plus. afin que
pareil secours eût quelque durée, il était d'avis d'acheter une
arche contenant environ 100 sétiers de grains. fermant à trois
clefs, l'une au prieur-curé, l'autre au châtelain et la troisième au
premier consul, chargés de la distribution annuelle aux plus
nécessiteux. Pour maintenir la provision et même l'augmenter,
M. Penin conseillait d'obliger ceux qui auraient emprunté de ce

(1) Artus de la Poype de Saint-Jullin de Grammont, avocat, fut nommé
conseiller au parlement de Grenoble, le 26 août 1740 ; Louis, le 30 octobre 1750,
président ; Louis-Joseph. conseiller, le 16 février 1682, chevalier d'honneur.
le 20 mars 1719 ; Artus-Joseph, président, le 20 mars 1745 (Inventaire des
Archives de l'Isère).

grain pour ensemencer leurs terres, à rendre en espèce, chaque année, la même quantité, et ceux qui ne seraient pas du nombre des pauvres, de donner en sus un civayer par sétier, et d'y joindre les legs pieux faits par les fidèles. Cet établissement porterait le nom de Mont de piété, et les consuls, en se succédant, devraient exiger la quantité prêtée, après chaque récolte, la placer dans l'arche et tenir compte du tout.

La proposition du prieur-curé, accueillie avec joie, fut suivie d'une délibération portant que les grains seraient distribués chaque année pendant la semaine sainte, sauf le cas de nécessité ou de maladie, et que le juge du lieu l'homologuerait pour la rendre exécutoire. Cette dernière clause fut remplie le 22 octobre 1755, et ce sont les archives judiciaires qui ont révélé l'institution philanthropique de Creyers dont la durée n'est pas connue. Elle n'en fait pas moins honneur à ceux qui l'établirent.

L'église, sous le vocable de Saint-Marcel, était en bon état en 1644, fréquentée par 22 catholiques. Reconstruite en 1785, elle devint la proie du feu avec 11 maisons le 18 juillet 1820. Le sacristain de Guignaise-lès-Châtillon était chargé du service religieux de la paroisse et, en 1646, l'évêque de Die l'obligea à la résidence ou à l'entretien d'un curé ou d'un vicaire. Annexe de Glandage lors de la réorganisation du culte, Creyers a été érigé en succursale le 16 mars 1820.

L'ordre alphabétique, en rapprochant de Crest, Crista, la forme latine du nom de cette modeste commune *(de Creeriis)*, a été cause parfois de la confusion des deux localités, dont l'histoire est bien différente (1).

Contenance. — En 1835, il y avait 225 hectares de bois communaux et 217 de bois particuliers, 284 de terres et jardins, 21 de prés, 429 de pâturages et 45 de chemins et rivières, en tout 1.223 hectares; en 1900, on en compte un de moins.

Impôts divers. — En 1873, l'État recevait 768 fr. 17; le département 339 fr. 90; la commune 1.650 fr. 80; les non-valeurs 46 fr. 94; total 2.579 fr. 83.

Revenus. — D'après M. Mermoz, directeur des contributions directes, en 1839, la contenance imposable arrivait à 1.178 hectares d'un revenu de 5.654 fr., soit 4 fr. 80 l'un, et les 48 maisons représentaient 406 fr. de revenu.

Population : elle était de 237 habitants en 1839; de 233, en 1848; de 215, en 1859; de 195, en 1869; de 201 en 1878; de 148, en 1901; de 126, en 1911; de 108, en 1921.

Distances : de Châtillon, son chef-lieu de canton, 8 kilomètres; de Die, 22; de Valence, 87.

---

(1) Dans l'*Inventaire des Chartes de la maison de Baux* notamment (n° 734).

Altitude : 1.153 mètres.

Foires : le 16 octobre au village et le 18 septembre à Mensac.

Productions : Avoine, seigle, pommes de terre, pâturages.

L'absence d'archives communales ne permet pas d'en dire plus long.

Glandage

En quittant Creyers on suit un moment le cours du Bez ; puis, à la jonction de cette rivière avec celle de Boulc, la route de Die à Grenoble entre dans le défilé des Gâs, formé par deux chaînes de montagnes parallèles, bien connu des touristes, autant par son aspect sauvage que par ses peintures naturelles. Un document de 1789, émané des notables de Glandage, explique fort bien le nom de ce passage de plus d'une lieue d'étendue : « Le seul chemin de Châtillon, par où nous pouvons transporter nos denrées, se trouve, disent-ils, souvent bouché par l'abondance des eaux qui découlent de notre territoire et se joignent dans un détroit appelé les Gâs, où il les faut gayer plus de dix à vingt fois » (1). Depuis cette époque, un encorbellement dans le rocher de la rive droite a permis de circuler hors de l'eau et rendu inexplicable l'ancien nom du défilé. Quant aux peintures de la rive gauche, elles proviennent de légères infiltrations d'eau et d'une mousse très fine qui ont décrit sur les parois des rochers quelques dessins plus ou moins réussis, et notamment le portail d'un église ogivale.

Près d'un moulin entouré de verdure et presque à l'intersection du Val du Bez par celui de Borne, la route s'attaque à une colline élevée qu'elle coupe et sillonne de ses nombreux lacets. Là, sans doute, dans un sol maigre et de culture difficile, croissaient jadis des chênes à glands, d'où est dérivé le nom de *Glandage* (2). Au col des Gâs, où subsistent encore les ruines d'un vieux castel, l'horizon s'élargit, et un gracieux paysage se découvre soudain. Il embrasse le village chef-lieu, avec son église, sa mairie, son auberge et ses quelques maisons disposées artistiquement, malgré leur simplicité. Leurs tons chauds, que la couleur terne du coteau adjacent fait ressortir davantage, se marient fort agréablement avec la verdure des prairies et des champs de la plaine des Vierres et avec le gris des montagnes dentelées qui encadrent le tableau. Le Bez, né dans ces parages, profite d'une ouverture cachée pour arriver au val des Gâs ; d'après les etymologistes, son nom signifie tombeau, rivière courte, eau et jonction de ruisseaux selon une charte de Durbon de l'an 1135. Il a un parcours de 25 kilomè-

---

(1) Drôme, C. 4.

(2) De Cosron, *Etymologies des noms de lieu de la Drôme*, p. 188.

tres avant d'atteindre la Drôme, dont il est tributaire, et reçoit les eaux de la Grimone, de la Borne, du Boulc, de l'Archiane, de Boidans et de Rafignac (1).

Les comtes de Die, les Artaud d'Aix, les princes d'Orange, premiers maîtres de Châtillon, étendaient aussi leur domination sur Glandage, sous la dépendance des évêques de Die. Mais, après ces possesseurs déjà connus, le *Cartulaire de Durbon* y place, on ignore à quel titre, un Pierre Duèse, Deusei ou de Vèse *(de Usa)*, seigneur de Saint-Félix et acquéreur du vicomté de Carmain, Carman ou Caraman, dans la sénéchaussée de Toulouse, propriété des Lautrec (2).

Pierre Duèse, fils d'Arnaud et neveu du pape Jean XXII, qualifié dans un acte de 1324, vicomte de Caraman et seigneur de Lus, Recoubeau, Jonchères et Glandage, nommait alors cinq ecclésiastiques de Cahors ou de Comminges pour administrer ses terres du Diois et pour transiger avec le Dauphin et les habitants de Lus-la-Croix-Haute et de Saint-Maurice. De Bernardon, l'un d'eux traita avec Lus et avec le prieur de Durbon pour la possession du bois de Rieufroid. Sept ans plus tard, Amalric de Narbonne et son épouse, seigneurs de Glandage et de Lus, déclaraient avoir donné pouvoir à Raymond de Saint-Ferréol d'aplanir les difficultés survenues avec les Chartreux de Durbon au sujet du pâturage du Rieufroid (3). Mais, dès 1339, les seigneurs languedociens privés de leurs droits féodaux dans le Diois, on ignore pour quelle cause, laissèrent les Artaud-Montauban recouvrer Glandage, témoin la qualification de seigneur du lieu donnée à Guillaume l'un deux, la même année. Comme Raymond, un de ses successeurs, en 1446, n'avait pas d'enfants, il disposa de ses biens en faveur d'Alix de l'Hère ou de Laire, fille du gouverneur du Dauphiné en 1407. Guigues, frère d'Alix, hérita d'elle et après lui parurent Hugues de l'Hère, époux de Marguerite de Treschenu et Claude leur fils, qui illustra le nom de Glandage, sous lequel il est connu dans l'histoire.

Il servit sous Brissac et Montluc au delà des Alpes et devint chevalier de l'ordre du roi et commandant d'un régiment en 1560. Comme il se distingua au siège de Sisteron, aux combats de Montfrin, de Bollène et à tous ceux de l'époque, de Gordes lui confia le gouvernement de Die en 1566 et celui des Baronnies en 1568. De retour à Die, l'année suivante, il y déjoua trois complots ourdis pour livrer la place à Montbrun et en repoussa « l'ennemi, bien que surpris et trahi par ses propres soldats ». Il quitta cette

---

(1) Le Bez vient de la montagne de Toussière et la Borne du mont Jocon, un des points les plus élevés du département.

(2) Publié par l'abbé Guillaume, n° 661-2.

(3) *Cartulaire de Durbon*, n° 697.

ville en 1575 et y retourna en 1582, à la demande des habitants.
Après v avoir rétabli la paix, il se rangea du côté des Ligueurs et
en 1585, fit arrêter sans motifs le seigneur de Vachères et les protestants du voisinage, ce qui lui valut le désaveu de la cour
et l'obligea, pour se justifier, à se rendre à Paris. Il mourut pendant ce voyage, laissant de Philippine de Guiffrey-Boutières, son
épouse, un fils de même prénom que lui, appelé Glandage le Jeune
par les historiens. Celui-ci d'abord catholique se déclara tout à
coup partisan de la Réforme, alla guerroyer dans le Comtat et
s'empara d'Orange par un stratagème audacieux. Blessé près de
Venterol, il retourna dans le Comtat, à peine guéri, et ne fut pas
heureux dans ses expéditions. Venu alors dans le Diois il tenta
d'en surprendre la capitale, défendue par son père, et échoua si
bien qu'il fut accusé de trahison et contraint de quitter l'armée de
Montbrun. On le retrouve ensuite dans le Comtat avec les Réformés et, en 1580, au siège de la Mure « tout catholizé et allant à la
messe ».

Il avait épousé Claire de Thollon, fille du seigneur de Sainte-
Jalle, un des chefs catholiques (1). On trouve, après ces deux guerriers, Marie de L'Hère de Glandage, qui fit reconnaître ses droits
seigneuriaux en 1643 et s'unit avec Antoine de La Baume-Suze,
seigneur de Baume-Transit. Antoine, leur fils, devint abbé de
Mazan en Vivarais et leurs filles entrèrent dans la maison des
Escalins des Aimars de La Garde et dans celles du baron de Vinay
et, en 1639, de François de Châteauneuf, comte d'Oing et baron
de Rochebonne. C'est à ce dernier que Glandage échut, car,
en 1675, Charles de Châteauneuf, mestre de camp de cavalerie, y
nommait châtelain le notaire Accarias. Etranger au Dauphiné et
demeurant au Forez, ce gentilhomme aliéna la seigneurie aux
Simiane, illustre famille provençale, dont en 1732, François, l'un
de ses membres, marquis d'Esparron, baron de Baume-Transit et
seigneur de Treschenu et Glandage, faisait reconnaître ses droits
dans la dernière localité, et testait deux ans plus tard, en faveur
d'Antoine-Charles-Augustin-Joseph de Simiane, fils d'Alexis-
Elzéar, seigneur de Mollans, aux Baronnies (2).

Rien ne prouve que ces différentes familles aient habité Glandage, où elles se contentaient d'affermer leurs biens au prix
de 3.000 livres sans les épingles ou étrennes, en 1789.

Indépendamment d'un domaine, ils recevaient de tout laboureur avec bœufs un sétier de blé, un de gros blé, une charretée de
bois, cinquante livres de paille et quatre sols ; des laboureurs sans
bœuf une émine de blé, une charge de bois, un faix de paille et
deux sols ; des brassiers un faix de bois et une poule ; du corps de
la communauté douze setiers de blé pour droit de guet ou

<hr>

(1) Brun-Durand, *Dictionnaire Bio-Bibliographique de la Drôme.*
(2) Drôme, B. 1170, 1193, 1132, 1139, 1194, 1251.

de garde, 48 livres pour le ban-vin ou privilège de vendre seul du vin pendant une période déterminée. Ils avaient, de plus, un demi-vingtain de tous les grains recueillis dans le territoire, les lods au 6° denier pour les ventes d'immeubles, la banalité des moulins avec droit de mouture à la cote vingt-quatre, et la justice haute, moyenne et basse qui leur rapportait 80 florins et 25 des cas royaux. Outre ces charges, les tenanciers des Simiane leur payaient encore des censes en blé, en poules, en chapons, en cire, en poivre, gingembre et argent pour les immeubles cédés en emphytéose ou baux à long terme aux habitants (1).

Ceux de Borne, en 1785, réclamèrent au seigneur la production des titres l'autorisant à exiger d'eux les corvées, le droit de guet, le ban-vin, le demi-vingtain et le paiement « en cosséal » (méteil) au lieu de gros blé, ainsi qu'à mesure comble, au lieu de la mesure locale. Ils fondaient leurs plaintes sur ce que leur territoire, distrait de Treschenu, devait être soumis aux seuls droits de ce fief. — De son côté, la population de Glandage, en 1783, se plaignait des redevances exigées des laboureurs et du remplacement du moulin du Colombier, 30 ans auparavant, par celui du Val de Borne ; mais à deux ans de date tous les droits féodaux étaient abolis (2).

Un mémoire de 1789, dressé par les consuls et notables, ne révèle pas une situation brillante, car il déclare le sol peu fertile, le climat froid et neigeux, les maisons bâties en terre et presque toutes couvertes en chaume, de courte durée, et craignant les incendies. Il n'y a aucun produit surabondant, aucune industrie, aucune foire. Les charges annuelles comprennent les impôts dus au roi, soit 5.000 livres pour la taille, le 20° et la capitation, les intérêts de 500 livres de dettes et 234 de frais de recette et les revenus se réduisent à 23 livres de rente. La nourriture ordinaire se compose de pain de blé ou de seigle, de légumes et de pommes de terre et pour la majeure partie d'herbages ; plusieurs sont même contraints de mendier. Un châtelain, un secrétaire, deux consuls et huit conseillers annuels administrent la commune (3).

Au point de vue religieux, la paroisse dépendait du prieuré de Guignaise-lès-Châtillon et était sous le vocable de Sainte-Anne, précédemment sous celui des Saints Pierre et Paul. Lors de sa visite pastorale, Mgr de Léberon y trouva 400 communiants tous catholiques et une église bien réparée. En 1789, l'évêque de

---

(1) Un terrier de Louis de Simiane de Claret, seigneur de Treschenu, lui attribue la justice haute, moyenne et basse, l'hommage de ses vassaux, des censes, lods et vingtain à la cote vingt-cinq pour le blé, le seigle, l'épeautre, le millet, l'avoine, le vin et le premier foin. (Drôme, E. 1719).

(2) Archives de Glandage, CC. 6. Arch. Drôme, t. VII, p. 298, E. 12-915.

(3) Drôme, C. 4.

Die, qui en était pourvu, y percevait la dîme des grains et des agneaux à la cote 12ᵉ, affermée 3.200 livres par an. Il retirait, de plus, 20 sétiers de deux domaines. Malgré cela, dans les paroisses de Grimone et de Borne, les frais du culte incombaient presque en entier aux fidèles, et l'absence d'un vicaire à Glandage avait soulevé un procès au parlement ; celui qui existait avait disparu déjà en 1644.

Après le legs de 10.000 livres fait aux pauvres de Glandage, de 15.000 à ceux de Châtillon et de 5.000 à ceux de Boulc en 1695, par Félix-Emmanuel de Castellane de Saint-Jurs, prieur de Guinaise, les pauvres de ces trois localités, avec les intérêts de la somme capitale prêtée aux États de Provence et au clergé de Die, n'étaient plus, en 1789, que de 330 livres par an pour mariage de filles pauvres, apprentissage de métier à un garçon et secours aux indigents et, un an plus tard, tout disparaissait, avec la 24ᵉ partie de la dîme représentant 24 sétiers de blé.

D'après la *Statistique de la Drôme*, le chapitre de Die aurait cherché un refuge à Glandage pendant les guerres du xvıᵉ siècle ; son départ en ce cas se serait effectué, sans doute, en 1562, car, dans la suite, il y eut là, comme ailleurs, peu de sécurité, puisqu'en 1574, Rivière de Sainte-Marie et de Villedieu y causèrent beaucoup de maux et qu'en 1585, les réformés surprirent les châteaux de Glandage et d'Aix et les petits forts de la montagne.

De nos jours, l'eau et le feu ont souvent dévasté la commune ; en 1844, l'explosion d'un dépôt de poudre de mine fit périr six personnes aux Combes et incendia 12 maisons ; en 1853, un grand incendie dévora 28 maisons sur 36 à Grimone ; en 1873, 9 maisons de Borne, dont 5 inhabitées, devinrent la proie des flammes et 3 aux Maillefauds en 1865. Quant aux inondations, celles de 1856 à Grimone, aux Combes et à l'Eglise, en 1861, celles de Borne et l'année suivante, des Combes, furent les plus désastreuses (1).

Contenance : Elle est de 5.211 hectares, dont 1.315 en bois communaux et particuliers, 917 en terres, 91 en prés, 2.587 en pâturages, 128 en chemins et rivières, 179 en hermes et 4 en édifices publics. Selon M. Mermoz, le revenu, en 1839, des 5.083 hectares imposables, atteignait 29.481 fr. soit 5 fr. 80 l'un et celui de ses 148 maisons 1.577 francs.

Impositions : En 1873, l'Etat a reçu 4.074 fr. 55, le département 1.437 fr. 65 et la commune 474 fr. 39, ce qui, avec les 99 fr. 06 des non valeurs, donne 5.086 fr. 05.

Population : En 1789, 750 personnes ; en 1839, 675 ; en 1878, 643 ; en 1907, 470 ; en 1911, 439 ; en 1921, 341.

Distances : De Châtillon, son chef-lieu de canton, 15 kilomètres ; de Die, 29 ; de Valence, 96. Altitude : 1.123 mètres.

---

(1) Archives de la Drôme, série M.

Foires : 5 avril et 1ᵉʳ octobre.

Productions : Céréales et pommes de terre, bois et pâturages, excellents fromages, carrières de pierres meulières.

Lus-la-Croix-Haute

Au sortir du Glandage apparaît sur la route de Lus une ancienne habitation assez pittoresque, puis le village de Grimone, dominé au nord par de hautes montagnes. Bientôt se présente à l'est une colline élevée qu'il faut absolument, bon gré mal gré, franchir. Les ingénieurs ont recouru aux lacets pour en adoucir la pente. Mais pendant que l'on tourne et retourne sans avancer beaucoup, une étrange mélancolie s'empare de vous et rien dans le paysage ne vient en adoucir le poids. Enfin l'asile placé au sommet du col annonce la fin de l'ascension. Il semble vraiment courageux le cantonnier auquel est confié la garde de ce poste d'observation loin de toute demeure.

On aperçoit maintenant la vallée de Lus-la-Croix-Haute et les montagnes pittoresques et en peu de temps on arrive aux Lucettes où passent la route de Grenoble et la voie ferrée.

Le bourg ne se trouve pas sur les deux voies, mais à une certaine distance. Il n'offre rien de curieux en soi et ses places assez vastes souvent rendues peu praticables par le vent du nord.

Pendant la belle saison, à cause de la fraîche température qui y règne, d'assez nombreux étrangers viennent y respirer l'air des montagnes et y sont bien accueillis (1).

Le cadastre distingue la partie du milieu, Laval, la Jarjatte et attribue vers 1730, 36 setérées au clergé, 113 aux templiers, 200 au seigneur et, aux roturiers, 4177 en terres et 1618 en prés.

Lus appartint à l'origine, comme Châtillon et Glandage, aux comtes de Die, ensuite aux Artaud d'Aix et aux Montauban.

Le 6 février 1386, Raymond de Montauban, seigneur de la vallée de Beauchène et d'une partie de Lus donne des franchises à Lantheaume Gay et à Pons Lusset.

Le 5 septembre 1531, Simon de Montauban, prieur de Lus et du Villard de Plossan, au nom de la dame de Cezereste, en possession de deux parts du milieu de Lus, confirme les franchises de Guigues, James et Auban Laurens successeurs de Lantheaume Gay (2).

---

(1) Il a été question depuis d'y créer une station hivernale pour les sports et le patinage. Cf. Henri Rougier. *Album-Guide artistique de Lus-la-Croix-Haute.*

(2) Archives de la Drôme, E. 12.932 (Inventaire, t. VII, p. 301).

Le 15 mars 1559, Jean Flotte, père de Jean-Georges de Montauban, dit Flotte, au nom de Marguerite de Brancas, dame de Carcés et en partie du mandement de Lus, Joffrey Armand, prieur de Notre-Dame du Villard, mandataire de Jean de Montauban, seigneur de Saint-André et en partie de Lus et enfin les procureurs fondés des habitants de Lus (Laurens, Roux et Ferrier) chargent Bernard et Nicolet, procureurs au Parlement, de faire homologuer un accord intervenu entre eux : En voici les principales clauses : 1° les droits de tâche prétendus en raison des terres gastes, hermes, et essarts, seront pour chaque chef de maison, ayant bœufs de labour, de 3 civayers ras de seigle et 2, combles, d'avoine, la moitié pour les autres ; 2° les affranchis qui en feront la preuve, seront exempts de la tâche ; 3° les terres gastes, hermes, herbages et bois vacants sans propriétaires connus, appartiendront à qui pourra les défricher et cultiver, mais sans que celui-ci puisse les alberger à des étrangers, sous réserve pour le seigneur du droit de gabelle sur les bois, — ce droit était d'une pièce de bois sur 3, mis à la rivière, — et du droit de pacage ; 4° toutes les terres, dans le mandement, relevèront du fief du seigneur, et par suite celui-ci percevra les lods au 6ᵉ denier (la moitié en cas d'échange) et on devra lui demander l'investiture ; 5° outre les tâches, les habitants paieront les censes imposées aux pièces des fonds qu'ils possèdent; ceux d'Outre-Buech. Corréardes et Rebuffe devront 20 setiers de seigle et Jean de Montauban entretiendra le moulin des Corréardes; quant à celui de la Jarjatte, revendiqué par le seigneur de la Roche, il vaudra à ce dernier 8 setiers de blé, si ses droits sont reconnus ; 6° remise est faite par Jean Flotte et Joffrey Arnaud des arréages de taches et autres droits ; 7° aux assemblées des habitants, un seul des trois châtelains sera appelé, celui de Flotte 2 ans, celui de Jean de Montauban 4 mois, celui de la dame de Carces 8 mois ; 8° ces châtelains exerceront la justice dans le lieu, le siège de leur judicature se trouvant à Die, il ne leur sera rien dû pour tout acte n'exigeant ni écritures, ni vacations ; 9° enfin les consuls pourront nommer et destituer un ou plusieurs banniers (gardes-champêtres).

Si détaillée qu'elle fut, cette transaction ne fit pas disparaître toutes les difficultés qui, jusqu'à la fin surgirent entre les seigneurs et leurs habitants. Le 14 mai 1594, il y eut un arrêt de la cour pour l'exécution de cet accord. Le 22 mai 1603, une nouvelle sentence arbitrale déclara valable cette reconnaissance contenue implicitement dans l'arrêt de 1594, au sujet des corvées et autres droits féodaux. Au xviiiᵉ siècle, le jurisconsulte Barthélemy fut consulté sur les corvées : il émit l'avis que les particuliers soumis aux corvées par les diverses transactions et reconnaissances ne peuvent espérer aucune décharge et qu'à entamer un procès, on ne gagnerait qu'à voir s'ajouter aux corvées elles-mêmes les frais des dépens.

La seigneurie était affermée en bail en 1754 à un nommé Chaudron moyennant la somme de 3.000 livres par Balthazard de

Gérente, seigneur de Senas et Orgeval, baron de Lus. Seulement pour obtenir le renouvellement, il avait envoyé à Paris, comme épingle à Madame d'Orgeval, deux quintaux d'huile fine. Quant au greffe, on jugeait dérisoire la somme de 45 louis offerte pour son bail pour 9 ans (1).

Il existait à Lus un péage aboli le 12 mai 1733, appartenant au marquis de Sénas.

A la fin de l'ancien régime, Balthazar Henri-Armand de Jarente, marquis de Senas, avait cherché à cantonner les bois de la communauté, mais un arrêt du Conseil d'Etat en date du 25 février 1783 l'en débouta. Le même se désista en vertu d'un accord, au reste inexécuté, le 16 janvier 1786, de son droit de gabelle, qui a été expliqué plus haut.

Au point de vue religieux, l'église paroissiale dépendait du prieuré de Saint-Ruf , en 1509, son sol n'était qu'à moitié planchéié, les murs n'étaient ni blanchis et aplanis, certaines fenêtres manquaient de vitres (2).

L'ordre de remise en état dut être suivi, car en 1644, Mgr de Léberon constata qu'elle était blanchie et pavée, la voûte était couverte de chaume : au bout du chœur dans une niche se trouvait une cloche de 600 livres. Par contre, il n'y avait point de cure dans cette paroisse comptant 300 familles catholiques et 40 réformées, dont le curé, M. Serre, procureur général de la communauté fut, quelques années après le passage de l'évêque, en 1648, victime d'une tentative d'assassinat (3).

Les revenus ecclésiastiques consistaient en dîmes de grains à la cote 20e et des agneaux à la cote 10e, ce qui constituait un revenu de 1.800 livres, auxquels s'en ajoutaient 80, provenant de divers fonds. Par arrêt du conseil du 15 mars 1366, le prieur, appartenant à l'Ordre de Malte, devait entretenir un curé, un sacristain et un clerc ou valet (4).

Distance de Valence, 112 kilomètres ; de Die, 47 ; de Châtillon-en-Diois, 33.

Altitude : 1.072 mètres. Superficie : 8.720 hectares (c'est la commune la plus étendue de la Drôme).

Population : 1.075 habitants en 1911, 939 en 1921.

Boulc, Souberoche et Sérionne

Entre Bonneval, Ravel et Creyers, la commune de Boulc présente à la fois des montagnes stériles, une plaine et des collines

---

(1) Archives de la Drôme, E. 4.010 (Inventaire, t. III, p. 307).

(2) Etat des diocèses de Die et de Valence, dans *Bulletin d'Archéologie de la Drôme*, tome XVI, 1882, page 338.

(3) Visite pastorale, ibid, tome XLVII, 1913, page 406.

(4) Visite pastorale citée.

verdoyantes. Elle comprend cinq hameaux : Souberoche, Vachères, les Tatins, les Avondons et la Combe, outre le village chef-
lieu. Vachères, Souberoche et la Combe occupent la partie nord-
ouest de la commune ; les Tatins sont au nord-est, les Avondons
au sud-est et le village au centre. Celui-ci s'appelle, en latin, *Bul-
cum, Bucum* et *Bulgum* et en français Boule, Buc, Bouc, Boule,
Boulec et Bolc ; une localité des Bouches-du-Rhône porte le
même nom, ainsi que la rivière, affluent du Bez, qui traverse son
territoire, et c'est là une difficulté pour en justifier l'étymologie.
On ignore l'origine du village et les archéologues n'y signalent
aucun monument ancien. Des chartes de la chartreuse de Durbon
de 1147 et de 1176 (1) mentionnent un habitant de ce lieu et Guy
Allard le fait donner aux évêques de Die par Guillaume de Bel-
dinar ou Beaudiner, dont les cartulaires de Durbon et de Léoncel
rappellent quelques membres. Toutefois ces prélats, pour une
cause inconnue, n'en conservèrent que le haut domaine ou la
suzeraineté. Le domaine utile ou la possession réelle échut aux
Isoards, comtes de Die, et aux Artauds, leurs héritiers. Après ces
derniers, les princes d'Orange, de la maison de Baux, en jouirent,
témoin la cession faite, en 1246, à Raymond, l'un d'eux, la sentence arbitrale de 1266 attribuant la seigneurie à Raymond de
Montauban, frère de Malbérionne, celle de 1294 octroyant à cette
princesse la baronnie de Châtillon, et enfin, le testament de Bertrand de Baux, en 1314, assurant à Raymond, son héritier,
Orange et les terres du Diois (2).

Raymond Artaud, frère de Malbérionne, prit le nom maternel
de Montauban et laissa deux fils ; Raymond et Guillaume. La
branche issue de ce dernier, connue à la fois, sous les noms
d'Artaud èt de Montauban, posséda Glandage, Aix et Boule. En
1540, Gaspard, un de ses membres, en déclarait à la Chambre des
Comptes de Grenoble, les revenus et, en 1578-79, Pierre-Marie
de Caseneuve, époux de Marguerite de Montauban, y faisait
reconnaître ses droits féodaux. Peu de temps après, le 8 août 1621,
Charles-Artaud de Montauban, seigneur de Bellegarde et de Souberoche, vendait sa seigneurie de Boule à Hercule Engilboud, originaire de Die, anobli en 1608 et mari d'Hélène Artaud de Montauban. De cette union naquit, entre autres enfants, René Engilboud, père de Melchionne dont Alexandre de Bardonnenche
obtint la main, vers 1690. Les ancêtres du nouveau seigneur
avaient possédé le vicomté de leur nom et la Vallée d'Oulx. On
sait que François, l'un d'eux, pour se venger du Dauphin, séduc-
teur de sa fille, embrassa le parti du comte de Savoie et fut, pour
ce fait, jeté vivant dans l'Isère, enfermé dans un sac, par
ordre d'Humbert II. Divisée en plusieurs branches, la famille de

---

(1) Abbé Guillaume, *Cartulaire de Durbon*, n" 27, 31-2, 115-6.
(2) Barthélémy, *Inventaire des titres de la maison de 'Baux.*

Bardonnenche fut illustrée par Durand, compagnon d'armes, à Naples, du roi René, par Jean, un des combattants de Cérizolles, par Alexandre, ami de Lesdiguières, par René, conseiller d'Etat et conseiller au parlement de Grenoble, vicomte de Trièves, et par René-Alexandre, président à mortier au même parlement (1).

Le 8 juin 1750, Abel-André, clerc de St-Chef ; Antoine-René, prieur et seigneur de Romette et la Rochette, chanoine de Notre-Dame de Grenoble ; David-Anselme, prêtre de l'Oratoire ; Charles-Gabriel, capitaine au régiment du Roi, et Antoine-César, vicomte de Bardonnenche, tous enfants du président René-Alexandre, aliénèrent Boulc à Laurent de Philibert de Perdeyer de l'Argentière, seigneur de Ravel et de Roussas, demeurant à Menglon, pour 41.000 liv., dont 1.000 d'étrennes. L'émigration de l'acquéreur ou de son fils entraîna la vente, à la Révolution, au profit du domaine des biens de ce gentilhomme, descendu d'un capitaine appelé cadet de Charence, estimé de Lesdiguières pour son courage, et anobli en 1592.

Jusqu'ici il a été question seulement des seigneurs de Boulc, et les habitants attendent leur tour. L'histoire de chacun d'eux étant impossible, il suffira d'énumérer les charges qui les grevaient.

Or, en 1540, ils devaient à Gaspard de Montauban, en qualité d'emphytéotes ou tenanciers, 7 florins, 60 poules, 25 setiers de blé, 7 de gros blé, une livre de poivre, deux pots de vin, un chevreau et 3 sols pour cire et safran de censes, à raison de concessions primitives de parcelles du sol ; de plus, comme justiciables, ils lui payaient 5 florins, et comme habitants 15 setiers de grains, moitié blé et moitié seigle, sous le nom de vingtain, 50 setiers de blé et autant de seigle pour le moulin banal, 15 pour le fournage, à raison de 3 civayers de blé par chef de famille, 6 corvées, par an, de chaque laboureur avec bœufs, et 6 de chaque terrassier. Ces droits et les immeubles seigneuriaux comprenant 144 sétérées de terre et 22 de pré, s'affermaient, de 1751 à 1759, 1.500 livres par an (2).

Au point de vue religieux, le prieuré de St-Martin, chargé du service, dépendait de celui de Guignaise-les-Châtillon, dont l'évêque de Die, au XVIIIᵉ siècle, était pourvu et percevait les dîmes, sauf la part attribuée au commandeur de Valdrôme, de l'ordre de Malte. Elles s'affermaient 870 livres pour le prélat, 370 pour le commandeur et 70 setiers de blé pour le curé, outre les agneaux et les chevreaux.

On sait que Félix-Emmanuel de Castellane de St-Jurs, prieur de Châtillon, légua, en 1695, 5.000 livres à la paroisse de Boulc, 10.000 à Glandage et 15.000 à Châtillon, que les intérêts de ces

---

sommes servaient à soulager les pauvres, à payer l'apprentissage d'un métier à un jeune garçon et à marier une fille ou une veuve sans fortune, et que le capital se perdit à la Révolution.

Tout à côté du fief principal, Boulc en avait deux autres : Souberoche et Sérionne.

Sérionne, au sud-est, du côté de Bonneval, passa successivement des Rosans aux d'Autane et ensuite aux Engilboud et aux Bardonnenche. On y trouve aussi les Armand, du Trièves, conseillers du parlement en la Chambre de l'Edit. La fille de Pierre, l'un d'eux, épousa Alexandre de Bardonnenche dont la postérité vendit la seigneurie. Dès 1706, Jean-Baptiste Accarias joignait à sa qualification de châtelain de Châtillon pour l'évêque de Die, celle de seigneur de Sérionne. Il eut de Catherine Lagier, son épouse, Jacques, d'abord précepteur à Paris, ensuite avocat aux Conseils de S. M. et enfin secrétaire du Roi, maison et couronne de France, charge qui anoblissait. Comme le prix considérable de cet office le contraignit à céder ses biens à ses créanciers, il alla diriger en Belgique le *Journal du Commerce*, parcourut ensuite la Hollande et la Hongrie et mourut à Vienne en Autriche en 1792 (1).

M. Rochas, auteur de la *Biographie du Dauphiné*, déclare remarquables ses écrits sur l'économie politique et voit en lui un savant réel et un penseur profond. Sa vie et sa bibliographie ont été écrites par M. Joseph Accarias, ancien conseiller à la Cour d'appel de Grenoble et à la Cour de cassation, dans le *Bulletin* de l'Académie delphinale.

Souberoche, en latin *Subrocha* et *Sub Rocha*, placé sur un rocher à l'ouest du village de Boulc et près de la jonction des rivières de Boulc et du Bez, non loin de Creyers, est cité dans le *Cartulaire de Durbon* en 1147. Toutefois, la seigneurie apparaît seulement, en 1461, avec noble Antoine Alvergnas ou Auvergnat, demeurant à Chabeuil, et, en 1540, avec Pierre Alvergnas et Gaspard de Montauban. Un titre de cette année-là y signale des tours ruinées et des redevances féodales en grains, en fromage et en poules.

Les de Chypre, sortis du Trièves, portaient les armes des rois de l'Ile de leur nom et s'allièrent avec les Faure de Vercors qu'ils remplacèrent, vers le milieu du xvi⁰ siècle. Jacques, l'un d'eux, prit part au siège de la Mure en 1580, à la reprise de Montélimar en 1587 et périt à Bricherasio en Piémont ; il laissait de Justine de Montauban un fils, Claude, blessé mortellement au siège de Gavi où il commandait le régiment de Tallard. La famille de sa mère, alliée aux Genas, lui avait acquis Beaulieu ou l'Eguille près de Valence et ses descendants en héritèrent. Aussi Jean-Benoît

---

(1) BRUN-DURAND, *Dictionnaire biographique de la Drôme.*

de Chypre transmit-il ce fief à Marie-Antoinette de Vocance de St-Vincent, qui, devenue veuve, se remaria, le 13 août 1770, à Valence, avec Pierre-Jean-Marie de Bernes de La Haye, originaire de Calais, capitaine de dragons. Nous croyons, avec l'auteur du *Dictionnaire topographique de la Drôme*, que Souberoche suivit dès lors les destinées de celui de l'Eguille (1).

Revenons, après l'histoire des fiefs, à celle de la commune de Boulc elle-même. En 1767, la part des pauvres sur la dime atteignait environ 200 livres. La population éparse en 10 hameaux, dont le plus éloigné se trouvait à 1 lieue, était de 80 familles, dont une seule professait le culte réformé, et le nombre des communiants de 300 environ. Il y avait un maitre d'école, l'hiver, payé par la communauté (2).

La commune ayant pour seules archives les registres de l'ancien état-civil et le cadastre ne saurait espérer une histoire suivie de son passé au moyen-âge et pendant les guerres du xvi⁰ siècle. Il nous reste à parler des souvenirs religieux, des églises et des chapelles de la commune.

Le culte catholique y possède trois églises ou chapelles : l'une, dédiée à S. Martin sur un coteau, entre les Tatins et le village, la deuxième au hameau des Tatins et la troisième au village chef-lieu.

1° *La chapelle des Tatins*, dédiée à S. Louis, fut fondée et dotée par Louis d'Auvergne, vers 1720, moyennant une rétribution annuelle de 6 livres dont une pour la messe du jour de la fête du patron et 4 livres 1/2 pour 6 messes de morts, auxquelles les habitants ajoutaient une livre 10 sols.

Ces messes étaient acquittées par le prieur de Boulc et dites dans l'église du lieu.

Avant 1790, cette chapelle ne jouissait donc d'aucun caractère paroissial.

Depuis la réorganisation du culte, en 1807, il n'en est question qu'une seule fois en 1854, lorsque en vue de conciliation le conseil municipal proposa, le 23 juin de cette année-là, d'agrandir l'église du village qui serait la seule avec titre paroissial et de voter une indemnité de 100 francs au desservant qui irait certains dimanches dire la messe à la chapelle des Tatins.

2° *La chapelle du village* ne paraît pas remonter au delà de 1644, bien que l'évêque, en 1604, ait officié dans une chapelle de Boulc

---

(1) Archives de la Drôme, E. 359, 3511 et 1444-48, 1623, 759, 84, 1875, 2495. Etat-civil ancien de Valence et du Bourg-les-Valence.

(2) Archives de la Drôme, C. 3.

joignant la maison du seigneur du lieu, dont il n'est plus question dans la suite.

Voici les paroles de l'évêque en tournée pastorale, le 16 juin 1644, au sujet de la chapelle du village.

« Est permis aux co-prieurs et habitants de la paroisse de convenir entre eux, subs nostre authorité et approbation, d'un lieu dans le village de Boulc, pour y bastir une esglise où le service de la parrochiale audit cas sera par nous transféré. » (1)

Il ne parait pas que la permission épiscopale ait été utilisée alors, puisque le 16 mai 1689, une nouvelle autorisation fut donnée par l'évêque en tournée : « avons permis et permettons aux habitants de bastir à leurs propres frais et dépans une chapelle dans le grand hameau de Boulc sans que les seigneurs décismateurs ayant à fournir aucune choze, ny que nous prétendions par là les obliger à aucune nouvelle charge, ny exempter lesdits habitants des debvoirs qu'ils ont à l'égard de la paroisse. »

Cette fois, la chapelle fut construite peu après, car le 16 décembre 1729, le grand vicaire épiscopal en tournée, attendu la rigueur du pays et de la saison et les indispositions du curé, consentait dans les deux cas à ce que le service de la paroisse fut fait dans la chapelle de Boulc, jusqu'à ordre contraire.

Le statu quo existait en 1767, témoin la déclaration suivante de l'évêque en tournée pastorale relative à la chapelle du village :

« Le S' curé nous auroit dit qu'il n'y a aucune fondation dans icelle et qu'il y dit la messe tous les jours et baptise par permission de nos prédécesseurs, attendu l'éloignement de l'église paroissiale ».

3° *L'Eglise de St-Martin* ou *du coteau*. — Un rôle des prieurés et chapelles de 1449-50 ne la mentionne pas, mais en 1508 l'évêque en tournée y prescrit diverses améliorations.

Une visite épiscopale du 12 octobre 1604 nous apprend qu'elle eut à souffrir pendant les troubles du xvi° siècle, puisque le prélat enjoignit au prieur de relever le chœur et d'y dresser un autel et aux habitants de rétablir la nef et de clore le cimetière. Le prieur devait en même temps y faire réviser un pasteur capable.

Le 16 juin 1644, comme le nouveau chœur tombait en ruine, l'évêque ordonna de le réparer et de le blanchir, tout comme la nef.

« Néantmoins attendu que ladite église est bastie sur la terre mouvante d'un penchant, qu'est cause qu'elle crevasse et tombe en ruines et que d'ailleurs elle est dans un lieu comme champestre et grandement incommode », il autorisait la construction d'une autre église dans le village (2).

---

(1) *Bull. Soc. Arch. Drôme*, 1913, p. 300 et 301.

(2) *Bull. Soc. Arch. Drôme*, 1913, p. 300 et 301.

En 1687, le procès-verbal de visite la déclare trop petite, bien que réparée depuis peu, située sur un éminence et éloignée de tous les hameaux et de la maison curiale d'environ un quart de lieue, ce qui la rendait fort incommode.

Il résulte de la visite du 16 mai 1689 que le roi avait fait rebâtir le chœur à ses frais, mais qu'il n'était ni crépi, ni lambrissé, que la nef, ni blanchie ni vitrée, était lambrissée ; que la toiture était en paille ; le clocher carré avait une cloche de 4 quintaux, le cimetière était clos et la maison curiale avait 2 étages en bon état.

— « Sur ce que les habitants, dit le prélat, nous ont remontré que l'église estoit extrêmement éloignée du village et presque inaccessible dans la rigueur des saisons, ce qui empêche qu'ils ne puissent assister au service divin et faire instruire leurs enfants avec la fidélité qu'ils souhaiteroient », il autorise la construction d'une chapelle dans le grand hameau de Boulc.

On a vu déjà que, le 16 décembre 1729, le service paroissial y fut autorisé jusqu'à ordre contraire et qu'en 1767 le curé y disait la messe tous les jours et y baptisait par permission des évêques, attendu l'éloignement de l'église paroissiale.

Tels sont les renseignements fournis par les archives de l'ancien évêché de Die.

Ajoutons seulement que la dîme était levée à cette même date sur toute sorte de grains à la cote 12ᵉ et pour quelques fonds à la cote 20ᵉ : 1° par le prieur de St-Julien de Guignaise sur les hameaux de Vachères, Souberoche, la Combe, Vabre, les Sauvages, Sérionne, Costefolle, les Plattes, le château, partie des Courriers, tout le village de Boulc et la petite plaine du moulin au midi et qu'elle s'affermait 840 livres, y compris une pension de 8 setiers de grains à Bonneval ; 2° par le commandeur de Valdrôme, au hameau des Tatins, où il avait un domaine, jusqu'au domaine du seigneur et au chemin de l'Estellier, et qu'il en retirait 370 livres franches de toutes charges et 22 setiers et demi de blé au curé ; 3° enfin par le curé. Celui-ci, outre la dîme des agneaux et des chevreaux, jouissait de quelques immeubles et du droit de décimateur depuis le village de Boulc jusqu'au Serre et au col de la Croix, aux Avondons, etc... et en retirait 50 setiers, outre les agneaux à la cote 20ᵉ sur les nobles et 10ᵉ sur les roturiers.

Il résulte de cet exposé que l'église du coteau ou de Saint-Martin était, avant la Révolution, l'église paroissiale, et que le service avait lieu par concession dans la chapelle du village.

Lors de la réorganisation du culte, en l'an XIII, une succursale fut établie à Boulc, avec Bonneval et Ravel pour annexes. Depuis lors, le 4 juin 1853, l'église de Bonneval est devenue succursale et Ravel n'ayant guère que 4 familles catholiques n'a pas intérêt à la question soulevée à Boulc au sujet de l'église paroissiale.

Avant d'exposer les faits, disons un mot de la topographie du pays et des distances des hameaux à

	l'église du village	et à l'église du coteau
Village		2 k.
La Combe	1 k. 500	1 k. 500
Souberoche	3 k. 500	3 k. 500
Vachères	4 k.	4 k.
Avondons	3 k. 500	1 k. 500
Ravel	3 k.	5 k.
Bonneval	4 k.	6 k.

Dès 1807, le desservant réclamait des réparations à la chapelle du village où il disait la messe les jours ouvriers, baptisait et bénissait les mariages (lettre du 22 septembre). Sa lettre trahit déjà les difficultés au sujet des deux églises. Elles éclatèrent, en 1811, et une autre lettre de la Préfecture, du 26 janvier, annonce que, pour la facilité du plus grand nombre des paroissiens, le service du culte aurait lieu, désormais, non dans l'église succursale, mais dans une chapelle existant au village d'après une décision de Monseigneur l'Évêque.

Des réclamations se produisirent aussitôt et le Prélat, d'après sa lettre au Préfet du 27 avril 1811, consentit à ce que le service paroissial de la succursale de Boulc eut lieu, de la Toussaint à Pâques, dans la chapelle du village et de Pâques à la Toussaint, dans l'église située hors du village.

Le 7 mai 1811, le sous-préfet de Die trouvait trop petite la chapelle du village pour y transférer le culte; il ajoutait que le transfert du cimetière deviendrait aussi nécessaire, et que la question demandait à être examinée.

Le silence des archives sur la période comprise entre 1811 et 1847 permet de supposer une accalmie dans la paroisse ; mais à la dernière date, une ordonnance de Monseigneur Chatrousse du 12 novembre nous apprend « que les deux églises où l'on « célèbre successivement les offices paroissiaux présentaient des « inconvénients assez graves et que M. le Curé était invité à « prendre tous les moyens et à faire tous ses efforts pour en faire « adopter une seule par les habitants très divisés et presque « irrités sur cette question ».

« En attendant, ajoute le Prélat, les offices paroissiaux continueront à avoir lieu dans les deux églises, savoir : du 1ᵉʳ décembre au 1ᵉʳ avril dans l'église d'en bas ou du village et pendant le reste de l'année dans l'église d'en haut, à moins que le temps ne soit trop mauvais et n'empêche d'y accéder ».

« Les deux églises qui sont trop petites seront agrandies, de manière à pouvoir contenir toute la population, une sacristie sera ajoutée à l'église d'en bas ; le presbytère, en mauvais état, sera réparé convenablement ».

Le 13 mai 1852, Monseigneur Chatrousse, en tournée, maintenait dans tout son contenu son ordonnance du 12 novembre 1847, dont aucun article n'avait été éxécuté. « Si la même négligence continue à l'avenir, ajoutait-il, nous nous verrions dans la néces-

sité d'employer à l'égard de la paroisse des mesures qui répugne-
raient à notre cœur, mais qui seraient dans le devoir de notre
charge. »

Il autorisa en même temps l'emploi d'un legs de 3oo francs à la
construction d'une sacristie au village.

En 1853, un secours de 6oo francs est accordé par l'Etat ; mais
le village refuse d'agrandir l'église paroissiale du coteau distante
de plus d'un kilomètre et placé sur un tertre élevé.

De son côté, le conseil municipal en majorité, grâce à la voix
du maire réclame l'agrandissement de cette dernière.

Il fut alors question de réparer et d'agrandir les deux églises et
des souscriptions recueillies s'élevèrent à 2.747 francs. Cette fois
encore le village répondit qu'il voulait une seule église et que les
ressources des habitants ne permettaient pas d'en avoir deux.

Vers 1854, l'église du coteau fut volée deux fois et le conseil
proposa de construire le presbytère et l'église au hameau des
Courriers ou de La Combe.

Le 24 janvier 1854, le préfet consulta l'évêque sur le parti à
prendre et celui-ci répondit le 7 février qu'une seule église centrale
serait à la fois dans l'intérêt de la commune et de la religion.
« Si l'on ne peut y espérer le renoncement à tout esprit de parti
et à tout intérêt privé, il est nécessaire de supporter et de réparer
les deux églises et d'agrandir considérablement celle du village
qui doit être l'église paroissiale, soit à cause de l'agglomération,
soit à cause de la proximité du presbytère ».

Le 23 juin 1854, le sous-préfet propose, selon le vœu de la
majorité du Conseil, d'agrandir l'église du village qui deviendrait
paroissiale et de voter une indemnité de 100 francs au desservant
qui se rendrait aux Tatins pour dire la messe certains dimanches.

Ce projet de conciliation, assez logique pourtant, échoua et, le
4 octobre 1855, le Conseil municipal par 7 voix contre 6 vota
l'agrandissement et la réparation de l'église du village et la construction d'une voûte à l'église du coteau.

En 1856 et 1857, les plans et devis des réparations de l'église
du coteau furent adoptés et les travaux reçus le 20 octobre 1860.

Quant à l'église du village, elle fut aussi agrandie au moyen
d'un secours de l'Etat de 1.5oo francs en 1860, et la réception
définitive des travaux eut lieu le 15 octobre 1863.

Un cimetière a été créé auprès d'elle en 1892.

Quelle est aujourd'hui la véritable église paroissiale de Boulc ?
Rousseau-Lacombe, dans sa *Jurisprudence canonique* renvoie
pour les marques d'une église paroissiale à un arrêt du Parlement
d'Aix du 12 février 1682. Durand de Maillane en donne l'analyse
et l'on y voit intervenir l'état de l'église et du clocher, les vestiges
des fonts baptismaux, la maison presbytérale el le cimetière à titre
de marques.

Enfin, le *Journal des Audiences*, t. II, p. 282, dit, à propos de cet arrêt, que les auteurs ne sont pas d'accord sur les marques d'une paroisse. Il cite Barbosa ; or, cet auteur s'appuie : 1° *super potestate fori penitentialis ; 2° super loco certis finibus constituto in quo populus degat ; 3° quod rector administet sacramenta de necessitate et populus ab eodem de necessitate recipiat.*

Si nous appliquons ces principes à Boulc, nous trouvons le pouvoir d'absoudre dans l'église du coteau et dans celle du village, un lieu déterminé où vit une population dans les deux ; mais l'administration des sacrements est plus particulièrement attachée à l'église du village qui a d'ailleurs aujourd'hui le cimetière et la maison curiale.

Sans doute, le service religieux a commencé dans l'église du coteau à une époque où le territoire couvert de bois avait peu d'habitants : mais les conditions ayant changé, celle de leur église a changé aussi. Quant à la question de distance invoquée, les auteurs n'en parlent pas : c'est une affaire d'appréciation.

En résumé, le droit canonique, le droit civil et la raison militent en faveur de l'église du village à titre de paroissiale.

Boulc, Sérionne et Souberoche réunis offrent une contenance de 2.666 hectares, dont 892 en bois, 888 en terres, 44 en prés, 710 en pâturages, 83 en rivières et chemins, 5 en édifices publics. En 1839, le revenu des 2.583 hectares imposables arrivait à 15.498 francs, soit 6 francs l'un, et celui des 120 maisons à 1.584 francs.

Ses contributions directes de 1873 comprennent 1.882 fr. 20 à l'Etat, 850 fr. 70 au département, 1.867 fr. 30 à la commune et 83 fr. 83 aux non valeurs. Total : 4.698 fr. 07.

Le village se trouve à 10 kilomètres de Châtillon, son chef-lieu de canton, à 24 kilomètres de Die et à 89 de Valence.

Altitude : 1.030 mètres.

Comme ailleurs, dans le Diois, la population, qui était de 585 habitants en 1839, de 438 en 1876, de 429 en 1883, est descendue à 297 au recensement de 1901, à 276 en 1911, à 206 en 1921.

On y récolte des noix et des céréales.

Deux foires, le 20 avril et le 15 septembre, y attirent vendeurs et acheteurs.

Bonneval

De Glandage à Bonneval, malgré la contiguité des deux territoires, les relations sont rares et les sentiers difficiles. La distance de l'un à l'autre paraît sur la carte presque égale à celle de

Châtillon à Glandage, et les trois localités forment un triangle de montagnes coupées par quelques coins de terre cultivable. Bonneval ou bonne vallée n'a rien pour justifier ce nom, véritable antinomie. Les quelques maisons du chef-lieu occupent le versant ouest d'une colline élevée, d'apparence peu fertile, au pied de laquelle naissent deux petites plaines, l'une dirigée vers le midi et l'autre vers Boulc et Châtillon (1).

Le 31 mars 1875, un incendie par imprudence y détruisit l'église, la cure, la mairie et les maisons Gasquet. Artaud, Reynaud et Tatin, avec les greniers de M. de Jansac. Des toitures en chaume, facilitant l'extension des flammes, faillirent causer la perte entière du village qui, depuis lors, remplaça la paille par des tuiles.

On se demande avec anxiété quelle histoire peuvent bien avoir les quelques laboureurs ou bergers installés dans une région montagneuse, loin de toute agglomération de quelque importance. A la vérité, si l'on n'évoque pas le souvenir des anciens possesseurs de la seigneurie, tous les siècles féodaux peuvent y être franchis sans rencontrer le plus mince événement.

Or, Bonneval, comme Glandage et Châtillon, échut à l'origine aux évêques et aux comtes de Die, et, par ses derniers, aux Artaud d'Aix et aux princes d'Orange. Un voile épais nous cache un siècle ou deux les noms de ses possesseurs : mais, en 1351, les de Rosans, sortis de la localité de ce nom, sur les confins de la Drôme et des Hautes-Alpes, possèdent le fief jusqu'à ce que deux filles de leur maison, Françoise et Jeanne, le transmettent, l'une à Louis d'Autane, en 1520, et l'autre à Jean de Draguignan. Celui-ci vendit sa part à un voisin, Gaspard de Bésignan, ainsi nommé d'une seigneurie contiguë à celle de M. d'Autane sur Vercoiran, entre la vallée de l'Ennuie et celle de l'Ouvèze ; puis, Rixende de Bésignan, par son mariage avec Antoine d'Autane, ramena dans cette famille la terre de Bonneval, divisée en deux portions ou pareries. L'une passa chez les d'Agoult, famille illustre de Provence, par l'alliance avec Giraud, l'un de ses membres, de Jeanne d'Autane, fille de Louis, et dans la suite chez les Deshières dont Marie-Gabriel épousa Jeanne d'Agoult de Montmaur ; l'autre part demeura chez les d'Autane et fut aliénée vers 1704 à Vincent Vial d'Allais, originaire du Trièves, capitaine au régiment de Cambresis et, vers 1714, à Etienne-André de Gilbert, originaire de Die, lieutenant général de l'artillerie de France (2).

Il serait facile avec tous ces noms d'élargir le cadre de la notice sur Bonneval, s'il était certain que ces diverses familles aient habité la commune ; mais le doute suffit pour arrêter le touriste le plus versé dans l'histoire nobiliaire et pour lui faire étudier celle des habitants.

---

(1) La montagne de Toussière, d'où sort le Bez, a 1.919 mètres d'altitude.

(2) Drôme, Inventaire de la Chambre des Comptes.

Un dénombrement de ses revenus fait en 1540 par Delphine de Rivière, veuve de Pierre de Rosans, révèle ainsi leur condition.

Outre la justice haute, moyenne et basse, la dame de Bonneval avait une scie à bois affermée 8 florins, un moulin à farine de 20 setiers de blé et de seigle par moitié de revenu, plus 35 setérées de terre et 9 journaux de pré, 5 corvées annuelles de la moitié des habitants, le vingtain des grains équivalant à 30 ou 40 setiers de blé ou de seigle, 9 setiers de blé et autant de gros blé de 40 personnes, à raison d'une émine de tout possesseur de bœufs, d'une charretée de bois, et d'une demi-émine des autres habitants de 3 sols pour deux bœufs ou vaches, d'un sol pour un bœuf, de 2 sols pour 30 brebis et d'une livre et demie de fromage, finalement de 20 florins et de 18 poules de la communauté (1). Toutes ces charges ressemblaient beaucoup à celles de Glandage ; cependant les consuls et notables en 1789 ne 's'en plaignaient pas et se bornaient à décrire ainsi la situation économique de la commune.

Le sol cultivable d'un pied et demi d'épaisseur, à peine en pente et pierreux, produit peu de blé, de seigle et de méteil et, sans les pommes de terre, plusieurs familles auraient de la peine à se nourrir. L'avoine est la seule récolte surabondante. La culture s'y effectue à l'aide de jeunes veaux qui, faute de fourrage, sont revendus en septembre. « Chaque hameau a son troupeau de bétail menu en parerie, composé le chacun, d'environ cent bêtes d'une petite espèce ». La principale montagne pour le pâquerage est louée par le seigneur aux habitants de Terre-Rouge et de Souvestrière ; les autres montagnes offrent seulement une légère pelouse à leur sommet. La population avec 50 familles arrive à 300 personnes ; elle est administrée par un châtelain et deux consuls et ne possède ni hôpital, ni fondation charitable, la 24ᵉ partie de la dîme y produisant aux pauvres 3 setiers de « cosséal » (méteil). Quant à l'école, les parents paient le maître (2).

Le prieuré, connu dès 1330, fut uni à la cure au XVIIIᵉ siècle et le titulaire, depuis lors, percevait les dîmes en payant une rente au prieur de Guignaise sur Châtillon.

L'église dédiée à Notre-Dame de l'Assomption, en assez bon état en 1644, a été érigée en succursale le 4 juin 1853.

Superficie : En 1835, il y avait 611 hectares de bois, 424 de terres, 57 de pré, 731 de pâturages, 62 de rivières et chemins, 18 de terres incultes, total 1.916.

M. Mermoz, en 1839, portait le revenu des 1.853 hectares imposables à 8.894 francs, celui d'un hectare à 4 fr. 80 et celui des 52 maisons à 496 francs.

---

(1) Drôme, Inventaire de la Chambre des Comptes.
(2) Drôme, C. 4.

Contributions directes de 1873 : part de l'Etat, 861 francs ; du département, 416 fr. 33 ; de la commune, 1.186 fr. 96 ; des non-valeurs, 39 francs ; total 2.503 fr. 29.

Population : 51 familles, dont 3 protestantes en 1644 ; 300 habitants en 1789, 223 en 1840, 170 en 1862, 150 en 1883, 120 en 1901, 80 en 1921.

Distances : 12 kilomètres de Châtillon, son chef-lieu de canton, 29 de Die, 94 de Valence.

Altitude : 1.022 mètres.

Foires : Le 9 septembre et le quatrième dimanche de juillet ; la première, en 1724, accusait 2.500 à 3.000 francs d'affaires (1).

Productions : Céréales et bétail à laine.

Nulle curiosité ni illustrations.

Ravel

En face de Souberoche et de Boulc, le versant nord d'une colline cultivée de 1.381 à 1.514 mètres d'altitude, conserve les ruines féodales et les maisons modernes du chef-lieu de la commune et celles des Ferriers, son unique hameau. Cinq villages en France, dont deux dans l'Isère, portent le nom de Revel ou Ravel, en latin *Revellum*, que M. de Coston dérive d'un nom d'homme ou de Rivulus, petit ruisseau, et M. Beretta, d'Avel, vent, en langage celtique.

Les premiers possesseurs du fief placé entre Menglon, Châtillon et Boulc, furent les évêques et les comtes de Die. Effectivement, en 1224, Bertrand d'Etoile ayant réclamé à Guillaume Artaud d'Aix, successeur des Isoards, l'hommage dû à son église pour les châteaux de Ravel, Borne et Glandage, les arbitres, chargés de régler le différend, donnèrent raison au prélat, à cause de l'inféodation consentie par Didier, l'un de ses prédécesseurs, à Hugues d'Aix. De leur côté, les princes d'Orange, de la maison de Beaux, devenus maîtres de Châtillon, Ravel, Mensac, etc., par le mariage de l'un d'eux, vers 1239, avec Malbérionne Artaud, possédaient encore la localité en 1315, puisque Raymond, l'un d'eux, recevait alors la promesse de Guillaume de Ravel d'être servi par lui en fidèle vassal, en paix et en guerre.

La famille de ce gentilhomme, qui possédait le domaine utile d'un lieu dont elle avait pris le nom dès les premiers siècles féodaux, finit probablement avec Clémence, dame de Creyers, épouse d'Ambel, qui transigeait, en 1380, avec le Seigneur de Treschenu, son voisin. On trouve, après elle, les Bérenger de

---

(1) *Inventaire*, t. VIII, p. 297 : Arch. de Châtillon, HH. 1 (Drôme, E. 12.903).

Sassenage maîtres du fief par héritage ou par vente. Des actes anciens leur font acquérir la seigneurie de Morges-en-Trièves, appartenant. à la dauphine Béatrix, en 1189 : de là ils entrèrent dans le Diois (1).

Guy Allard prétend qu'à la suite de difficultés survenues entre le Dauphin et l'évêque de Die au sujet de Ravel, le prince y abandonna ses droits au prélat. Mais, faute d'indication de dates sur ce point, on peut reculer la cession jusqu'à Charles VIII, car en 1450 le futur Louis XI avait donné le fief, à titre viager, à Pierre de La Tonnière, son écuyer, lorsqu'il épousa Louise de Grolée. A un siècle d'intervalle, les Bérenger de Morges avaient repris la seigneurie, puisque, en 1549, Guillaume et Giraud, frères, y faisaient reconnaître leurs droits par les habitants, et qu'en 1599, Abel de Bérenger, gouverneur de Grenoble et du Graisivaudan vendait le fief à Gaspard de Perrinet, seigneur de Barsac, conseiller en la chambre des Comptes, au prix de 6.000 écus. De cette famille. Ravel, passa. le 12 janvier 1640, à Charles d'Agout, seigneur de Piégon, fils de Louis, déjà rencontré à Bonneval, dont la fille s'unit avec Henri de Philibert (2).

Le 28 décembre 1760, Laurent-François de Philibert de Perdeyer, baron de l'Argentière, marquis de Venterol et seigneur de Boulc et Ravel. recevait la reconnaissance des habitants de cette dernière localité. conforme à celles de 1582 et de 1663. Dans cet acte, Reynaud, Bœuf, Noyer, Carton, Bès, Beaumont, Gaillard et autres, formant la majeure partie de la population, se déclaraient ses hommes liges, fidèles sujets et justiciables. emphytéotes. et « tenementiers » (tenanciers), soumis à son entière juridiction, haute, moyenne et basse aux prestations, censes. services. vingtains et droits antérieurs, à sa directe seigneurie sur leurs immeubles et à son droit de lods, au 6ᵉ denier, d'investiture de prélation et de saisie. Ils s'obligeaient notamment à lui payer le vingtain de tous leurs blés et grains à raison d'une mesure par 20 mesures, au port à leurs frais de leurs censes dans la maison de Ravel, et s'ils possédaient des bœufs au charroi de deux charges de bois pour clore son pré et de deux « berrotées de fumier » pour le rendre fertile. Ces charges étaient encore accrues du paiement en corps de communauté de 2 écus, à la Toussaint. pour droit de ban, d'un jambon et d'un fromage recevables de chaque habitant, d'une corvée pour faucher son pré et lever son foin, moyennant 1 sétier de blé payé par lui à la communauté, du charroi des meules de son moulin par les possesseurs de bœufs. du curage des canaux et de la banalité. à raison de 1 setier par 31 setiers et

---

(1) Barthélemy, Inventaire des chartes des Baux. — Cartulaire de Die, p. 129. L'Allodialité dans la Drôme, p. 335.

(2) Guy-Allard. Notes manuscrites. Archives de la Drôme au mot Philibert tome II. Pilot, Actes de Louis Dauphin.

enfin à la reconnaissance des biens fonciers énumérés dans ses terriers (1).

Cet acte reçu dans la cure de Ravel, par un notaire de Châtillon, nous renseigne exactement sur la condition des habitants du lieu avant 1790 ; cependant un autre document de l'année 1789 renferme encore quelques détails intéressants, dignes d'être connus. Anciennement, dit-il, on n'y bâtissait les maisons qu'avec de la terre glaise et du bois et celles qui existent encore menacent ruine. Plus tard on adopta la chaux et le sable ; mais pour obtenir ce dernier, il fallait miner un rocher et le piler ensuite à coups de marteau, de sorte qu'en un jour un homme avait de la peine à préparer la charge de quatre mulets. A cause du prix des tuiles à neuf livres la toise, la majeure partie des maisons étaient couvertes en chaume. D'un autre côté, pour avoir une poutre, il fallait la tirer d'une forêt, distante d'une lieue, par des chemins très difficiles et au risque de la voir confisquer. Les ressources agricoles de l'endroit se réduisent aux céréales, vendues à Die ou à Châtillon, pour acquitter les charges publiques. Comme il y en a peu, les habitants se nourrissent de gros grains, de légumes et de pommes de terre. Faute d'arrosage, les prés sont peu productifs et le bois de hêtre où va paître le menu bétail est transformé en broussailles ; de plus, comme le seigneur s'est emparé des terres, hermes et gastes, un procès est engagé à ce sujet. Le sol inégal, léger et pierreux, se laisse facilement raviner par les pluies et les herbes sauvages étouffent les plantes utiles. Si l'on ajoute à cela une absence complète, d'industrie, de commerce, de revenus communaux, on s'explique bien l'impossibilité de toute amélioration. La perte des archives depuis 1789 nous prive de renseignements sur l'administration communale ; on sait pourtant que la taille due au roi, en 1789, s'élevait à 620 livres, la capitation à 160 et les vingtièmes à 119 ; que le seigneur levait 38 setiers de blé, 1 de gros blé et 18 poules pour redevances dues par suite de concession d'immeubles, et 40 setiers moitié blé et moitié seigle et 36 setiers d'avoine pour le vingtain ou frais d'entretien des fortifications.

Les pères de famille se cotisaient pour l'école et la 24ᵉ partie de la dîme rapportait aux pauvres 2 setiers et demi blé et seigle.

Au point de vue religieux, le prieuré dépendait de celui de Rompon en Vivarais, de l'ordre de Cluny. Ses revenus, au xviiᵉ siècle furent unis à la cure. A côté du prieuré un chapelain desservait l'église paroissiale dédiée à saint Véran et toute délabrée en 1644. Elle n'était pas reconstruite en 1689 et le culte se célébrait dans une chambre mal disposée où l'Evêque l'interdit. En 1729, l'église reconstruite, bien crépie et blanchie, était dépourvue de cloche, de chaire, de confessionnal, de fonts baptismaux et

---

(1) Archives de la Drôme, au mot Philibert, et séries C. et L.

d'ornements ; cette situation s'explique par l'existence de 23 nouveaux convertis non pratiquants (1).

Contenance. En 1835, il y a 77 hectares de bois communaux, 192 de bois particuliers, 337 de terres labourables et jardins, 21 de prés, 468 de pâturages, 48 de rivières et chemins, 8 de fonds incultes, 2 d'édifices publics. Total : 1.100 d'un revenu, en 1839, de 4.641 fr., soit 4 f. 20 l'hectare et celui des 36 maisons de 454.

Contributions directes. Celles de 1873 se sont élevées. pour l'Etat à 624 fr. 58 centimes, à 273 fr. 99 pour le département, à 608 fr. 36 centimes pour la commune, à 30 fr. 31 pour les non valeurs. Total : 1.534 fr. 34.

Population : en 1789, elle est de 140 habitants, en 1840, de 144 ; en 1863, de 121 ; en 1878, de 116 ; en 1901, de 83 ; en 1911, de 86 ; en 1921, de 78.

Distances : de Châtillon, son chef-lieu de canton, 14 kilomètres, de Die 28, de Valence 93.

Altitude : 997 m.

Productions : blé, noix et chanvre. Elevage de bêtes à laine.

Luc-en-Diois

1. — *Les Romains.*

La découverte en 1892 d'une belle mosaïque romaine à Luc, chez M. Nal, ayant appelé l'attention des archéologues sur ce bourg, traversé par la route nationale de Valence à Gap et desservi par la voie ferrée de Livron aux Alpes, nous avons recherché son histoire dans les siècles passés, et ce modeste travail permettra peut-être de combler différentes lacunes de ses annales.

Luc est situé dans une vallée couverte d'arbres à fruits, sur la rive droite et à peu de distance de la Drôme. Son origine n'est pas connue ; toutefois, M. Long veut qu'il ait été construit par les Romains pour défendre la vallée et la route des Alpes au Rhône.

Les auteurs anciens se bornent à lui donner le titre de capitale des Vocontiens avec Vaison et de municipe (2). Son nom de *Lucus* vient de quelque bois sacré du voisinage, et celui de *Lucus Augusti* remonte à l'époque où Auguste fut mis au rang des dieux par Tibère (3).

« On voit peu d'inscriptions à Luc, dit M. Long, et Die, dont les historiens et les géographes n'ont point parlé, en a fourni un

---

(1) Brun-Durand, Pouillé historique du diocèse de Die, et Archives de la Drôme, série G, Visites épiscopales de Die.

(2) Le municipe avait son gouvernement à l'instar de Rome.

(3) Long, *Recherches sur les antiquités du pays des Vocontiens*, 1 vol. in-4°, p. 132 et suiv.

grand nombre. » Cela peut tenir à la condition modeste ou à l'insouciance des habitants de l'une et à la richesse ou à l'instruction plus avancée des habitants de l'autre. Il existe cependant assez de monuments épigraphiques relatifs à Luc pour être signalés ici. E. Herzog a donné les épitaphes de quatre soldats morts en Allemagne et nés dans ce bourg, appartenant tous à la tribu Voltinia, ce qui exclut les villages de même nom où cette tribu n'avait aucun pouvoir : le premier s'appelait Agilcus, vétéran de la légion VIII ; le second, Sextus Valerius, soldat de la légion XXII ; le troisième, M. Apronius Secundus, soldat de la légion XI, et le quatrième, T. Vibius (1).

C'est à M. Allmer que revient le mérite d'avoir signalé le premier des inscriptions indigènes :

1° Un fragment découvert à Luc, en 1864, portant en lettres de bonne forme :

..... IVLIVS P.F.V.

AED. VOC.

qu'il traduit ainsi : « ... Julius... fils de Publius (Julius) de la tribu Voltinia... édile des Voconces » (2) ;

2" L'épitaphe d'Arbacia, fidèle servante de Dieu ou chrétienne baptisée, décédée à 33 ans, sous le consulat de Cassiodore, en 514 (3).

Cette dernière inscription a été extraite, en 1869, des décombres de l'église de Luc et transportée à Die chez M. de Lamorte-Félines.

Elle prouve que le bourg avait encore des habitants en 514 et que Fabius Valens ne le détruisit pas entièrement.

Quant à la première, son importance réside dans l'indication de la tribu Voltinia, à laquelle appartenaient les soldats cités par E. Herzog.

Nous ne revendiquerons ni l'épitaphe de Nigrius, rapportée par D. Bouquet, ni la colonne militaire dédiée à Néron, dont l'identité n'est pas certaine, les auteurs attribuant la première à un Luc allemand et la deuxième à un chef-lieu de canton du Var.

Mais il faut rappeler ici deux inscriptions, l'une de Félix, préfet ou délégué des Voconces, et l'autre d'une fille de 26 ans, appelée Pompéia, que l'on a cru provenir d'un tombeau monumental, ayant la forme d'un petit temple (4).

---

(1) E. Herzog. *Galliæ Narbonensis provinciæ romanæ historia*, p. 101 de *l'Appendix epigraphica*.

(2) *Bulletin de la Société d'Archéologie de la Drôme*, X (1875), p. 307.

(3) *Bulletin de la Société d'Archéologie de la Drôme*, VII (1872), p. 257.

(4) *Bulletin*, t. VI (1871), p. 358.

Voici la note consacrée à la dernière inscription dans les registres de baptêmes, mariages et sépultures de Luc, à la fin du xviii° siècle :

« La pile de la fontaine publique du village est formée par un très beau chapiteau antique en pierre que l'on a creusé ensuite ; ce qui en reste aujourd'hui n'est qu'un fragment dont il manque le commencement et la fin. Au-dessous est une inscription en caractères qui paroissent du siècle d'Auguste. Elle renferme ces mots sur une seule ligne : T. FIL. POMPEIÆ ANNORVM XXVI POMP. V.

Titi filii Pompeiæ annorum XXVI Pompeius uxori.(Pompeius a élevé ce monument à son épouse Pompeia, fille de Titus (2).

« M. le chevalier de Gailhard, fesant la visite de la commanderie, voulut se donner la peine de faire renverser cette pile et eut la bonté de mettre de sa main l'inscription ci-dessus, le 2 octobre 1764.

« M. de Vérone (Moreau) respecte infiniment les lumières et les décisions de M. le commandeur de Gailhard ; il lui paroit cependant que son observation pourroit n'être pas juste. En effet la femme, chez les Romains, portoit un nom différent de celui de son mari. Donc on ne peut pas dire *Pompeiæ uxori*, en sous-entendant *sepulcrum fecit* ».

Partant de là, M. Chapon, curé de Luc, auteur de la note, propose de lire *V(irgini)* au lieu de *V(xori)* (3).

Quoi qu'il en soit, en 1764, les mots de *Felix, præfectus Vocontiorum* n'étaient pas sur la même pierre.

Il existe d'autres preuves encore de l'antiquité de Luc, comme les mesures romaines que M. Guirimand, président du tribunal de Die, y découvrit en 1871 (4), comprenant dans les divers bassins d'un bloc de pierre l'amphore ou 27 litres, le *modius* 9 litres, le *congius* 3 litres 37 centilitres et le *sextarius* 56 centilitres ; des restes d'aqueducs, des tuyaux en plomb anépigraphes, des morceaux de marbre, des fragments de colonnes, des bases, des chapiteaux travaillés avec art ou avec des bordures, signalés par M. Moreau de Véronne (5). « La tradition constante du pays, ajoute l'auteur, est que Luc a été une grande ville, et les preuves qu'on en a journellement, c'est qu'on ne saurait creuser la terre dans les environs et assez au loin sans trouver des décombres de toute espèce. »

---

(1) A la mairie de Luc. — Il faudrait alors *Titi Filiæ*, etc.

(2) Archives de Luc (aujourd'hui égarées).

(3) *Bulletin de la Société d'Archéologie de la Drôme*, t. VI (1871), p. 206.

(4) *Bulletin de la Société de Statistique et des Arts utiles de la Drôme*, I, p. 150.

M. Denis Long, en étudiant le pays des Vocontiens, y a vu de son temps une mosaïque, probablement différente de celle de M. Nal, sur laquelle il ne donne pas de détails ; plusieurs colonnes de beau marbre de Numidie ou de l'Esterel en Provence ; un pied en marbre gris, dont le *calceus* indique une statue romaine ; un autre pied en marbre blanc de la même dimension et du même travail ; un bras nu en marbre blanc, fragment d'un colosse de plus de 3 mètres de haut, représentant peut-être la divinité du municipe, c'est-à-dire Auguste ; un grand nombre de médailles du haut empire et peu d'une époque plus récente ; de nombreux débris de moulins à bras en lave poreuse ; une masse de 200 grammes d'arsenic sulfuré rouge ou *sandaracha* des anciens pour la peinture ; des briques au nom de *Cicero* ; un *simpulum* en bronze, trouvé en 1844 dans les fondations de la nouvelle église, espèce de cuiller arrondie à long manche perpendiculaire, employée dans les sacrifices.

L'auteur ajoute qu'en 1824, à l'extrémité orientale de Luc, à droite, dans un enclos, l'aridité du sol. au milieu de la verdure, lui révéla les lignes d'une construction de 49 mètres de long sur 3 d'épais. « L'enceinte était partagée en plusieurs appartements : on remarquait dans le milieu une pièce carrée de 6 mètres, ornée d'une rangée de 12 colonnes ; le péristyle et une grande pièce de 12 mètres de longueur sur 5 de largeur, dont un des grands côtés offre deux massifs carrés, peut-être des autels. » Aux yeux du savant archéologue. c'était là le palais d'un magistrat supérieur, du gouverneur sans doute.

Le même auteur signale encore des masures anciennes à Herculey, peut-être celles d'un temple d'Hercule et aux Vallasons. sur la rive gauche de la Drôme. à un quart de lieue de Luc, un terrain argileux, sillonné de ravins, recélant des médailles d'argent, d'or et de bronze, des briques, des débris de moulins à bras, des clous, etc. (1).

Enfin Moreau de Vérone mentionne la tradition qui place au Pic de Luc le lieu où les Romains faisaient battre leur monnaie et il assure avoir entendu donner à des masures, sur une hauteur, le nom d'*Aerarium Romanorum* (2).

La mosaïque découverte par M. Nal et dont la description terminera ce travail complète heureusement la liste des preuves matérielles de l'existence sur le sol du Luc actuel d'une agglomération importante.

Pourquoi a-t-elle disparu ? Salvaing de Boissieu répond « qu'elle a été submergée après avoir été brûlée. et qu'ainsi le

---

(1) M. Long, ouvrage cité, pp. 141-142.
(2) *Bulletin de la Société de Statistique de la Drôme*, I, p. 150.

« feu et l'eau ont fait leurs efforts, l'un après l'autre, pour la
« faire périr. »

Telle n'est pas l'opinion des écrivains modernes.

Aussi s'efforcent-ils de prouver qu'aucun des deux fléaux n'a
causé sa ruine.

Et d'abord le récit de Tacite ne parle pas d'un incendie réel,
mais simplement de menaces d'incendie. Fabius Valens, général
de Vitellius, conduisait son armée à pas lents sur les frontières
des Allobroges et des Vocontiens, faisant racheter son passage à
la campagne et aux villes à des conditions honteuses. « A Luc,
municipe des Vocontiens, il avait déjà disposé les torches pour
l'incendier, lorsqu'on l'apaisa avec de l'argent. A défaut d'argent,
les adultères et les prostitutions le fléchissaient. »

« Il n'est plus fait mention de la ville jusqu'en 333. Alors, dit
M. Long, l'*Itinéraire de Jérusalem* lui donne le titre de *mansio*,
lieu destiné aux magasins et au repos des soldats et des voyageurs. Il y a une grande différence entre *Lucus municipium* et
Lucus, simple étape de l'Itinéraire. »

L'empereur Vitellius, après un règne de huit mois, périt misé-
rablement l'an 69 de notre ère. A cette époque, Luc, protégé par
Auguste, jouissait encore d'une réelle prospérité. Mais, comme
une inscription décore Die du titre de Colonie, au IIe siècle, c'est-
à-dire peu de temps après le passage de Valens, elle détrôna *Lucus
Augusti* sous les Gordiens. D'autre part, l'introduction du christianisme dans la contrée amena à Die un évêché sous Constantin,
et, dès lors, l'autorité religieuse, l'autorité civile et militaire s'y
établirent définitivement.

Telle est la cause de la déchéance de Luc et de l'accroissement
de Die (1).

Mais à conclure de là que les Romains ou les Gallo-Romains
allèrent s'établir à l'est, à 1 kilomètre plus loin, dans un lieu
sauvage, stérile et désert, à une époque indéterminée, l'hypothèse
n'est pas admissible.

Par conséquent, le feu n'a pas détruit Luc, et l'eau, au moment
de la chute des rochers qui formèrent le Claps en 1442, ne l'a pas
englouti non plus.

Or, cette deuxième affirmation, avant d'être prouvée, exige
quelques détails historiques préliminaires.

---

(1) M. Long, ouvrage cité, *passim*. La Table de Peutinger du IIe ou du
IIIe siècle mentionne Die et Luc avec une distance de 12 milles entre les deux
localités ; même indication dans l'Itinéraire d'Antonin. Celui de Bordeaux à
Jérusalem, rédigé au IVe siècle, mais remanié au IXe ou au Xe, donne à Die la
qualification de *civitas* et à Luc celle de *mansio* avec la distance des itinéraires précédents.

II. — *La Féodalité à Luc.*

On ne possède sur la période gallo-romaine que l'épitaphe d'Arbacia en 514 et les indications des Itinéraires. Mais la situation du bourg près d'une grande route dut l'exposer aux ravages de tous les peuples qui envahirent l'empire romain. Les maux causés par les Lombards de Zaban en 576 et par les Sarrasins vers 730 ne sont indiqués dans les auteurs que d'une façon générale.

En 879, Boson fut élevé sur le trône, à Mantaille, et Luc demeura étranger aux exploits de ses successeurs. Lorsqu'en 1032 Rodolphe III, dit le Fainéant, abandonna son royaume aux principaux seigneurs, parmi lesquels figuraient les comtes de Valence et de Die, il échut à ces derniers, dont l'origine est environnée de ténèbres. On croit qu'ils étaient parents des comtes de Forcalquier. Geoffroi ou Ponce vivait en 1058 et Guillaume lui succéda. On trouve ensuite Isoard qui suivit le comte de Toulouse à la première croisade et, le 5 juillet 1099, entra avec lui dans Jérusalem.

Peu de temps après, les empereurs d'Allemagne, héritiers de Rodolphe III, dit le Fainéant, jusque-là absorbés par des difficultés intestines et d'interminables démêlés avec le Saint-Siège, redoublèrent d'activité pour asseoir plus efficacement leur puissance dans l'ancien royaume de Bourgogne. Ils offrirent, à cet effet, aux évêques de nombreux privilèges et de grandes faveurs.

Ceux de Die n'eurent garde de les refuser.

C'était pourtant la guerre en permanence entre eux et les seigneurs laïques.

Isoard II, comte de Die, fils de Jaucerand et de Béatrix, commença les hostilités en refusant à l'évêque l'hommage dû pour le château de Luc. Toutefois, après de longues contestations, une sentence arbitrale de Raymond V, comte de Toulouse et marquis de Provence, rendue au Pont-Saint-Esprit le 22 mars 1159, décida que le comte et ses successeurs rendraient hommage à Hugues pour le château de Luc et feraient serment de le rendre ; qu'à toute réclamation du château par le prélat à son vassal, celui-ci, dans un délai de 14 jours, devrait le remettre sans tergiversation.

Le 28 mars 1165, le pape Alexandre III confirmait à l'évêque Pierre la possession des châteaux de Montmaur, Menglon, Luc, Beaumont, le Pègue, Mirabel et Crest (1).

Devant des droits si bien reconnus, le 18 janvier 1168, Isoard II n'hésita pas à déclarer qu'il ne prendrait point les châteaux ou fortifications de l'évêque ou de son église, n'arrêterait aucun clerc et n'attenterait ni à sa vie ni à celle de ses diocésains ; qu'il

---

(1) Ulysse Chevalier, *Cartulaire de Die,* pp. 44, 4, 8, 20.

emploierait ses forces pour venger toute violence faite au prélat ou aux siens, respecterait et défendrait la ville de Die, ses propriétés, ses coutumes, les droits régaliens et sacerdotaux, ses terres, châteaux et villages et lui rendraient le château de Luc et ses fortifications à toute réquisition.

Les empereurs Frédéric Ier, le 30 juillet 1178, et Frédéric II, le 23 novembre 1214, consacrèrent les droits de l'évêché de Die sur Luc ; le premier étant à Montélimar le 6 août 1178 assura, en outre, à Raymond d'Agoult la possession de la vallée de Sault.

Ce seigneur avait épousé Isoarde, fille d'Isoard II, seigneur de Luc.

Le Laboureur cite une charte de 1184 où Raymond d'Agoult, Isoarde, Isoard II et Pierre de Die donnent à la chartreuse de Durbon certains droits de pâturage et de péages. Raymond II, seigneur de Luc, comme héritier de sa mère, ratifia une donation de ses parents aux Templiers et son sceau le représente à cheval, armé d'une épée nue, avec un *loup passant* sur l'écu, au revers.

On sait peu de choses sur Raymond III ; quant à Raymond IV, il rendit hommage à l'évêque de Die, le 6 septembre 1268, avec Isnard d'Entrevennes, son frère, et, dix ans plus tard, octroya certaines franchises à ses vassaux de Luc.

C'est à peine si les généalogistes nous ont conservé les noms de ses successeurs : Raymond V (1332), Faulquet et Barral (1362-1371), Guillaume II (1380) et Raymond VI (1425).

Des d'Agoult la seigneurie échut, au xve siècle, aux d'Urre, car l'un d'eux, François, le 14 février 1475, confirmait les franchises octroyées aux habitants de Luc par Raymond d'Agoult en 1278 ; puis aux de L'Hère (1).

D'après le dénombrement fourni, en 1540, par Claude, Luc et Glandage, sous le nom de baronnie, relevaient de l'évêque de Die et valaient 100 livres de revenus environ, avec leur juridiction entière, censes, tailles, corvées, leyde, péage et fournage (2).

Le même seigneur transigea avec ses vassaux le 27 avril 1561 et, moyennant un sétier de blé de redevance, dû par tout laboureur avec bœufs et autre bétail de trait et une émine par les manouvriers, leur albergea le four, le droit de pêche dans la Drôme et le droit d'arrosage.

Claude fut gouverneur de Die et servit avec succès la cause catholique sous François de La Baume-Suze. Il mourut à Paris, en 1585, laissant de Philippine de Guiffrey de Boutières *Hugues*, dit le Jeune Glandage, qui embrassa la Réforme, et *Marie*, épouse d'Antoine de La Baume-Suze, auquel elle porta la Baume-Transit. De cette union naquit Catherine de La Baume, femme de Jacques de Montagny de la Tour, baron de Vinay, et ensuite,

---

(1) J. Chevalier, *Essai historique sur l'Eglise et la ville de Die,* passim.
(2) Inventaire de la Chambre des Comptes.

en 1639, de François de Châteauneuf, baron de Rochebonne,
d'une famille forésienne. Catherine vendit aux chartreux de
Durbon, le 9 avril 1647, au prix de 600 livres, le grand lac de Luc
lui appartenant en toute propriété, dans la seigneurie de ce nom,
avec toute son étendue, ses contenances, régales à une toise hors
de l'eau, entrées, sorties et dépendances, droit de pêche et juridiction haute, moyenne et basse, à raison de la pêche et autres
excès commis sur ledit lac, entre Luc à l'ouest et au nord, Beaumont et Lesches des autres côtés (1).

On trouve en 1707, le marquis de Rochebonne, commandant
pour le roi en Lyonnais, Forez et Beaujolais, avec la qualification
de seigneur de Glandage, Luc et Montlaur. Il eut de Thérèse
Adhémar de Grignan plusieurs fils, l'un évêque de Noyon, l'autre
de Carcassonne et le troisième colonel réformé, tué à la bataille
Malplaquet en 1709.

Il vendit, croyons-nous, sa terre de Luc à la famille de Gilbert
de Sallières vers ce temps, car Etienne-André, lieutenant-général
de l'artillerie de France, la possédait de 1709 à 1717 (2).

Louis-Alexandre, son fils et successeur dans la charge de lieutenant de l'artillerie, mourut en Italie en 1734. Il laissait une
veuve, Marie-Olympe de Vausserre des Adrets, et deux filles en
bas âge : Jeanne-Angélique et Jeanne-Claire-Dominique, connues
sous le nom de Mlles de Montlaur.

La dernière s'allia avec Marc-Antoine de Morard-Dumont,
chevalier, seigneur de la maison-forte du Verger à la Buissière,
et la première restée célibataire, lors du contrat de mariage de
Marie-Joseph-Gabriel Apollinaire de Morard, aide-major général
d'infanterie, son neveu, avec Angélique-Paule Lemairat, le
19 février 1787, lui donna la moitié de la seigneurie de Montlaur
et de Luc, évaluée 2.500 livres de revenus, moyennant une rente
viagère de 2.000 (3).

Ce gentilhomme, major d'infanterie en 1792, alors domicilié à
Paris, émigra peu après et ses biens furent vendus : ils comprenaient les domaines du Champ, de La Madeleine et de Luc, ainsi
que plusieurs terres, prés et blaches. Il est mort à Pontcharra,
en 1830, après avoir été, sous l'empire, directeur des haras, grâce
à l'appui de Bernadotte, roi de Suède, qui avait servi sous ses
ordres (4).

Mme de Morard et sa sœur, à l'exemple d'autres possesseurs de
fiefs, voulurent, à la fin du xviiie siècle, faire revivre des droits
établis en 1278, comme si les deux époques avaient eu la moindre
ressemblance. Leurs vassaux résistèrent d'abord de leur mieux à

---

(1) Drôme, E, supplément au mot Luc.
(2) Drôme, B, 1132, 1139, 1148, 1185, 1266.
(3) Drôme, B, 652. *Armorial du Dauphiné*.
(4) Drôme, B, 652. *Armorial du Dauphiné*.

de telles prétentions ; mais, dans la suite, craignant un échec devant le Parlement de Grenoble, presque toujours favorable aux seigneurs, ils se résignèrent à transiger, d'après les conseils d'avocats distingués, Piat-Desvial, Barthélemy, Anglès, Dumas et Duchesne.

Voici le résumé de l'acte du 8 juin 1777 :

1° La communauté continuera de payer la cense annuelle de 82 charges et un barral de vin pur, reste des 120 charges stipulées en 1278. Cette redevance, appelée *vin du tail*, avait été diminuée en 1673. Son nom lui venait d'un rôle contenant les noms des vassaux imposés. Quant aux fonds des dames de Salières, provenus de l'ancienne seigneurie ou d'acquisitions postérieures, ils demeuraient exempts de la redevance.

2° Les consuls se pourvoiront contre les recevenrs du vin du tail, afin de constater les exactions commises par eux, sans recours contre les mêmes dames.

3° Tous les fonds acquis ou à acquérir par elles seront soumis aux cas de droit et autres charges légales, malgré l'affranchissement de toute contribution que les accords de 1673 et de 1684 leur avaient octroyé ; mais elles ne restitueront pas les cas de droit dus depuis 29 ans. Comme compensation, elles renoncent à toute réclamation « d'échutes des cas impériaux ou royaux » (voyage d'outre-mer, rançon du seigneur, etc.), au droit de guet et de garde, appelé aussi gâche, sentinelle et ronde, aux cavalcades et chevauchées (obligation d'assister le seigneur aux plaids et à la guerre) ; au logement par les habitants des hôtes des dames du lieu, de leurs chevaux et de ceux de leurs hôtes, même en payant, et à la caution qu'ils leur devaient en corps et, en particulier, à toute réquisition.

4° Le droit d'investiture et de prélation dans tout le territoire, selon l'acte de 1673, est maintenu.

5° Il sera payé à ces dames un sétier de blé par tout laboureur avec un couple ou plusieurs de bêtes de trait, une émine et demie par les laboureurs avec une seule bête et une émine par les cultivateurs brassiers.

6° En cas de charroi de grains et légumes de l'aire au château seigneurial ou à Die, les possesseurs de bêtes de bât recevront un salaire convenable.

7° Les libertés de 1278 sont confirmées et avec elles l'hommage de 1475, l'arrêt de 1451, les transactions de 1561, de 1673 et 1684 et les reconnaissances de 1673 et de 1714, pour tout ce que le présent acte ne modifiait pas.

Une assemblée des chefs de famille, tenue à Luc le 4 mai 1777, nous apprend que les premières procédures avaient déjà coûté plus de 800 livres (1).

____

(1) Archives de la Drôme, E, supplément Luc.

On voit par un document de 1789 que les 82 charges de vin clair et net et d'un barral étaient encore payées, alors que la faculté de se servir des eaux et des hermes vacants coûtait environ 5o sétiers de blé et que les petit et grand lacs de Luc passaient pour appartenir à la communauté (1).

III. — *Le Claps.*

Presque en face de Luc, au sud-est, s'élève une montagne, boisée par intervalles, connue sous le nom de Clot-Montard, dans le vieux cadastre, et sous celui de Clamontard, dans le pays. Elle commence à la Drôme et se dirige en triangle vers Poyols et vers le hameau de Salle, dont elle prend aussi le nom. Une autre montagne presque dénudée, appelée le Puey et par corruption le Pic du Luc (2), monte à 1.100 m. d'altitude vis-à-vis de la première, en pente rapide, au couchant, du côté du bourg actuel et, au levant, du côté du Claps. Ces deux rives formidables de la Drôme, à 1 kilom. environ du centre de Luc, resserrent la rivière dans un val étroit, sur lequel les ingénieurs ont jeté un pont d'une grande hardiesse, pour faire traverser Clamontard en tunnel par la voie ferrée.

Vers 1442, à la suite d'un orage, de pluies excessives ou d'un tremblement de terre, un banc de rochers considérable du Puey, à son versant oriental, se détacha subitement de la masse totale et glissa sur un plan incliné très lisse dans le lit de la Drôme. Mais, comme il y avait déjà en bas un autre bloc énorme, dit le Pigeonnier, celui-ci divisa l'éboulement en deux coulées distinctes. L'inférieure barra complètement la rivière et forma le Petit-Lac, la supérieure, à 5oo mètres de distance en ligne perpendiculaire et à 74 mètres d'un niveau plus élevé, en arrêtant les eaux de la Drôme et celles du rif de Misson, dans un autre défilé entre le Puey et le monticule rocheux qui entoure le Petit-Lac à l'est et au nord, produisit le Grand-Lac, d'une longueur de 5 kilom. et d'une largeur variable entre 400 et 1.000 mètres, soit 3oo hectares environ de superficie.

Au même moment descendaient avec fracas du sommet du Puey des roches isolées de toutes grosseurs, que l'on voit encore éparses entre le bourg actuel et le Claps. Ce dut être un spectacle effrayant que cette triple chute, car elle impressionne encore le passant stupéfait à la vue d'un chaos formé de blocs de toutes grosseurs, jetés çà et là en tous sens, couchés, debout, croisés les uns sur les autres, dans un désordre indescriptible.

On en remarque un aux abords du Petit-Lac, divisé en deux parties perpendiculaires, de 23 mètres de haut, connues sous le nom de *Jumeaux*, avec la petite roche appelée l'*Enclume* au som-

---

(1) Ibid.

(2) Puey dérive plus naturellement que pic de *Podium*, élévation, montagne.

met de l'une d'elles. La gravure de Née les représente exactement ; toutefois l'une a été détruite depuis pour la construction du viaduc du chemin de fer. comme le rocher du Grand-Papa avait été aussi coupé par la route de Valence à Sisteron.

Le Petit-Lac, dont l'étendue dépasse à peine 6 hectares, a toute la fraîcheur et la grâce d'un jardin véritable ; il se prolonge au midi du côté de Salle, entre les montagnes de Clamontard, du Puey et d'une colline rocheuse à l'est, qui le protègent contre les vents.

Comme il n'était ni facile, ni prudent de laisser la route nationale commencée en l'an XIII, dans l'amoncellement de rochers connus sous le nom de Claps (1), à l'ouest du Petit-Lac, les ingénieurs l'ont établie à l'est au pied d'une colline stérile et l'ont fait monter en pente douce jusqu'au défilé supérieur, où il a fallu couper le rocher.

Ici le spectacle change. Le Grand-Lac, transformé peu à peu en une longue prairie, gardée par une ferme isolée à son entrée, présente çà et là des bordures et des bouquets d'arbres malingres. La route nationale et la voie ferrée, en la traversant dans toute sa longueur, rompent heureusement la monotonie de ses tons. Des montagnes boisées l'abritent au nord ; au midi, ce sont des collines presque nues. sauf vis-à-vis de Beaumont, village pittoresque, en face de la gare de Lesches, bien que les maisons de cette dernière commune se trouvent groupées, loin d'elle, sur un plateau élevé. La prairie se continue jusqu'à un monticule surmonté de deux tours, au pied duquel le village de Rochebriane et dans le pays Rochebrienne disparut dans le lac en 1442.

Pendant 300 ans, les eaux accumulées en cet endroit ne furent troublées que par les inondations et par les pêcheurs ; mais, en 1753, M. de Sérionne, avocat au Conseil du roi, offrit de dessécher le lac supérieur, à la condition de rester propriétaire du sol, qu'il supposait appartenir au domaine royal, et il démontra la possibilité et l'utilité de son projet.

Le Conseil d'Etat, sur l'exposé des droits des seigneurs riverains, chargea l'intendant de Dauphiné de s'assurer du fait et de leur offrir par préférence le dessèchement proposé aux mêmes conditions. M. de La Porte, sur la production des titres de MM. Roger-Silvain de Ponnat, baron de Gresse et Beaurières, seigneur de Lesches, de Pierre de Léotaud, Artaud de Montauban, seigneur de Bellegarde et de Beaumont et des Chartreux de Durbon, acquéreurs de la dame de Luc, reçut leurs premières soumissions. Elles furent trouvées insuffisantes, et pendant la préparation des nouvelles, Dom Claret, prieur de Durbon, « la cheville ouvrière de l'entreprise », étant mort, elle demeura suspen-

---

(1) Le cadastre ancien de Luc écrit Clap, mot dérivé de *Clapus*, diminutif de *Claperius*, tas de pierres et non de *Collapsus*. comme on l'a prétendu.

due quelque temps, et lorsque les intéressés, après un traité conclu entr'eux le 17 juillet 1754, voulurent la reprendre, divers
obstacles se dressèrent devant eux ; M. de La Porte lui-même,
en présence de l'opposition de 3o communes, ne se montra plus,
comme auparavant, favorable à l'œuvre.

Il fallut l'inondation de décembre 1765, qui entraîna une por
tion des rochers du barrage supérieur et fit baisser de 2 mètres la
surface du Grand-Lac, pour rendre courage aux trois solliciteurs.

Après diverses procédures, le 22 juillet 1760, le roi en son Conseil autorisa enfin les Chartreux de Durbon et MM. de Montauban et de Ponnat « en qualité de propriétaires de la totalité du
Grand-Lac, d'entreprendre à leurs frais le dessèchement des
palus, marais et terres inondées composant le Grand et le Petit-
Lac », à faire tous les travaux utiles, à passer dans les héritages
voisins et y prendre les matériaux nécessaires, moyennant indemnité, déchargea les terres desséchées de toutes dîmes pendant dix
ans et les réduisit au 50ᵉ après ce délai.

Les procédures, l'arrêt, les lettres patentes qui l'accompagnaient
et leur enregistrement à Grenoble coûtèrent 4.240 livres, dont
63o à l'avocat des concessionnaires, 2.480 à M. Bouchet, ingénieur
en chef des ponts et chaussées de la province, pour ses honorai-
res, 600 à M. Renaudon, aussi ingénieur, pour plans des lieux et
devis des travaux, etc. (1).

Les Chartreux, qui avaient avancé cette somme, commencèrent seuls le dessèchement en 1788 ; ils furent bientôt contraints
de s'arrêter en présence de l'hostilité des populations et du changement de régime. Aussi voyons-nous les habitants de Luc,
Beaumont, etc., réclamer au directoire du département l'envoi de
commissaires pour rechercher les moyens de continuer les travaux
en tout ou en partie. D'après le rapport de MM. Long, Gilly et
Lesage, commissaires, qui se rendirent au Claps le 17 mai 1792,
la chute des rochers en 1442 avait fait élever les eaux de la Drôme
dans le lac supérieur « de 144 pieds au-dessus de leur niveau
naturel », l'autre éboulement à 150 toises plus bas, avait par son
barrage également formé un lac de 23 pieds de profondeur, sur
une étendue peu considérable, et en 1789 et 1790, pendant l'été,
un déblaiement de rochers sur 3o toises de long et 12 pieds de
haut avait abaissé de 12 pieds les eaux du Grand-Lac.

Les commissaires conclurent à la reprise immediate des travaux qui, à leur avis, ne devaient pas coûter plus de 4.000 fr.

On ignore les suites de l'affaire, rendue de plus en plus difficile
par les revendications des habitants de Luc, de Beaumont et de
Beaurières, après l'abolition du régime féodal. Tous cherchaient à
prouver qu'étant propriétaires du sol, avant la formation des lacs,
ils avaient toujours conservé leurs droits. Un procès en appel

----

(1) Renseignements tirés d'une obligeante communication de M. Ludovic
Vallentin. Arch. Nat., E. 1552 ᴮ., nᵒ 14 (Conseil d'Etat).

devant la cour de Grenoble, en l'an XII, fut même engagé par Beaumont contre M. de Montauban, qui le gagna sans doute, puisqu'il vendit sa part à M. Guillermoz, de Voiron.

D'un autre côté, un arrêté préfectoral du 28 messidor an XI autorisa les hospices de Die et de Crest à jouir du Grand-Lac à la place des Chartreux, Luc et Beaurières ayant obtenu plus tard une indemnité.

M. Guillermoz reprit et M. Crozet, son acquéreur, continua le dessèchement du Grand-Lac ; M. Chabert, de Triors, les imita, et cependant l'œuvre en 1815 n'était pas achevée, témoin une demande de M. de Bésignan de la reprendre, restée sans réponse.

L'ouverture de la route nationale de Valence à Gap a facilité depuis lors une entreprise si souvent interrompue et que M. Gasparin désapprouve sous prétexte qu'elle préserverait la vallée de la Drôme des ravages causés par ses crues subites (1).

Tous ces détails seraient certainement étrangers à notre étude, si Salvaing de Boissieu, Chorier, Guy Allard et Aimard du Rivail n'avaient placé Luc dans l'un des deux lacs. Le dernier auteur affirme même avoir vu, le 8 septembre 1533, après une longue sécheresse, une citadelle s'élevant au-dessus des eaux, « à la hauteur d'environ 40 pieds, aussi bien conservée que si elle venait d'être bâtie, avec deux doubles fenêtres, l'une au niveau des eaux et l'autre à peu de distance du sommet » Il ajoute que parfois, auprès de la citadelle, on aperçoit le faîte de l'église de la ville, et qu'en 1535, pendant l'été, beaucoup de gens allèrent au pied de la tour et dans l'intérieur de cette église, où il existe encore trois autels entiers.

D'autres édifices, selon lui, apparaissent aussi « au-dessous des eaux », et se reconnaissent aux saillies des pierres. Il y vit notamment, vers la partie nord, une tour voûtée et des murailles allant rejoindre la citadelle. « L'eau en cet endroit ne s'élevait pas à plus d'un pied au-dessus des ruines ». Beaucoup de personnes, au moyen de pièces de bois réunies, allaient y pêcher, d'autres prenaient dans la tour les pigeons qui y abondaient.

Au rapport de l'historien, la ville ne fut pas immédiatement submergée et les habitants s'enfuirent en emportant leurs meubles. « Quelques-uns fixèrent leur demeure un peu au-dessous, au pied de la montagne, au couchant, et donnèrent à ce village le nom de la ville antique qu'il conserve encore aujourd'hui, avec une église appelée le Prieuré. »

M. Macé, traducteur d'Aimar du Rivail, estime que « les allégations » d'un témoin oculaire, distinguant si nettement la vieille ville et le village nouveau, méritent d'être prises en sérieuse considération.

---

(1) *Une Course au Claps de Luc*, par M. Gasparin. · Orange 1858, Raphel, broch. in-8°.

Il convient donc de les examiner avec calme, puisque ni l'auteur de la *Statistique de la Drôme* ni celui des *Antiquités du pays des Vocontiens* ne les ont pas connues, lorsqu'ils ont émis une opinion tout à fait contraire à celle de l'écrivain dauphinois.

Tout d'abord, il est utile de préciser nettement la situation de Luc. C'est, dit il, un lieu fermé de tous les côtés par des rochers, en forme de demi-cercle, à une lieue environ de la source de la Drôme. Il a deux issues, assez éloignées l'une de l'autre, large chacune de 18 pas, la première au nord et la deuxième inclinée vers l'ouest. La ville se trouvait dans le demi-cercle avec deux portes, des tours et une citadelle carrée au milieu. Mais, il y a environ 60 ans, une partie du rocher septentrional en s'écroulant barra les deux issues de Luc et forma ainsi deux lacs.

Ces détails ainsi que le « rocher nu et blanc » sur lequel glissa un banc de pierres énormes prouvent évidemment qu'aux yeux de du Rivail, la ville engloutie se trouvait placée dans le plus petit des deux.

Sans relever ici les inexactitudes commises par l'écrivain à l'endroit de la distance de Luc à la Bâtie-des-Fonds, située non pas à une lieue, mais à plus de 20 kilom. de là, et au sujet de la date de l'éboulement survenu en 1442 et non vers 1473, il est utile de constater qu'il a vu *sous les eaux* la plupart des constructions dont il décore la ville disparue, ou bien qu'il admet sans contrôle des affirmations basées sur des légendes : dans le premier cas, l'illusion était facile et les blocs de pierre enfouis pouvaient être confondus avec des constructions réelles ; dans le second, ce n'est plus son témoignage, mais celui de gens inconnus, sans autorité.

Au reste, il y a diverses objections sérieuses contre les allégations de du Rivail (1). Ainsi :

1° Le Petit-Lac, avant et après la chute des rochers, se trouvait exposé comme aujourd'hui aux inondations de la Drôme et du rif de Miscon, torrent considérable. C'était donc une situation dangereuse, sans avantage non seulement sur celle du Luc romain, mais difficile à cause de l'étroitesse du local habitable, et coûteuse par suite de l'éloignement des terres et vignes à cultiver, à plus d'un kilomètre de là.

2° Si au moyen âge, les seigneurs choisissaient de préférence à la plaine, soit une colline élevée, soit un rocher peu accessible, comme firent ceux de Luc en construisant leur château au sommet du Puey, où des ruines et des citernes se voient encore, ils obéissaient aux nécessités d'une époque agitée et belliqueuse. Il n'est pas admissible que leurs vassaux eussent préféré construire leurs maisons dans un défilé facile à surprendre, au lieu de les placer entre le bourg romain et la citadelle seigneuriale, où des

____

(1) Aymar du Rivail. *De Allobrogibus liber I*, ed. de Terrebasse, p. 183 ; trad. Macé, p. 120.

communications et des secours étaient possibles, alors que du côté du Claps ils ne l'étaient pas.

3° Le pigeonnier ou la tour dont parle du Rivail a laissé son nom au rocher qui le portait, et la gravure de Née le représente isolé et sans communication avec la citadelle du sommet du Puey, ni avec les constructions établies de l'autre côté de la Drôme. Au surplus, l'éboulement de 1442 l'épargna tout à fait, comme il aurait épargné les bâtiments contigus, puisque les deux coulées de rochers se produisirent un peu au-dessus et au-dessous, comme on l'a vu.

4° Le dessèchement des deux lacs s'est opéré au commencement du xix° siècle ; les anciens pourraient avoir vu les édifices signalés en 1533 par du Rivail, et cependant aucun n'a gardé le souvenir d'un spectacle si curieux.

A la vérité, l'administration municipale, sous le Consulat et l'Empire, affirma, sur le témoignage de Chorier et de Salvaing de Boissieu, que Luc avait été englouti en 1442. C'était là à ses yeux un argument favorable à la revendication du sol desséché appartenant, disait-elle, à la population avant ce temps. Or, qui aurait résisté à l'évidence des droits réclamés, si elle avait pu dire : « Nos maisons englouties, il y a plus de trois siècles, sont encore là debout ; elles servirent d'abris à nos pères et nous demandons le sol qu'elles occupaient et les débris qui en restent. » Ce simple langage, s'il y avait eu des ruines, aurait été bien autrement éloquent que le témoignage d'écrivains étrangers à la localité et nullement contemporains de l'événement raconté par eux.

Ajoutons qu'au Petit-Lac, le niveau de la Drôme ne permet pas de supposer un colmatage assez puissant pour laisser au sol la moindre fertilité, s'il avait renfermé réellement des substructions anciennes, et que le dragage opéré dans le lit de la Drôme pour l'établissement du viaduc voisin n'a révélé aucun fragment de maisons ruinées par les eaux.

5° Une ordonnance de Louis, dauphin, datée de Grenoble le 18 mars 1450, avant Pâques, réduisit à deux feux sur huit l'assiette des impositions supportées par les habitants de Luc, Miscon, Saint-Cassien, Lesches, Le Pilhon, Fourcinet, Montlaur, Beaumont et Beaurières, « à cause de la chute huit ans ou environ auparavant, d'une montagne auprès et au-dessous du châtel de Luc, laquelle empêcha le cours de la Drôme et y forma un lac de plus d'une lieue de pays entre Luc et Rochebriane, lequel a noyé et desperi les villaiges et habitations, terres et possessions, vignes et habitaiges des suppliants, estant entre lesdits lieux de Luc et de Rochebriane », de telle sorte qu'indépendamment de la perte du sol, ils ont été contraints de se construire des habitations nouvelles (1).

---

(1) Pilot de Thorey, *Catalogue des actes du Dauphin Louis II*, n° 866.

Nous avons suivi la transcription donnée par M. Long de préférence à celle de la *Statistique de la Drôme* où il est dit « que
le lac a noyé et desperi les lieux, villages et habitations... *entre
autres les lieux de Luc et Rochebriane* » ; ce qui change totalement le sens.

Le texte, obligeamment vérifié sur l'original par M. Prudhomme,
archiviste de l'Isère, donne tout à fait raison à M. Long contre
M. Delacroix.

Par conséquent, l'auteur de la *Statistique*, favorable d'ailleurs
à notre opinion, a été induit en erreur par une transcription
fautive.

Revenons à l'ordonnance de 1450. Evidemment, parmi les villages qu'elle énumère, ni Beaurières, ni Fourcinet, ni Le Pilhon,
ni Montlaur, ni Miscon, ni Lesches, à cause de leur éloignement,
ne perdirent aucune maison dans ce cataclysme local. Il reste donc
seulement Beaumont, Luc, Saint-Cassien et Rochebriane. Quant à
Saint-Cassien et Beaumont, placés sur un coteau, ils virent simplement leurs terres inondées ; mais Rochebriane périt. La preuve
en est fournie par un pouillé de l'évêché de Die de 1450, où une
exemption formelle de toute redevance pour droit de visite épiscopale est octroyée à ce lieu, « à cause du déluge du lac de Luc
« qui avait obligé les paroissiens à s'enfuir » (1).

Si pareil malheur avait atteint ceux de Luc même, le document n'eût pas manqué de le constater. Cependant, la taxe de
1416 fixée à 4 florins pour le prieur reste la même en 1450. Par
conséquent, les revenus n'avaient pas diminué avec la formation
des lacs et le bourg ne se trouvait pas dans le plus petit.

6° Une dernière raison se tire encore d'une visite pastorale de
l'évêque de Die à Luc, le 10 octobre 1509, dans laquelle il enjoi-
gnait au prieur de Notre-Dame de réparer le chœur et le clocher de
son église qui menaçaient ruine (2). De 1442 à 1509, il y a 67 ans.
Ce court espace n'autoriserait pas la nécessité de telles réparations,
si l'église avait été reconstruite après la chute des rochers du Claps.
Le prélat voulut en outre que les vaisseaux ou muids installés
près du chœur fussent enlevés. C'était là, sans doute, que le vin
de la dîme se conservait. On se demande, avec le bourg dans le
Petit-Lac, où se trouvaient les vignes sujettes à cette redevance et
à celle plus considérable encore du tail due au seigneur du lieu ?

Ces arguments réunis nous ont paru de nature à infirmer les
allégations d'Aimar du Rivail.

A la vérité, une tradition constante, recueillie à Beaumont,
Lesches et Miscon, veut qu'une ville ait été engloutie par l'éboulement de 1442. Mais cette ville s'appelait Amboise ou Ambroise,
et à Poyols une agglomération du même nom aurait été écrasée

---

(1) Archives de la Drôme, évêché de Die.
(2) *Bull. Soc. Arch. Drôme*, t. XVI (1882), p. 369.

par la chute d'un rocher de Clamontard. Voici le dicton recueilli
dans le pays :

>   Amboise périra
>   Et Luc se relèvera.

Des recherches attentives ont permis de constater à Poyols la
disparition d'une paroisse du nom de Saint-Marcel, à une époque
indéterminée et celle d'une chapellenie appelée *de Abriis* dans
l'archiprêtré de Die dont Luc dépendait. Cette chapellenie existait
au xiv° siècle ; on ne la trouve plus dans le pouillé de 1416 ; elle
ne fut donc pas engloutie en 1442.

En somme, cette tradition serait plutôt favorable que contraire
à notre thèse, puisque Amboise remplacerait Luc dans le Petit-
Lac.

Aussi persistons-nous à soutenir que jamais Luc n'a été déplacé
et que sa situation au couchant de la montagne du Puey, sous le
chastel seigneurial, a induit en erreur Chorier, Guy Allard et
Salvaing de Boissieu ; tout au plus admettons-nous au Petit-Lac
une tour et une ou deux maisons, abandonnées après la chute des
rochers du Claps.

Des témoignages dignes de foi nous ont révélé depuis peu
l'existence d'une relation contemporaine inédite de l'événement
de 1442. Comme elle seule peut définitivement trancher la question, nous appelons sur ce point toute l'attention de nos dévoués
collègues et des chercheurs et collectionneurs dauphinois.

N'ayant d'autre but que la découverte de la vérité, nous accep-
terons de grand cœur la décision donnée par ce document.

IV. — La mosaïque.

Aux diverses preuves déjà fournies en faveur de l'existence
continue de Luc sur le même emplacement, il est utile d'ajouter
celles que sa mosaïque met en évidence.

Cette œuvre d'art ne porte en elle-même, ni dans ses alentours,
aucune trace d'incendie, et révèle une demeure somptueuse au
centre même de la ville ancienne. En effet, la propriété où elle a
été découverte, l'année dernière, en construisant une maison
neuve, longe, au midi, la route nationale n° 93 de Valence à
Sisteron par Die, et, au couchant, l'avenue de la gare de Luc sur
la voie ferrée de Livron à Aspres-lès-Veynes ; elle touche ainsi à
la place de la mairie, de la fontaine et de l'ancienne église,
restaurée en 1671 et remplacée par une autre en 1844.

Devenu gîte d'étape, *mansio*, aux temps de la *Table de Peutinger*, de l'*Itinéraire d'Antonin* et de celui de *Bordeaux à Jérusalem*, Luc conserva tout naturellement des restes de son ancienne
splendeur. En 514, sous le consulat de Cassiodore, la mort
d'Arbacia, chrétienne baptisée, prouve la conversion des habitants à la foi chrétienne et l'existence d'une agglomération.

Mais, n'eut-elle rien à souffrir des Lombards en 576 et des Sarrasins, de 733 à 737 ? Les détails font défaut.

Un fait certain c'est que la mosaïque à une époque reculée subit de graves mutilations et fut coupée par un canal, du nord au midi, dans toute sa longueur.

Jamais les Romains n'auraient sacrifié de la sorte une œuvre d'art, et il ne faut remonter à des temps de décadence littéraire et artistique pour expliquer cette espèce de sacrilège.

Est-ce à la suite d'inondations du rif de Luc ou de glissements de terre que les maisons voisines de la mosaïque descendirent un peu plus bas ? L'hypothèse est vraisemblable, puisqu'elle a été trouvée à 1 m. 50 au dessous du niveau de la route et que la partie méridionale du bourg actuel renferme des constructions anciennes. L'existence du canal qui la coupe accuse des exigences inconnues sous la domination romaine, et qui jamais ne se seraient produites, si, Luc avait quitté, pour le Claps, son ancien emplacement. A quoi aurait servi un canal dans un lieu inhabité ?

En l'état, par suite de constructions postérieures (1) et de mutilations, la mosaïque de M. Nal présente seulement une longueur de 5 mètres sur une largeur de 3 m. 65, c'est-à-dire un tiers environ de la surface primitive. C'est à la fois un *pavimentum sectile* et un *pavimentum vermiculatum*, c'est-à-dire un mélange de figures géométriques et de figures d'oiseaux, de fleurs et d'insectes.

On y voit, du côté du jardin et de la gare, un panneau central, à quatre têtes de taureaux, entourés de quatre médaillons carrés avec des étoiles à 6 raies au centre, et de deux carrés longs avec losanges intérieurs, le tout ceint d'un encadrement en feuilles de vigne, d'une exécution si remarquable qu'on dirait une peinture.

Au levant et au midi de ce panneau existent six autres médaillons carrés avec décorations spéciales pour chacun, et l'un d'eux, sous le panneau central déjà décrit, porte une inscription, indiquant le nom de l'artiste, ce qui constitue un fait extrêmement rare.

Viennent ensuite une frise grecque, une assez large bande en blanc entre deux filets noirs et enfin le seuil, frise ou bordure, d'un travail élégant et fini, reproduisant des fleurs, des insectes et des oiseaux avec leurs couleurs naturelles. Il y a là de ravissants détails qui annoncent un artiste de valeur.

En dehors de ce seuil, les cubes employés sont en calcaire noir et blanc ; les noirs proviennent des Alpes et les blancs du pays même ou du Pont du Gard ; ils ont d'ordinaire de 9 à 10 millimètres et ceux des ornements, la moitié moins. On dirait que la guirlande en feuilles de vigne du panneau central était verte

____

(1) Dans le jardin de M. Nal, où l'on espérait trouver la prolongation de la Mosaïque, les fouilles faites ont simplement mis à nu des fragments de murs.

autrefois ou tirait sur le vert ; la couleur a beaucoup pâli depuis ; mais le travail est resté véritablement soigné et délicat.

M. Allmer a publié dans la *Revue épigraphique du midi de la France*, n° 68 (dernier trimestre de 1892), l'inscription de la Mosaïque de Luc. Le savant épigraphiste déclare ne connaître aucun autre exemple du gentilice *Amiteius* et incline à y voir *Anteius* ou *Ami(n)teius*. Il ne nous appartient pas de contredire un maître si compétent, mais nous pouvons déclarer qu'un examen sur place de l'inscription n'a pas permis de lire autre chose qu'*Amiteius* avec *s* final plus petit, l'*a* et le *m*, le *t* et le *e*, dans Amiteius. et le *h* et l'*i*, dans *architectus*. liés en monogrammes. Un grand nombre de personnes, et notamment MM. Héron de Villefosse, Révoil et Nugues n'ont pas lu autrement. Le point après le *Q* est très apparent et on n'en voit pas d'autre. Il y a donc en réalité :

Q. AMITEIVs
ARCHITECT
FECIT

Ou en français : « Œuvre de Quintus Amiteius Architectus. » M. Allmer trouve une autre difficulté dans cette inscription : c'est la qualification d'*architecte*. « S'il s'agit, dit-il, de l'architecte de la construction à laquelle la mosaïque appartenait, la place convenable de la signature n'était pas sur la mosaïque, où elle désigne non pas l'architecte. mais l'artiste mosaïste, signant son œuvre même. » Or, l'auteur établit d'après des textes certains, que les mosaïstes s'appelaient *Musaerii* ou *Musivarii*.

Il ajoute que, dans une inscription de Gruter, *architectus* et *architectianus* sons incontestablement des *cognomina*, et que la lecture *Q. Amiteius Architectus* « fait disparaître à la fois l'irrégularité d'un gentilice non suivi d'un *cognomen* et la mention d'un qualification inutile à rappeler, si la profession répondait à la nature de l'œuvre signée, non motivé, si cette profession, comme ce serait le cas, était sans rapport immédiat avec la nature de l'œuvre. »

M. Révoil, l'habile architecte, si connu par ses beaux travaux archéologiques. nous a assuré qu'il a reconnu, dans d'autres mosaïques du midi, le savoir faire d'*Amiteius* ou des siens, malgré l'absence de tout nom de famille. Cette particularité expliquerait alors le surnom d'*architectus*, pris a Luc par cet artiste, et tout serait ainsi concilié.

La mosaïque, gracieusement offerte par M. Nal au musée de Valence, sur les conseils de M. Héron de Villefosse, a été enlevée par les soins de M. Mora, mosaïste à Lyon, et transportée au chef-lieu du département.

Outre les inscriptions déjà signalées à Luc, il est bon d'en rappeler trois autres d'une certaine importance : la première, placée à Pauliane par M. Long et dans le bourg même par M. Delacroix, porte sur un autel votif à Mercure :

MERCVRIO
NOVELLVS
IOVINCATI
V. S. L. M.

La 2ᵉ est un fragment du cinéraire d'un médecin :

V. IVL. - . OL   *Vivus Julius... ol*
ANVS MED   *anus medicus*
OCO CINE   *Vocontiorum cinerarium.*

La 3ᵉ, d'après Gruter, révèle le nom d'un prêtre de la colonie de Luc.

... R. Pom. sac   *Valerius Pompeianus sacerdos*
luc....   *Coloniæ Lucensis.*

M. Gillouin, agent voyer, nous a montré aussi un fragment de statue de femme dans une cour voisine de son habitation, et, près de la gare, deux tronçons de colonnes considérables.

Un collectionneur éclairé et ami de son pays, qui aurait su recueillir toutes les épaves romaines de ce bourg, aurait rendu à la science historique un véritable service ; à son défaut, nous avons tâché du moins de réunir ce que les auteurs de la province en ont dit.

V. — *Renseignements statistiques.*

Distance : de Die, 18 kilomètres, de Valence 83.

Superficie : 2.349 hect. : bois, 664 ; prairies et pâturages, 987 ; terres, 475 ; vignes 67 ; terres incultes, 123, chemins et rivières, 130 (1835).

Altitude : 680 mètres.

Population : en 1911 785 habitants, en 1921, 705.

En 1835. contribution financière, 2626 fr. ; personnelle et mobilière 574 ; portes et fenêtres, 286, patentes, 208 ; 167 maisons. En 1912, revenu de la commune, 6.186, valeur du centime, 58 fr. 08.

Barnave

Entre Die et Luc, deux anciennes villes romaines, la belle vallée de la Drôme renferme les villages de Molières, Aix ou Pont-de-Quart, Barnave, Recoubeau et Montlaur. C'est Barnave, en face de Châtillon, qui réclame aujourd'hui notre visite. Son village, sis à deux kilomètres de la route des Alpes au Rhône, se trouve au pied de la chaîne de montagnes qui suit, au midi, le cours de la Drôme. Son existence historique ne remonte pas probablement au delà de notre ère, et feu M. Long, le savant antiquaire de Die,

---

(1) La notice de cette commune qui aurait dû se placer avant celle de Luc. est tirée du *Bull. Soc. Arch. Drôme*, t. XXXIX (1905), p. 266-272.

y découvrit, en 1842, au cimetière, un fragment d'inscription qu'il reproduisit ainsi dans ses *Recherches sur les antiquités romaines du pays des Vocontiens :*

R. VOC. PO.
OPTIMO (1).

Quatre ans plus tard. M. Revellat, alors agent-voyer dans la Drôme, trouvait, au même endroit, un autre morceau de pierre portant les lettres suivantes :

//// NTIFICI
//// ET SIBI V. (2).

En rapprochant les deux morceaux, on obtient l'épitaphe incomplète d'un pontife des Vocontiens dont le nom est resté inconnu, ainsi que ses fonctions civiles, car, au témoignage de M. Allmer, elles se cumulaient avec les fonctions religieuses, à vie, données par les décurions (3).

Comme Aimar du Périer signalait à Barnave, à la fin du xvi° siècle, plusieurs débris d'antiquités, il est probable que les soldats de Fabius Valens, général de Vitellius, ceux de Zaban, chef des Lombards, ou bien les Sarrasins et autres envahisseurs de la Gaule avaient passé dans la région où régna, depuis lors, un silence absolu jusqu'à l'organisation féodale. Le plus ancien titre conservé qualifie Barnave de *Castrum* ou château fort, comme celui de Jansac, son voisin d'en face, et les fait vendre l'un et l'autre, en 1227, a Bertrand d'Etoile, évêque de Die, par Aalmos ou Almonde de Mévouillon, qui les tenait d'Hugues d'Aix, son fils (4) La descendance de la maison d'Aix, des anciens comtes du Diois, permet d'attribuer à ces derniers la possession, après Rodolphe III dit le Fainéant, des deux terres aliénées, puisque des fortifications, des bourgs, une justice, des hommes ou vassaux et des mandements impliquent une organisation antérieure.

A la mort d'Aalmos, les deux seigneuries de Barnave et de Jansac échurent à Rostaing de Sabran, son autre fils, qui, en 1230, en approuva la vente consentie trois ans auparavant.

Les successeurs de Bertrand d'Etoile conservèrent Barnave jusqu'en 1299, époque de la cession qu'ils en firent à l'abbaye d'Aurillac. Cette maison bénédictine, longtemps célèbre par la sainteté et la science de ses moines, avait été fondée dans la capi

---

(1) Ce fragment est aujourd'hui conservé dans la riche collection de M. R. Vallentin du Cheylard, à Montélimar.

(2) *Quelques inscriptions romaines de la Drôme et de l'Ardèche,* broch. de 1850 — Ce fragment est perdu.

(3) Allmer, *Inscriptions antiques de Vienne,* II, 274. — Voici comment il faut alors la lire : [Decu] R VOC. PONTIFICI OPTIMO ET SIBI.

(4) C.-U.-J. Chevalier, *Documents inédits, Cartulaire de l'église et de la ville de Die,* p. 65 et 67.

tale de la Haute-Auvergne, au x⁰ siècle, par saint Géraud, fils du comte de la région, et ce saint, en se rendant chaque année à Rome, avait établi, le long de la route, des colonies de son ordre naissant : celles de Saillans et d'Aspres furent du nombre.

Or, le prieur de Saillans, ayant éprouvé de sérieux dommages pendant la guerre de Guillaume de Roussillon contre Aimar de Poitiers, comte de Valentinois, réclama au prélat une indemnité de 5oo livres ; mais, à l'offre d'une pension annuelle de 5o livres, il préféra les revenus des territoire et mandement de Barnave et les obtint en 1299 (1).

Dès ce moment, grâce au don généreux fait au dépôt des archives de la Drôme d'anciens documents de la famille du Vivier, par Mgr de Cabrières, l'évêque distingué de Montpellier, qui en descend, on suit l'histoire de la seigneurie jusqu'en 1790 et celle de Pennes, placé derrière la montagne du midi, à 9 kilomètres de la gare de Recoubeau et à 10 de Saint-Nazaire-le-Désert.

Le plus ancien, du 10 juillet 1321, nous fait assister à la prestation de serment et à l'hommage lige des habitants de Barnave à Pierre de Silve *(de Silva)*, prieur de Notre-Dame de Beaurières au diocèse de Die, représentant de R. P. Archambaud, évêque de Saint-Flour et administrateur de l'abbaye de Saint-Géraud d'Aurillac. Nobles Guillaume Athoier *(Athoerii)*, dit Chapas, Albert de Pennes *(de Pennis)* et Artaud Chapai *(Chapasii)* se déclarent hommes liges de l'abbé et lui prêtent, debout, le serment de fidélité ; puis, les cultivateurs, à genoux, les mains jointes dans celles du mandataire, remplissent le même devoir.

Salvaing de Boissieu, dans l'*Usage des fiefs*, a expliqué les cérémonies usitées en pareil cas et les obligations qui en résultaient pour les vassaux, indépendamment des redevances dues par suite de la cession de parcelles de territoire faite originellement à chaque tenancier. Ces redevances étaient stipulées dans les *terriers* et dans leurs résumés appelées *lièves*, qui furent brûlés avec empressement à la Révolution.

Il en existe cependant pour Barnave en 1534, 1540, 1546, 1561, 1605, 1638 et 1738.

Le premier de 1534, en faveur de Jean de Cardaillac, abbé de Saint-Géraud d'Aurillac, accuse 69 tenanciers de Barnave et 15 forains de Montmaur et Die, et un total de redevances de 52 setiers de blé, 2 ras de gros blé, 5 civayers d'avoine, 28 sols de monnaie, 15 poules, 4 barraux 12 pots de vin et 6 setiers 3 quartes de blé des condamines ou domaines.

Parmi les tenanciers figurent : Deville et Brunet, syndics de la communauté, pour le four commun sous la cense de 6 deniers ; Louis de Montauban, seigneur de Recoubeau et de Volvent, pour

---

(1) Columbi, *De Rebus gestis episcop. Valent. et Diens.* et Cartulaire de Die dans les *Documents inédits* de M. C.-U.-J. Chevalier, p. 65, 67.

une vigne en Baudesse sous la cense annuelle d'un demi-denier ; noble Jordan Faure de Vercors, de Die, pour terres en Arlat et aux condamines Orse et Orlhac, sous les censes de 3 quartes et quelques fractions de civayer de blé et ainsi de suite pour les 65 autres tenanciers (1).

Le 4 avril 1540, Maillefaud, châtelain de Barnave, déclarait, au nom de l'abbé d'Aurillac, tenir le lieu en fief de l'évêque de Die, et en retirer, à titre de censes directes, 38 setiers de blé, 10 poules, 12 sols et 3 florins des émoluments de la justice (2).

La même année, le 3 octobre, noble Charles Janin reconnaissait, devant le visénéchal de Crest, tenir en fief du même prélat les village et mandement de Pennes et recevoir, en censes directes, au mandement de Barnave, 11 setiers 1/2 de blé et 7 quartes de gros blé ou d'avoine.

Comme en 1546, Charles Janin se qualifiait seigneur de Barnave dans un terrier, reçu par Charency, notaire, il avait dû acquérir vers ce temps les droits de l'abbé d'Aurillac (3).

Les *Janini*, Janin, Janny, Jouany, Jeanni, Genyn et Jony, que l'*Armorial du Dauphiné* identifie avec les de Lers, peuvent fort bien avoir formé une famille distincte.

C'est l'opinion de Guy Allard qui la fait sortir du Champsaur et aller à Gap et à Die ou dans les environs (4).

Il existe, aux archives de la Drôme, des procédures contre Rostaing de Jony pour les consuls de Charols, réclamant la production des titres de sa noblesse, vers 1637, et dans un inventaire des biens de François de Lers, alors seigneur de Pennes, un arrêt de l'intendant de Sève, maintenant noble Verancy de Jony, frère de Rostaing.

Ces deux gentilshommes nés du mariage d'Antoine, capitaine d'une compagnie de gens de pied en 1572, avec Jeanne d'Urre avaient hérité de Charles, l'acquéreur de Barnave, et d'Honorade de Glandevès, son épouse. Le cadet se trouvait à Charols et à Poët-Laval vers 1637, et Verancy ou Venance, gouverneur de Châteauneuf-de-Mazenc, fit renouveler à Barnave la déclaration de ses droits féodaux en 1605 et en 1638. Dans le dernier *terrier*, les reconnaissances des tenanciers sont passées à son nom jusqu'en 1640 ; mais, le 16 juin 1644, c'est noble Jean de Lers de Jony sieur d'Aubenasson, qui les reçoit en qualité de son héritier testamentaire (5).

Selon Guy Allard, les de Lers (*de Lercio*) sortaient de Die, et

(1) Archives de la Drôme, supplément, don de Mgr de Cabrières.

(2) Inventaire manuscrit de la Chambre des Comptes.

(3) Archives de la Drôme, série E., supplément don de Mgr de Cabrières.

(4) *Dictionnaire historique du Dauphiné*.

(5) Archive de la Drôme, E. 1077-1083.

divers documents les signalent à Saillans dès 1323, François, l'un d'eux, s'unit avec Marguerite de Thollon, fille du seigneur de La Laupie.

C'est la même dame qui vendit, le 2 janvier 1666, les terres de Barnave et de Pennes a noble Philippe du Vivier, président en la Chambre des Comptes de Grenoble et bibliophile renommé, dont les descendants s'illustrèrent dans l'armée, la magistrature et l'église. Sa famille forma deux branches : celle de Lentiol et celle de Veaunes, issue de Justin-Bruno du Vivier, lieutenant-colonel au régiment de la Suze, dragons, et de Catherine de Fay-Solignac de Veaunes. L'illustre évêque de Montpellier la représente aujourd'hui par sa mère, Yvonne du Vivier.

Le dernier terrier de Barnave, de 1738 à 1741, remonte précisément à noble Justin Bruno et à sa veuve et héritière. Il énumère toutes les propriétés soumises à des censes ou redevances, aux droits de lods à chaque mutation de possesseur au sixième denier, d'investiture, de retenue à titre de prélation ou préférence, d'albergement et d'accensement. On y voit Liotier, consul de Barnave, assisté de Vallentin, bourgeois, Pellat, Giroin et Bertrand, représentants des autres tenanciers, se déclarer hommes liges et justiciables du seigneur et tenir de lui en emphytéose perpétuelle : 1° le bâtiment du four commun sous la cense de six deniers ; 2° la maison commune, au bourg neuf sous la cense de demi-poule ; 3° un emplacement où est située l'église au bourg neuf, sous la cense d'un civayer et demi de blé et 1/8 de poule ; 4° une maison avec grange, écurie et jardin en l'Oche, servant de maison curiale, sous la cense d'un quart de civayer de blé, outre la directe seigneurie, et enfin onze florins de cense annuelle pour le droit de pacage à Pennes.

Il y a 70 autres tenanciers, et comme, en 1742, l'impôt sur le revenu existait, Mme Catherine de Fay évaluait le revenu des terres de Barnave et de Pennes affermées 1.200 livres en 1741, à 600 chacune, avec déduction de 66 livres dues au prieur de Saint-Marcel de Die et de 50 à Mlle du Vivier, religieuse à Sainte-Marie de Grenoble.

Les 600 livres de Barnave représentaient les 67 setiers et demi de blé et les 13 poules provenant des censes et droits seigneuriaux, et les 600 de Pennes, les 38 setiers de blé, les 24 poules et les 10 livres d'argent stipulées dans le terrier.

Quant à la cote du 10e imposée à Mme du Vivier, elle s'élevait à 63 livres 12 sols (1).

L'absence d'archives anciennes à la mairie de Barnave ne permet pas d'en poursuivre l'histoire. On sait pourtant que le prieuré dépendait de celui de Saint-Marcel de Die et jouissait, en

---

(1) Ces documents ont été donnés aux Archives de la Drôme par Son Eminence le cardinal de Cabrières, évêque de Montpellier, le 8 mai 1902.

1789, de la dîme des grains, du vin et des légumes, affermée
1.300 livres. Le curé recevait sur cette somme 329 livres pour
sa portion congrue, le roi, 51 livres des décimes et les pauvres, la
24ᵉ partie des récoltes.

En 1602, l'église « ruynée, causant le malheur des guerres »,
était remplacée par une autre au village en 1659. Il y avait
12 familles catholiques et 45 protestantes. Les archives de l'Isère
conservent des lettres du roi. de 1626-28, et celles de la Drôme un
arrêt du conseil privé du 17 octobre 1634 qui défendent l'exercice
public du culte réformé à Barnave.

D'après un document de 1789, la population de 275 habitants,
sans industrie ni commerce, cultivait la vigne, les céréales, les
pommes de terre blanches et les légumes. Faute de chemins praticables, le vin s'exportait à dos de mulet.

Son administration communale se composait d'un châtelain ou
représentant du seigneur, d'un consul et de deux notables. Un
budget de 213 livres servait à payer le maître d'école et le garde
champêtre (1).

Au point de vue pittoresque, il existe, au midi du village, dans
le coude fait par la montagne, un banc de rocher ou de sable
dont des colonnes de verdure font ressortir la blancheur et représentent de loin la façade d'un monument idéal.

Population : 84 habitants en 1901, 260 en 1921.

Distance de ..., 13 kilomètres ; de Luc, son canton, 11 kilomètres.

Contenance : 305 hectares. Bois, 192 ; terres, 520 ; vignes,
46 ; prairies et pâturages, 471 ; incultes, 10 ; chemins et rivières,
65 ; 84 maisons 835).

Impôts de 18.. : 1.910 fr. à l'Etat, 844 fr. 15 au département et
1.709 fr. 26 à la commune.

Revenu : 2.235 fr. Valeur du centime : 16 fr. 33 (1912).

Beaurières

Cette station de la voie ferrée de Livron aux Alpes mérite
l'attention des touristes et des archéologues. Elle est placée à
l'ouest et à peu de distance d'un village pittoresque, bâti d'abord
le long du Maravel, affluent de la Drôme, et ensuite le long de
la route nationale de Valence à Sisteron, sur les bords de la
Chaurane, tributaire du Maravel. Une montagne, au nord, le
sépare de Lesches, Fourcinet et la Bâtie-Crémezin ; une autre,
des Prés et de la Bâtie-des-Fonts ; d'autres de Valdrôme et de
Charens, au midi. Toutes sont plus ou moins boisées, sauf à leur
sommet, et les vallées de la Drôme, de Maravel et de Chaurane,
les séparent les unes des autres.

---

(1) Archives de la Drôme, C. 3

Beaurières, placé à la jonction du val de Chaurane avec celui de Maravel, présente indépendamment de sa situation, des merveilles de hardiesse en fait de construction de sa voie ferrée, suspendue aux flancs de rochers élevés qu'elle traverse et d'où descendent des cours d'eau nombreux, et terminée par le tunnel du col de Cabre de 3.760 mètres de long.

Le nom du village de Beaurières, en latin *de Beureriis*, ne révèle à M. de Coston que le souvenir de domaine, preuve que les habitations devaient être rares dans la région à une époque lointaine (1).

On sait pourtant que les Romains avaient établi une route des Alpes à Valence avec des relais *(mutiones)* à Montoison, Saillans, *Vologatæ* et *Cambono*, des stations ou auberges *(mansiones)* à Aouste, Luc et La Bâtie-Mont-Saléon *(Mons Seleucus)*, sans parler de la cité de Die.

Où se trouvait le relai de *Bologatæ* ou *Vologatæ* ? Danville penche pour Lesches, sur un plateau élevé, « dont le nom, dit-il, n'est pas absolument altéré », Sanson opine pour Rochebriane, et M. de Vérone, pour Beaurières.

M. Long, qui connaissait mieux le pays, propose les Bouligons, réunion de 2 ou 3 maisons sur la route nationale, a 8 kilomètres 733 mètres de Luc. De *Bologatæ* à Bouligons, la filiation philologique, on en conviendra, est bien moindre que de *Bologatæ* à Lesches ; mais la distance donnée par l'Itinéraire de Bordeaux à Jérusalem, de 9 milles de Luc (12 kilomètres) est trop faible et celle de Beaurières un peu trop forte.

D'où il est permis de conclure que le relai devait se trouver entre les deux.

Il est inutile d'insister en faveur de Lesches, bien que des médailles romaines y aient été recueillies et que son étape existe depuis longtemps. Un détour si considérable ne serait pas justifié.

M. Long s'est pourtant montré favorable à cette opinion, par la raison qu'on ne trouve à Beaurières aucun vestige d'antiquités. Mais ce savant antiquaire mentionne des médailles d'Auguste et d'Alexandre Sévère, découvertes en 1841 près du Col de Cabre, des anneaux, des lacrymatoires, des pots de terre contenant des os calcinés, un petit vase en verre, quatre fibules en bronze, etc.

De Beaurières au col de Cabre, la distance à vol d'oiseau n'est pas grande, et l'*Itinéraire de Bordeaux à Jérusalem* dit précisément au relai de *Bologatæ, inde ascenditur Gavra mons* (de là on gravit le mont de Cabre). — Peut-on régulièrement traduire *Gavra mons*, sinon par Col de Cabre ? *Crapa* en latin, cabre en roman et chèvre en français. Le *C* a remplacé le *G* et le *B* le *V* des copistes et tout s'explique.

____

(1) *Etymologie des noms de lieux de la Drôme.*

Enfin, un habitant fort intelligent de Beaurières, en fouillant le sol voisin de la chapelle de Notre-Dame d'Auton, ruinée pendant les guerres du xvi° siècle, vient d'y découvrir des pots de terre contenant des os calcinés ainsi que des sépultures. La voie romaine passait-elle près de là. en suivant, moins le tunnel, la direction du chemin de fer actuel ? Il y a là une question à éclaircir, et il serait bien à désirer que tous ces vestiges du passé fussent recueillis avec soin et conservés dans la belle mairie neuve de Beaurières.

Les archéologues, en les étudiant. pourraient se convaincre de la situation vraie de *Bologatœ.*

Quant aux Bouligons, voisins des *Tours* en ruines, rappelant le chef-lieu du mandement de Thorane, Tourane, Turenne, et à Rochebriane, paroisse disparue en 1442 dans le lac de Luc et remplacée par Saint-Cassian. ils font partie de Beaurières ; mais ils sont trop éloignés du col de Cabre.

L'opinion qui fait suivre la Drôme jusqu'à la Bâtie-des-Fonts ne paraît pas soutenable, à cause de la distance de ce lieu à Luc, dépassant 24 kilomètres.

Le 2 septembre 1792 (1) un rassemblement causait la ruine du château, appartenant à M. de Ponnat, président du Parlement de Grenoble. d'une famille du Gapençais, à laquelle, au témoignage de Chorier, « les lettres et les armes furent également chères ».

La foire du 1ᵉʳ septembre avait attiré dans l'endroit de nombreux étrangers, et quand le lendemain éclata, une émeute les autorités locales furent impuissantes à rétablir l'ordre.

Voici le procès-verbal des officiers municipaux en date du 3 septembre 1792 sur les faits criminels de la veille :

« Nous, Jean-David Pic et Antoine Bernard, nous serions aperçus qu'il y avait un grand nombre de gens attroupés dans le château de M. de Ponnat, ayant enlevé la maîtresse porte et le clédat en fer au-dessus d'elle, tous les autres treillis des fenêtres en pierres de taille en partie démolis, arraché tous les tournevents, brisé et décerclé tous les tonneaux de la cave, démoli partie des cheminées. Ensuite les mêmes attroupés, étant remontés sur le haut du château, en ont détruit une grande partie de ses tours et de ses murs, jeté en bas nombre des maîtresses pièces de bois, le portail d'entrée de la cour, du côté du moulin et celui du jardin, pris toutes les serrures, gonds et barres de fer tant des portes que des fenêtres.

« Ils se sont portés après cela dans la grande grange et en ont emporté environ 1.800 tuiles, arraché les serrures, les barres de

---

(1) A partir d'ici le texte est emprunté à un article intitulé *La Bâtie des Fonds. Beaurières en 1792,* paru dans le *Bull. Soc. Arch. Drôme,* t. XLII (1908), p. 474-6.

fer du portail de la cour, cassé, brisé les pierres d'huile, le poële en faïence de la salle, un petit poële d'Allemagne, une horloge et un tournebroche. En un mot, le château n'est plus habitable en aucune manière, observant que les attroupés menaçaient les habitants avec des sabres, « s'ils ne voulaient pas faire comme eux. »

Le procès-verbal du 2 septembre prouve que les officiers municipaux et le procureur de la commune avaient essayé d'empêcher ces actes de violence et de pillage, mais qu'ils avaient été menacés, et l'un deux atteint d'un coup de tuile et le sergent des gardes nationales blessé et ensanglanté.

A la suite de ces désordres quelques arrestations eurent lieu, mais les sentences du tribunal criminel ne sont pas connues.

Non loin de là, l'année suivante, le 17 septembre 1793, deux heures avant jour, divers individus vinrent frapper à la porte du presbytère de La Bâtie-des-Fonds, demandant à y pénétrer. Sur son refus, le curé, M. Favier, fut menacé de violence et dut chercher un refuge dans le voisinage. Au bruit du tambour, les officiers municipaux suivis de quelques personnes se rendirent au sein d'un rassemblement qui avait allumé un foyer avec le bois de la clôture du jardin curial. Comme les manifestants voulaient visiter la maison même, sous prétexte de rechercher des papiers, la porte leur fut ouverte et ils ne trouvèrent à l'intérieur que des comestibles aussitôt consommés et du vin aussitôt bu ou versé à terre. Le maire, qui intervint reçut un soufflet et un coup de pelle à feu. Il se retira alors avec plusieurs habitants, menacés et frappés. A ce moment commença l'enlèvement de la presque totalité des meubles et leur destruction à coups de barres de bois.

Les auteurs de cette équipée au nombre de cinq, dont un avait pris la fuite, ne tardèrent pas à comparaître devant le tribunal criminel de la Drôme, qui les condamna à six ans de fer et à une exposition sur la place publique, pendant six heures, avec un écriteau portant leurs noms, professions, domiciles et motif de leur punition (1).

A ces notes archéologiques sur l'époque romaine et historiques sur la Révolution ajoutons quelques renseignements statistiques.

Distance de Luc-en-Diois, 15 kilomètres ; de Die, 32 ; de Valence, 98.

Superficie : 2.458 hectares, dont 849 en bois, 649 en terres labourables, 8 en vignobles, 30 en prairies, 767 en paturages, 45 en terres incultes, 708 en chemins ou rivières, 2 en maisons (90) (1835).

Altitude : 740 mètres.

Population : en 1911, 339 habitants ; en 1921, 310.

Revenu : 3.447 fr. ; valeur du centime : 15,87 (1912).

---

(1) Affichée imprimée du Tribunal criminel de la Drôme.

Saint-Nazaire-le-Désert (1)

Ce village est loin de justifier son nom, car il est animé ; le pont sur la Roanne en reliant ses deux places, avec sa mairie moderne et son groupe scolaire lui donnent un air de petite ville.

La route qui y conduit de Saillans est très pittoresque et vers le pont d'Espenel on aperçoit les plus belles perspectives, avec ses fabriques sur les bords de la Drôme, ses montagnes à pic et ses hameaux curieusement perchés. A la vérité quelques villages voisins de Saint-Nazaire, comme Volvent et Brette. ont un aspect un peu sauvage et les chemins pour y parvenir sont très accidentés.

Le retour par Nyons est encore plus varié, car on traverse les gorges de Trente-Pas, qui rappellent celles d'Omblèze.

Avec les nouvelles routes, les touristes ne manqueront point d'aller visiter Saint-Nazaire et ses environs. Le village est très commerçant et il a des foires plus importantes que celles de Die, par ses nombreuses transactions.

Les dimanches sont des jours de fêtes où les habitants des pays voisins se réunissent avec plaisir et y traitent des affaires. Il y a deux choses à voir près de Saint-Nazaire : la Grotte du Rachas et le Pertus-Arnaud. La première de ces curiosités naturelles, assez semblables aux grottes de Sadons (près de la Chaudière) et de Salaure (près d'Aix-en-Diois). s'ouvre au sein d'un avant-mont de Couspeau, à environ mille mètres d'altitude. La seconde excavation profonde, bée non loin de la route de Volvent. Quand souffle le vent du midi, ce cratère gronde tout à coup et vomit des torrents d'eau. Le ruisseau de Volvent prend alors les proportions d'une rivière. Saint-Nazaire est à égale distance de Nyons et Saillans, il a très peu de rapports avec son chef-lieu de canton, La Motte-Chalancon, dont la nouvelle route de la Roanne l'éloigne davantage qu'auparavant (2).

Autrefois le village était divisé en deux sections : Montanègue et Saint-Nazaire.

La moitié de la seigneurie de Montanègue et de Saint-Nazaire fut cédée le 5 février 1268 par Guillaume Artaud, seigneur d'Aix, à Arnaud de Sahune, dont le fils Jean, damoiseau, reçut en 1282, 1286, 1289, divers hommages des habitants. Peu après, il eut des difficultés avec le chapitre de Die, qui réclamait ces châteaux, mais Charles, roi de Jérusalem et de Sicile, comte de Provence, le fit remettre en possession. Vers 1334, fort obéré, il vendit à Reynaud de Morges cette seigneurie avec celles du Petit-Paris et de Merlet, moyennant 3.500 florins d'or. Un membre de la même

____

(1) Cette notice est inédite sauf les 2 paragraphes relatifs à la Révolution.

(2) Voir Félix Grégoire, *Un torrent, la Drôme*, dans *Bulletin Soc. archéol. Drôme*, t. XXXIV (1900), p. 351-2.

famille, Reynaud, la possédait encore le 17 août 14c3. date d'une
sauvegarde accordée aux habitants par le gouverneur du Dauphiné,
à charge d'une redevance de 2 florins delphinaux, payables au
châtelain de Nyons (1).

La fille de Raynaud, Antoinette, avait épousé, en 1392. Guillaume de Brotin, et, seule héritière, acquit, en 1410. à la mort de
son père la seigneurie, qu'elle céda deux ans plus tard à son
mari ; la terre resta dans la famille Brotin jusqu'en 1558, où
d'après le *Dictionnaire de la Drôme* de M. Brun-Durand, elle
passa aux d'Eurre-Brottin, qui possédaient, en outre Guisians et
Gumiane : ils se qualifiaient de marquis de Montanègue. Au
cours du xviii° siècle, la seigneurie passa à M. des Fourniels.

Les rapports avec les habitants furent toujours assez agités ; il
y avait eu en 1300 octroi de franchises par le seigneur, mais le
texte ne nous a pas été conservé. Plus tard, vers 1530. il y eut un
gros procès au sujet du droit de vingtain, dont les cahiers,
auxquels manquent les premières pages, ont été retrouvés, en 1901,
à Montéléger, par l'archiviste, au cours de sa tournée et rappor-
tées aux archives départementales (2).

A la fin du xvii° siècle, il y eut de nouvelles contestations entre
Jean-Baptiste d'Eurre de Brotin : les habitants soutinrent, devant
le Conseil du roi où l'affaire avait été evoquée, leur droit de se
racheter des rentes en grains, non stipulées dans les baux emphy-
téotiques et qu'ils prétendaient n'avoir été introduites qu'au
xv° siècle pour remplacer le numéraire devenu excessivement
rare ; « quel châtiment plus cruel, s'écrie l'avocat des habitants,
que de les assujettir à des rentes en grains qu'ils ne doivent pas ;
n'est-ce pas leur ôter la vie que de leur faire payer plus de grains
que leurs fonds n'en rapportent ? »

Le Conseil du roi renvoya l'affaire au Parlement de Dijon qui
rendit son arrêt le 30 mai 1707. condamnant les habitants de
Saint-Nazaire : 1° à continuer le paiement à d'Urre-Brotin des
droits généraux et particuliers portés dans le contrat de 1300,
« appelé l'instrument des libertés », en ayant égard cependant aux
traités postérieurs qui les ont expliqués, réduits ou changés ;
2° à lui payer le vingtain des raisins recueillis dans le climat appelé
Devès, selon la transaction du 6 juin 1589 ; 3° à payer annuellement, suivant la transaction du 5 octobre 1555 le setier de blé et
les 6 quartes d'avoine stipulées.

Après cette victoire, les gens d'affaires des seigneurs ne cessèrent pas de chercher des aggravations. Ainsi l'acte de 1300 sou-
mettait les habitants à la réparation et reconstruction des moulins, mais à aucun droit de mouture ; ce droit fut déterminé à la
20° partie par la transaction de 1509 et on leur demande la

(1) *Inventaire de la Chambre des Comptes de Grenoble.*
(2) Archives de la Drôme 3, E, 220.

cote 16° 1/2 ; le vingtain général de la vendange est remis en question par les agents de M. des Fourniels ; la transaction de 1555 portait renonciation par le seigneur au droit qu'il avait de prendre le bétail des habitants en le payant, obligation pour les habitants de lui vendre leurs poules au prix de celles de cense, pour le seigneur de nourrir et payer les messagers et pour les vassaux de faire des corvées dans ses fonds étant nourris, pour le seigneur de leur laisser la libre jouissance de leurs devès et pâturages et non une indemnité quelconque (1).

En 1608, l'assemblée générale des habitants de Saint-Nazaire désavouait Claude Brosse et les poursuites qu'il a faites pour obtenir nouvelle revision et réduction des dettes villageoises, « de quoi ils n'ont eu besoin pour ne devoir guères et parce, ce qu'ils doivent, veulent payer » (2).

Le péage qu'y possédait le marquisl de Montanègue fut supprimé le 18 juin 1740 (3).

Dans l'état des diocèses de Die et de Valence, en 1509, le 6 novembre, en l'église paroissiale de Saint-Nazaire et Saint-Celse-en-Dézert, il est donné ordre de faire réparer la verrière du presbytère de faire repeindre le crucifix et de le mettre au milieu de l'église. etc. L'évêque fait remise de son droit au prieur, en considération du seigneur du Petit-Paris (4).

En 1644, le chœur était blanchi et pavé ; le clocher était au-dessus du chœur. La population comptait 200 familles catholiques, faisant 500 catholiques, sans compter 6 ou 7 huguenotes. Les revenus du prieuré faisaient 700 livres. Quant à l'église Saint-Philibert de Montanègue, autrefois paroissiale, elle était alors ruinée (5).

Le 8 septembre 1792, la maison de Moreton, dite le château, fut pillée et en partie démolie dans les circonstances suivantes, que nous fait connaître un procès-verbal du conseil municipal. Un rassemblement tumultueux s'était formé autour de la maison, et deux individus particulièrement acharnés en commencèrent la démolition. Le procureur de la commune, Girardon, avait bien requis Joseph Blache, capitaine de la 2° compagnie de la Garde nationale, de rassembler sa compagnie, mais personne ne s'était présenté. Le maire, Faure, se transporta sur les lieux, mais malgré les exhortations et son écharpe, l'œuvre de démolition se poursuivit. Le tambour de la Garde nationale, Joseph Chauvin, continuait entre temps à battre le rappel, mais bien en vain.

Onze jours plus tard, vers 11 heures du soir, le 17, nouvelles

(1) Archives de la Drôme, E. 4.111.
(2) Archives de la Drôme, E. 2355 (*Inventaire*, t. II, p. 341).
(3) *Bulletin Socié é Archéologique Drôme*, t. XXXVI (1900), p. 39.
(4) Ibidem, t. XVI (1882), p. 381.
(5), Ibidem, t. XLVI (1912) p. 423.

tentatives : on enfonce la porte, les locataires effrayés s'enfuient. Cependant le maire arrive et par ses exhortations arrête, cette fois, les mutins. Le lendemain, les locataires vont trouver la municipalité et lui remettent les clefs d'un immeuble qu'ils ne peuvent plus habiter. Les deux meneurs furent condamnés par contumace à des peines sévères, mais ils étaient en fuite.

Distance : de Die, 38 kilomètres ; de La Motte-Chalançon, son canton, 25 ; de Valence, 69.

Population, en 1911, 580 habitants ; en 1921, 487.

Superficie, 3.601 hectares, dont 1.165 en bois, 1.243 en terres labourables, 22 en vignes, 51 en prairies, 946 en paturages, 163 en chemins et rivières, 7 en terres incultes, 4 en maisons (242) (1835).

Altitude : 591 mètres.

Revenu, 4.891 francs, valeur du centime 33 fr. 37 (1912).

Bouvières

I. — *Guisans, sa seigneurie et son prieuré.*

La commune, avant 1790, formait deux paroisses et deux seigneuries : Guisans et Bouvières ; étudions-les séparément pour plus de clarté.

En quittant Bourdeaux, son chef-lieu de canton, on suit une vallée gracieuse que le Roubion arrose et qui, aux Etrets, au-delà de Crupies, se transforme en défilé sauvage et monotone, entre deux montagnes parallèles. La route placée sur la rive droite de la rivière la coioie constamment, et rien n'attire l'attention jusqu'à Guisans, où s'ouvre une plaine assez riante, de forme circulaire. Il y avait là un château qui en avait remplacé un autre plus ancien, appelé Château-Vieux, à un kilomètre de la, et une église dédiée à saint Martin, aujourd'hui en ruines.

Le nom de Guisans dérivé de *guis*, couleur, en irlandais, de *visge*, eau et rivière, en écossais, et de *visa* en sanscrit (1), indiquerait bien une origine celtique ou gauloise : mais l'absence d'instruments des âges de la pierre taillée ou polie, des âges du bronze et du fer, ainsi que de toute inscription romaine ou gallo-romaine, ne permet pas d'y remonter au-delà de l'organisation féodale, c'est-à-dire au xi° siècle.

Ses premiers seigneurs paraissent avoir été les comtes de Valentinois, appelés Geilin, puisque d'une part les donateurs d'immeubles dans les environs de Bourdeaux à l'abbaye de Savigny en Lyonnais, en 1032, s'appelaient Gontard, Ponce, Gérard, Lambert et Pierre et que tous, à l'exception du dernier, sont désignés dans le *Cartulaire de Cluny* en 1037, comme les fils du comte Aimar ou Adhémar et que, d'un autre côté, le même

---

(1) M. de Coston, *Etymologie des noms de lieu de la Drôme.*

comte scella l'acte de cession des dîmes de la villa Saint-Mesme, dans la vicairie de Comps, faite par les mariés Domfred et Gotlêne, ses vassaux, aux églises de Bourdeaux, Bezaudun et Comps (1).

Il est hors de doute que Guisans se trouvait compris dans les libéralités de ces premiers seigneurs, puisque, à quatre ou cinq ans de distance, les religieux de Cruas (Ardèche) avaient des difficultés avec ceux de Savigny (Rhône), au sujet d'une église placée dans la vallée supérieure du Roubion.

Ismidon, évêque de Die, ayant été obligé d'arranger l'affaire, s'adressa à son prédécesseur, Hugues, alors archevêque de Lyon.

Le *Cartulaire de Savigny* nous a conservé la lettre de ce prélat. Il y est rapporté qu' « un certain moine de Cruas, avec le « concours de son père et de ses frères, s'était emparé par violence « de l'église de Guisans. Comme les moines de Bourdeaux la « possédaient auparavant, nous la leur rendîmes, après en avoir « expulsé l'envahisseur en vertu de notre autorité. » L'archevêque de Lyon en conclut que l'église contestée appartient réellement à Savigny, à moins de preuves contraires. Elle lui fut donc restituée et, en 1107, le pape Pascal II l'énumère dans les dépendances de l'abbaye lyonnaise avec celles de Bourdeaux, de Crupies et de Comps (2).

Après ces actes importants, il n'est plus question des religieux de Savigny, qui eurent là une petite communauté de trois ou quatre moines, sous la direction d'un prieur et, dans la suite, d'un simple chapelain, au xive siècle.

Le prieuré, à des dates inconnues, passa aux mains de l'évêque de Die et d'un prieur commendataire, comme on le verra dans la notice consacrée à Bouvières ou Grand Guisans.

On ignore de quelle façon la seigneurie de Guisans échut à une famille qui en prit le nom. Il est facile de comprendre cependant que les Geilin, premiers comtes de Valentinois, et les Poitiers, leurs successeurs, ne pouvant administrer eux-mêmes tous leurs fiefs, les cédèrent à des parents ou à des vassaux dévoués.

Les Guisans étaient, sans doute, de ce nombre.

Le premier que les chartes mentionnent s'appelait Giraud. Il fut garant, en 1168, du serment d'Isoard, comte de Die, et en 1183, témoin d'un acte dans la même ville. Selon l'usage du temps, ils s'appelaient tous Giraud, et, en 1272, l'un d'eux achetait le territoire de Saint-Maurice-aux-Baronnies. Guisans demeura toutefois en sa possession, témoin l'hommage du 11 avril 1283 qu'il en fit à l'évêque de Die, ainsi que pour Mouras et son territoire, L'Estelon et Chaudebonne.

---

(1) Cartulaire de Savigny, n° 870 — Id. de Cluny, IV, 122-3

(2) Cartulaire de Savigny, n° 424 — M. l'abbé Jules Chevalier, *Essai sur l'histoire de la ville et du diocèse de Die*, I. — Pouillé de Die.

Giraud, son fils, en 1332, renouvela pareil devoir de vassal pour le château de Guisans, le territoire du val de l'Ecluse et celui de Mouras, appelé Bouvières dans la suite.

Il n'est plus question des Guisans après cette dernière date (1).

Après eux et même de leur temps apparaissent les princes d'Orange de la maison de Baux, dont les droits originels nous sont inconnus, bien qu'une alliance de Malbérionne Arthaud d'Aix avec un de Baux permette de les expliquer.

En effet, Bertrand IV, fils de Raymond Ier et de Malbérionne d'Aix, en 1314, instituait héritier son fils Raymond, sauf pour Guisans, Condorcet, etc., et en 1340, le même Raymond transmettait ces mêmes terres à son successeur ; puis, deux ans après, les réclamait à Guillaume de Baux, seigneur de Camaret, à qui Bertrand de Baux, en 1317, les avait attribuées. Tiburge d'Anduze, veuve de Guillaume, en rendit hommage au prince d'Orange, la même année.

Lors du mariage, en 1336, de Bertrand de Baux d'Avelin avec Catherine de Baux, fille du seigneur de Courtheson, Agout de Baux, mari de Catherine Artaud, donnait au futur époux la Bâtie de Guisans. Quatre ans plus tard, l'évêque de Valence et Die, dans la vente au prince d'Orange de Châtillon-en-Diois, en exceptait Guisans, Gumiane, etc. Enfin, en 1372, Jean de Baux, seigneur de Camaret, léguait à Florencie de Saint-Martial, son épouse, les revenus des mêmes châteaux (2).

Sortie du curieux village des Baux en Provence, la famille qui en prit le nom remontait, d'après la légende, aux rois mages, et, d'après l'histoire, à un seigneur du xe siècle. Des alliances lui apportèrent la principauté d'Orange, la baronnie de Châtillon-en-Diois et diverses terres placées entre les deux pour en assurer la communication.

Après les de Baux, les seigneurs de Guisans et Bouvières sont peu connus ; il est pourtant vraisemblable que ces deux fiefs entrèrent dès lors dans celui de Montanègue, devenu marquisat dans la suite.

Rappelons ici qu'en mai 1761, noble Jacques de Verdelhan des Fourniels, fermier général et maître d'hôtel de la reine, acquérait au prix de 312.100 livres le marquisat de Montanègue, dont les créanciers du dernier possesseur avaient poursuivi l'adjudication devant le Parlement de Paris. Il comprenait Montanègue sur une montagne qui domine Saint-Nazaire-le-Désert, où il n'existe plus que des ruines, Merlet, hameau de Saint-

---

(1) Ul. Chevalier, *Documents inédits sur le Dauphiné : Cartulaire de Die, Inventaire des Dauphins* et *Mémoire du procureur général* dans le procès contre M. des Fourniels.

(2) Barthélemy, *Inventaire des de Baux.*

Nazaire, les communes de Paris ou Petit-Paris, Saint-Nazaire et Gumiane et enfin Guisans, où se trouvait le principal manoir.

D'après l'acte d'adjudication, l'acquéreur devait payer les droits et devoirs ordinaires aux seigneurs directs et notamment les lods (enregistrement actuel), équivalant au cinquième du prix pour les biens nobles et au sixième pour les biens roturiers, soit une soixantaine de mille livres.

L'évêque de Die, Gaspard-Alexis du Plan des Augiers et le procureur général en la Chambre des Comptes les réclamèrent chacun de leur côté, l'un comme héritier des anciens comtes de Die et en vertu d'un accord avec le dauphin Louis en 1450 (Louis XI), et l'autre au nom du roi, comme successeur des dauphins et des comtes de Valentinois.

M. des Fourniels, Marie-Magdeleine Morin, sa veuve, et Jacques-Aimar de Moreton de Chabrillan, mari de Bathilde-Magdeleine-Félicité des Fourniels eurent donc à soutenir un double procès. De nombreux mémoires d'avocats parurent à cette époque ; mais ils donnent des renseignements fort incomplets sur la seigneurie (1).

On sait d'ailleurs que Catherine de Thollon, veuve de Philibert de Brotin, seigneur de Paris (Petit-Paris), testa au château de Guisans, en la chambre grise, le 15 juin 1576, et laissa deux filles : *Anne*, mariée avec Georges d'Urre, seigneur de Venterol, et *Charlotte*, épouse de Louis de Monteynard (2).

Les Brotin, sortis de Salettes ou de Poët-Laval, paraissent avoir succédé aux de Morges, et les d'Urre, originaires des environs de Crest, ont rempli de leurs faits et gestes l'histoire locale d'un grand nombre de communes de la Drôme.

Jean-Baptiste d'Urre de Brotin de Montanègue, dernier descendant de Georges d'Urre, mourut à Guisans et y fut enseveli le 10 décembre 1761. Il avait été brigadier des armées du roi, colonel réformé à la suite du régiment de Médoc infanterie et chevalier de Saint-Louis (3).

Le château de Guisans fut démoli pendant la Révolution, en même temps que celui de Bouvières : « il était situé, dit M. Faure (Joseph-Narcisse), sur le cours du Roubion et sur sa rive droite, il avait la forme d'un quadrilatère irrégulier de 870 mètres carrés de superficie », avec quatre tours aux angles, dont trois sont encore visibles.

Ses ruines appartiennent aujourd'hui à MM. Poulet (Louis) et Gras (Jacques) ; quant à MM. de Chabrillan, ils sont demeurés propriétaires dans le pays jusqu'en 1840 (4).

---

(1) Archives de la Drôme, fonds de l'évêché de Die.

(2) *Mémoires des frères Gay.*

(3) Registres paroissiaux de Bouvières.

(4) Notes dues à l'obligeance de M. Faure.

II. — *Le Grand-Guisans ou Bouvières.*

Bouvières n'est pas loin de Guisans. Son village, bâti au pied et sur le flanc d'un rocher, est couronné d'arbres ; à l'arrière-plan apparaissent au midi et à peu de distance les montagnes de Mialandre (1.469 mètres) et d'Angèle (1.610) qui dominent le voisinage.

La position ne manque ni de grâce ni de pittoresque. Des prairies arrosées par le Roubion et les bœufs qu'elles nourrissaient lui valurent son nom, car *Bovière, Bouvier* et *Boveria* indiquent une contrée où le gros bétail à cornes est abondant (1).

D'après les titres cités dans le Mémoire du procureur général en la Chambre des Comptes, le quartier s'appela d'abord *Mouras*. équivalent de Marais, et la culture en fit un lieu habitable, à 12.710 mètres sud-est de Bourdeaux, 40.261 de Die et 66.378 de Valence.

Le chemin de grande communication n° 20 de Saint-Jean-en-Royans à Nyons divise le bourg en deux parts : la principale, au levant, dissimulée sous la verdure, et l'autre, au couchant, avec quelques maisons, une église neuve et à 250 mètres plus loin un château bâti au pied de la montagne de Vesc.

Les documents consultés ne mentionnent pas Bouvières avant le milieu du xvi° siècle ; il s'appelait auparavant le Grand-Guisans ou Mouras.

Des hommages du 15 juillet 1475 et du 8 juin 1481, rendus par Claude de L'Hère pour Chaudebonne, L'Estelon, Guisans et le territoire de Mouras et par Georges de L'Hère à l'évêque de Die, ne parlent pas de Bouvières ; il figure pourtant dans ceux de Laurent du Pilhon du 23 octobre 1658 avec Chaudebonne et L'Estelon. et de M. de Marcieu en 1756 pour les mêmes terres.

D'après ces documents, les deux Guisans auraient primitivement appartenu aux mêmes seigneurs.

Toutefois, un Mémoire imprimé prétend que Jean de Brotin acquit le Grand-Guisans d'Aimar de Poitiers et que le 20 mars 1507, Jean de Poitiers, fils d'*A*imar, approuva cette vente (2).

Quoi qu'il en soit, jusqu'aux de L'Hère de Glandage et aux de Pilhon, leurs successeurs, on ne trouve à Bouvières aucun seigneur clairement distinct de ceux du Petit-Guisans.

Les auteurs ont fort peu élucidé l'histoire des de L'Hère ; en revanche, ils ont donné la généalogie des du Pilhon depuis Guillaume, coseigneur de la vallée de Taurène et du Pilhon en 1280 (3).

---

(1) *Étymologie des noms de lieu de la Drôme*. — Guy Allard, *Diction* naire *historique*.

(2) *Mémoire du procureur général contre M. de Fourniels*.

(3) Voir Pithon-Curt, *Hist. de la noblesse du Comtat* et Guy Allard.

Les deux familles eurent des rapports d'intérêts et de voisinage, témoin une transaction en 1532 d'Henri du Pilhon avec Jeanne de Monteynard, dame de Glandage, au sujet de quelques droits seigneuriaux et un affranchissement de censes de 1561 en faveur de François du Pilhon, un des combattants de Pavie, par Claude de L'Hère.

Jean du Pilhon se qualifia, le premier, seigneur de Bouvières, Chaudebonne et L'Estelon, fut gouverneur de Nonnette en Auvergne et de Conflans en Savoie et se signala parmi les braves de son époque. Guy Allard assure que Davila, dans son *Histoire des Guerres civiles de France*, parle de lui en divers endroits.

Alexandre, un de ses fils cadets, capitaine d'infanterie, forma la branche des seigneurs d'Angèle, éteinte en 1743 ; Henri, l'aîné, servit avec distinction pendant les guerres de la Ligue et laissa de Françoise Plat, qu'il avait épousée en 1620, une nombreuse postérité. Laurent, son fils aîné, n'eut au contraire d'Angélique Émé de Guiffrey de Marcieu qu'une fille unique, Françoise ou Françoise-Elisabeth du Pilhon (1) avec François de Morges de Moustiers, comte de Ventavon, lieutenant de roi au gouvernement de Dauphiné, auquel elle porta en dot les seigneuries de sa famille. Comme elle n'eut pas d'enfants, elle les donna à Pierre Emé de Guiffrey de Monteynard, comte de Marcieu, grand'croix de Saint-Louis, gouverneur des villes, citadelle de Valence et de Bourg-lès-Valence, lieutenant général des armées du roi, commandant en chef pour S. M. en Dauphiné, en 1755, aussi remarquable par son esprit que par ses avantages extérieurs.

Celui-ci fit reconnaître ses droits féodaux par les habitants de Bouvières en 1743, et céda sa terre, le 9 septembre 1771, à Louis d'Ailhaud, prêtre, des barons de Castellet, seigneur d'Entrecasteaux, qui institua pour héritier son frère Jean-Gaspar et légua 40.000 livres à son neveu Henri.

La famille d'Emé de Guiffrey, originaire de l'Embrunais, et établie en Graisivaudan, se distingua dans les armes et dans la magistrature ; celle d'Ailhaud arriva vite à la fortune par la vente d'une poudre qui jouit en son temps d'une grande réputation. Découverte et mise en vogue par Jean, chirurgien de Lourmarin et ensuite docteur, cette poudre lui permit d'acquérir les terres de Mont-Justin, de Vitrolles, du Castellet, d'Entrechaux et un bel hôtel à Aix. Il publia un *Traité de l'origine des maladies et des effets de sa poudre purgative*, imprimé en 1738, 1740 et 1742. Selon lui, toutes les maladies ont le même principe et sa poudre est le seul remède à leur opposer. Il mourut en 1756, à 82 ans, et son fils Jean-Gaspard, gouverneur de Forcalquier et médecin, continua la vente de la panacée merveilleuse. On a de lui un *Mémoire de médecine universelle* en 5 volumes in-12, des *Lettres à M. Bar-*

---

(1) Le mariage fut bénit à Montvendre le 7 août 1672 (registre de la paroisse).

beu Dubourg au sujet de la poudre purgative, l'Ami des malades ou discours historique et apologétique de la poudre purgative, un Traité de la vraie cause des maladies et de la manière la plus sûre de les guérir par le moyen d'un seul remède.

M. le docteur Barjavel, dans son *Dictionnaire historique, biographique et bibliographique du département de Vaucluse,* donne la composition de la poudre Ailhaud, un peu oubliée aujourd'hui et « remplacée, dit-il, par d'autres, non moins nuisibles aux exploités et non moins lucratives pour les exploitants. »

On trouve en 1784 Pierre-Joseph-Christophe d'Ailhaud, seigneur de Bouvières, en procès contre Mme des Fourniels et ensuite Henri-Louis-Denis qui n'émigra pas à la Révolution et se retira à Crillon, dans le Comtat. Profitant de son absence et de l'agitation d'alors, trois habitants de Bouvières démolirent son château ; mais il prouva qu'il n'avait pas quitté la France et fit condamner les coupables à lui servir une rente annuelle viagère de 400 fr. chacun (1). Il était célibataire et, d'après la tradition, de mœurs peu régulières ; son acte de décès, du 19 mai 1829, se qualifie d'ancien militaire attaché à la maison du roi. On dit qu'il était dessinateur habile et qu'il perdit la vue quelques années avant sa mort.

III. — La paroisse.

Les religieux Bénédictins de Saint-Martin de Savigny ayant abandonné Guisans, à une époque et pour des causes inconnues, l'évêque de Die devint collateur du bénéfice et codécimateur, c'est-à-dire qu'il en nommait le titulaire et prenait une partie des revenus.

En 1509, l'évêque visitant son diocèse ordonna de remettre l'église de Saint-Martin de Guisans, comme elle était auparavant et de démolir le mur existant entre le chœur et la nef, en le remplaçant par une grille en bois, et de clore le cimetière. Il céda son droit au curé en considération du seigneur du Petit-Paris, frère de ce pasteur (2).

Or, en 1540, les habitants de Bouvières ou Grand-Guisans, devenus plus nombreux, réclamèrent à l'official de Die un prêtre pour desservir l'église qu'ils voulaient faire construire à leurs frais, avec fonts baptismaux et cimetière, à cause de la difficulté des chemins et du passage du Roubion. Ils obtinrent gain de cause et, sur l'appel de nobles Charles et Gaspard de Brotin, la sentence du premier juge fut confirmée à Vienne en 1543.

Dix ans plus tard, Gaspard de Brotin, protonotaire apostolique et prieur commendataire de Saint-Martin du Petit-Guisans, transigeait avec Delhomme et Plèche, consuls et cinquante-un habi-

----

(1) Notes dues à l'obligeance de M. Faure, instituteur.
(2) *Bull. de la Soc. d'Arch. de la Drôme.* XVI (1882), 382.

tants du Grand, aux conditions suivantes : ces derniers paieront la dîme, à l'avenir, au prieur et à l'évêque à la cote 16°, achèveront l'église dédiée à S. Antoine et à Sainte-Magdeleine, l'entretiendront à leurs frais, ainsi que la maison curiale et la doteront des ornements et du mobilier nécessaires ; de son côté, le prieur y célébrera les offices les dimanches et fêtes.

Les troubles de 1562 ne manquèrent pas d'interrompre l'exercice du culte catholique ; mais il recommença en 1564, témoin l'invitation adressée aux consuls de Bouvières par Philibert de Brotin, seigneur de Paris et Saint-Nazaire, au nom d'Avanet, curé ou vicaire perpétuel de Guisans, d'avoir à exécuter leurs engagements, et la réponse favorable de la population.

Après les guerres du XVI° siècle, on trouve en 1632 une autorisation du vicaire général de Die au curé de Bouvières de dire deux messes, dont une à Guisans ; puis, en 1643, les fermiers de la dîme de l'évêque réclamaient celle de Bouvières et Guisans. Bellon, qui en était le prieur, recourut au Parlement de Grenoble et au Grand Conseil où il fut condamné à se contenter des 3oo livres de sa portion congrue et des fondations de son église. Toutefois, un accord intervint le 21 octobre 1658 entre Daniel de Cosnac, évêque de Valence et Die, et Diport, prieur-curé. Le prélat cédait par cet acte tous ses droits à la dîme moyennant une pension annuelle de 15o livres, à la condition pourtant que, si les habitants de Bouvières étaient condamnés à payer la dîme à la cote 16°, selon leur engagement de 1553, chacun reprendrait sa portion décimale et concourrait par égales parts à l'entretien du secondaire ou vicaire (1).

Une déclaration de Baron, curé en 1664, prouve que l'évêque reprit ses droits de dîme et qu'il n'y avait point de vicaire. Le même curé, en 1687, annonce des modifications importantes : la transformation de Bouvières, naguère simple annexe de Saint-Martin de Guisans, en vicairie perpétuelle, vers 1664 ou 1665, à 200 livres de portion congrue, la réduction de la part de l'évêque à 120 livres et de la cote 16° de la dîme à la cote 21°.

Il se plaint de n'avoir sur les 5oo livres du revenu total du bénéfice que 15o livres à peine.

De son côté, Charles de Brotin, originaire de Bouvières, comme Baron, et vicaire perpétuel de Saint Antoine, dessert depuis douze ans Bouvières dans l'église de ce nom et de plus les onze ménages de L'Estelon, dans une masure de la commanderie de Poët-Laval, et l'ordre de Malte y perçoit 45 livres de rente annuelle.

En 1728, Romieu, curé de Bouvières, avait 349 livres de revenu, et Jean de Brotin, prieur-curé de Guisans, 628 contre 392 de charges.

Enfin, en 1765, les curés, consuls et notables de Guisans

---

(1) Ibid., t. XLVI (1912), p. 426.

n'attribuaient plus au vicaire amovible de Bouvières que 150 livres, et la même situation se retrouve en 1789 (1).

Il est à peine besoin de rappeler qu'en 1807 une succursale y fut créée avec Guisans et Crupies pour annexes, et qu'en 1659, Jean-Baptiste d'Urre-Brotin invitait les consuls à reconstruire l'église paroissiale de Saint-Martin, « rompue et démolie pendant les guerres civiles » ; elle a aujourd'hui complètement disparu, et Bouvières en possède une toute neuve, fort gracieuse et correcte, bâtie avec les offrandes recueillies par son dévoué pasteur, M. Gros.

La religion réformée eut des adhérents assez nombreux dans la région ; en 1632, D. Vial, commis par l'évêque à la visite du Désert, constatait à Bouvières des contraventions aux édits commises par Rovier, diacre. Il le fit appeler et lui montra les arrêts qui y défendaient l'exercice du culte protestant ; « quoy enten-« dant, Antoine Bonhomme auroit commencé à murmurer et à « exciter sédition, rébellion et désobéissance. »

L'affaire en resta peut-être là ; mais, en 1664, les commissaires s'étant divisés sur le maintien de l'exercice, il intervint, en 1683 et 1685, deux arrêts du conseil, l'un ordonnant la démolition du temple et l'autre attribuant aux catholiques pour leur servir d'église, comme il en servait depuis deux mois, tous ceux qui faisaient profession de la Religion s'étant convertis, sauf trois ou quatre.

En 1664, sur 120 familles, 67 étaient anciennes catholiques et 53 nouvellement converties ; ce nombre était de 70 en 1687 (2).

La bienfaisance publique et les écoles se rattachant a l'histoire du clergé, nous constaterons ici qu'en 1789, les pauvres de Bouvières possédaient un capital de 6.000 livres placé à Sérignan au 4 o/° et un autre de 300 livres sur une maison au village, au 5 %, plus la 24ᵉ partie de la dîme de 4 setiers 1/2 de blé.

Quant aux écoles, la perte des archives locales permet seulement d'établir la présence dans celle de Bouvières, d'un maître pendant six mois en 1756 et en 1789, d'un autre à 120 livres de traitement annuel en 1754, 1755, 1756 et 1757, d'un 3ᵉ en 1687 appelé Hector Masse, chirurgien, à 25 écus de gages et une classe gratuite, et enfin d'un 4ᵉ en 1664 à 30 écus de salaire (3).

IV. — *Le Tiers-État.*

La commune avait 120 familles en 1664, 140 en 1789 et 20 baptêmes par an à cette dernière date ; en 1820, sa population

(1) Archives de la Drôme, évêché de Die.

(2) Archives de la Drôme, évêché de Die. — E. Arnaud, *Hist. des protestants de Dauphiné.* t. II.

(3) Archives de la Drôme, C. 3, E. 4.003 et fonds de l'évêché de Die.

compte 837 habitants ; en 1850, 767 ; en 1860, 694 ; en 1870, 664 ;
en 1880, 627 ; en 1891, 575 ; en 1911, 451 ; en 1921, 401.

Sa contenance en 1835 se composait de 811 hectares de bois
particuliers, 1.132 de terres labourables, 31 de près, 446 de pâturages, 42 de routes et rivières, etc. ; total 2.472. M. Mermoz, en
1829, évaluait ses 216 maisons à 3.425 fr. de revenus et ses 2.430
hectares imposables à 18.954 fr., soit à 7 fr. 80 l'un. Altitude :
549 mètres.

Elle a payé en 1873 : à l'Etat, 2.800 fr. 33 ; au département,
1.208 fr. 88 ; pour ses propres dépenses, 2.496 fr. 40, et non-
valeurs, 128 fr. 07 ; total : 6.633 fr. 68.

Les charges publiques, réduites à l'origine aux charges féodales,
s'accrurent, à partir de Charles VII et Louis XI, du don gratuit
transformé en taille, de la capitation sous Louis XIV, des dixième
et vingtième au XVIII° siècle et de la taille négociale ou budget
communal dès l'origine des communes

De 1754 à 1756, à Bouvières la capitation est de 633 à 640 livres,
et les charges locales de 210 à 218 ; la taille de 1781 s'élève pour
1 feu 1/2 à 595 livres, les impositions accessoires à 624 et les « trois
ordres » à 76 ; total : 1.095.

Pour l'assiette et la recette de l'impôt, il fallut nécessairement
des cadastres, des rôles et des comptables. De là une organisation
municipale, composée de deux consuls, et des assemblées générales, sous la présidence du châtelain ou représentant du seigneur.
Un des consuls recevait les tailles et autres impositions et ses
compt·· ,ent contrôlés par des auditeurs électifs.

La perte des archives communales ne permet pas d'autres détails.

Quant aux droits féodaux, insensiblement modifiés depuis le
lide, le colon et le serf du ix° siècle, ils ne nous sont connus que
pour le xviii° (1).

Le 25 août 1743, Pierre Emé de Guiffrey de Monteynard,
comte de Marcieu, représenté par Brotin, notaire à Dieulefit,
réunissait devant Favier, capitaine châtelain, à Bouvières ou
Grand-Guisans, dans la maison Monier, les consuls Piollet et
Eymieu, les conseillers et habitants Sambuc, Sauzet, Réaille,
Monier, Blanc, Chalon, Gras, Combe, Baron, Roustan, Sabon,
Plèche, Mielle, Maubon, Latard, Etier, Chauvin, Benoît, Barna-
von, Béranger, Brochenin, Chambon, Mor, Clément, Farnier,
Derment, Lambert, Bonet, Marcel, Bonsang, Arvet, Borel-Delor,
Marre, Attenot, Gourrin, Bonhomme, etc. Tous déclarèrent,
selon la reconnaissance passée en 1645 à Françoise Plat, veuve de
noble Henri du Pilhon et mère de Laurent, que : 1° le comte de
Marcieu était seul seigneur direct, universel et foncier des « terroir,
district et mandement de Bouvières », entre les terres de Paris et

---

(1) *Statistique de la Drôme.* — Mermoz, *Nouveaux projets de répartition.*
— Archives de la Drôme, C. 35.

Gumiane au levant, de Vesc au couchant, de Petit-Guisans et Crupies au nord et de Chaudebonne et L'Estelon au midi, avec juridiction haute, moyenne et basse et droits de lods, à 2 sols par florin, en cas de mutation de propriétés ; 2° que nul ne pouvait y posséder des fonds sans les avoir pris à bail emphytéotique du seigneur, « n'y ayant rien d'allodial » ; que cependant il était permis par l'usage de faire paître le bétail gros et menu dans les terres albergées, dans les terres vacantes ou les bois du seigneur, le bétail étranger étant exclu de la permission ; 3° que le seigneur pouvait affermer les herbages du territoire, les bois vacants et les glandages, sans dommage pour les prés, glandages et terres des particuliers ; 4° qu'il avait droit à la 20° partie de tous les grains à l'aire, les autres restant au propriétaire ; 5° que chaque chef de famille lui devait, à réquisition, deux journées avec ses bœufs ou bêtes de labour, l'une au temps « de la mouvande » et l'autre au temps « de la couverte », et deux journées personnelles, en nourrissant convenablement les corvéables et leur bétail ; qu'un acte du 6 avril 1600 autorisait le rachat de ces corvées en payant 9 sols pour celles du bétail et 4 sols pour les personnelles ; 6° que tous les habitants étaient obligés de moudre à son moulin banal, à la cote 24°, à moins de nécessité ; 7° que la même banalité grevait les noix à la cote 16° et les gruaux à la cote 24°, à condition que les pressoir et gruaire seraient tenus en bon état et qu'il y aurait deux barils pour le transport de l'huile ; 8° que le droit de fournage lui était dû, bien qu'il n'y eût pas de four banal, et qu'avant d'être reçu habitant, il fallait obtenir la permission du seigneur ; 9° qu'il n'entendait déroger en rien à ses droits de pacage, abreuvage, passages, drayes et chemins publics, tels qu'ils avaient été constatés par experts en 1603 ; 10° enfin que les habitants pouvaient prendre du bois dans les hermes et bois vacants pour leur usage et pour leurs outils, en bons pères de famille, à l'exception du bois de sapin noir exclusivement reservé, et qu'ils avaient un pacage sur les territoires de Chaudebonne et L'Estelon, et aux montagnes de Mialandre et d'Angèle (1).

Huit ans auparavant, les consuls et officiers avaient déclaré que M. de Marcieu possédait à Bouvières un droit de vingtain, des censes personnelles et foncières et un moulin banal évalués ensemble 230 livres de revenu, sans pacage, péage ni four banal et que la commune ne jouissait d'aucuns biens ni revenus communaux.

Des réponses faites en 1789 au questionnaire de la Commission intermédiaire, ressort un tableau assez lamentable de la situation (2) : le territoire est froid, à cause des montagnes de Vesc, de

---

(1) **Archives de la Drôme, E, 4.003.**

(2) A cette époque, la Commission intermédiaire devait faire une nouvelle répartition de l'impôt sur toutes les communes ; c'était à qui assombrirait le tableau de ses charges (Montelier, BB, 9).

Mialandre et d'Angèle qui l'entourent ; le sol de la pente des collines est pierreux, sec, peu fertile et exposé aux ravages des eaux pluviales ; ni la Gumiane qui sort au pied du mont Angèle, ni le Roubion dont la source est au pied de Mialandre, ne servent à l'arrosage, à cause du moulin seigneurial ; les gelées d'avril y détruisent les fruits et il n'y a pas de production surabondante ni de chemins pour le transport des laines ouvrées ; la cherté du sel nuit à l'accroissement des troupeaux, et les tributs royaux et seigneuriaux absorbent le revenu de la récolte des céréales. Ainsi, sur 2.000 sétiers de blé, les semences en lèvent 500 ; la dîme à la cote 21°. 71 ; le vingtain du seigneur, 71 ; la cense personnelle à raison d'une quarte, 62 ; les censes foncières, 80 ; total : 784 ; il en reste donc 1.216 pour l'alimentation et le paiement des charges. Rien d'étonnant dès lors que les habitants se nourrissent de pain de seigle ou d'épeautre mêlé avec des glands et de pommes de terre.

Il n'y a pas de biens communaux, mais un droit de bûcherage à Angèle et Mialandre et un droit de pacage à Angèle, amoindris et annhilés par les défrichements que le seigneur autorise (1).

De Bouvières est sortie la famille Plèche, anoblie en 1659 en la personne de David, officier au régiment de la Baume, en considération de ses services au siège du Pouzin et en qualité de commissaire du roi aux assemblées de Dieulefit, Nyons, etc., et de ceux de Jean Plèche l'aîné, et Jean Plèche, « le puîsné », ses oncles, tués en Savoie, où ils servaient dans 'e compagnie des chevaulégers d'Henri IV, et de Cathelin, · rère, mort aussi sur le champ de bataille. Cette famille posseça la seigneurie de Salettes, de 1650 à 1689 (2).

Félines

Le 30 mai 1856, le village de Bezaudun, près de Bourdeaux, glissait tout entier dans la vallée voisine, à la suite des fortes pluies de cette époque désastreuse. Le même malheur s'est reproduit à Félines, dans le même canton. Pendant la journée du 11 au 12 novembre 1907, des crevasses menaçantes et des bruits souterrains avaient engagé les habitants à se réfugier dans l'agglomération nouvelle, créée près de la route qui dessert la vallée. A dix heures du soir, un bruit soudain et épouvantable annonça l'écroulement des maisons du vieux village et au jour seulement on se rendit compte des pertes éprouvées. Les autorités civiles et religieuses averties sans retard vinrent bientôt consoler les malheu-

---

(1) Archives de la Drôme. C., 3.
(2) M. de Coston, *Histoire de Montélimar*, III, 9 et 10.

reux habitants et, dès cette heure, les communes de la Drôme leur votèrent des secours.

Le village de Félines, bâti presque au sommet du mont Brueys et sur sa pente orientale, se composait d'une quarantaine de maisons qui toutes ont disparu, et l'église, restée seule debout, menace ruine. Il n'offrait rien d'artistique et remontait au xiii° siècle, au moins, puisque la seigneurie appartenait en 1295 à Jarenton, fils d'Aimar de Quint, qui avait pris le nom de Félines. On trouve après lui Giraud qui testa le 4 mai 1330 et donna quelque argent aux églises de Saint-Marcellin et de Saint-Vincent du lieu.

On possède aussi un arrêté *(crida et preconisatio)* d'Aimar, seigneur de Félines, du 14 octobre 1352, défendant la sortie du château fort et de son territoire de toute denrée alimentaire, pain, vin et fruits secs ou frais, à peine de deux marcs d'argent fin pour chaque contravention. Ducange donne au marc d'argent, à la date de l'arrêté, la valeur de 6 livres 8 sols tournois (1).

Dans la suite, les Clermont-Montoison et les Peyrol succédèrent à cette ancienne famille.

M. Lory a rencontré dans le bassin du Roubion une série très épaisse de terrains crétacés, une large déchirure où affleurent les marnes aptiennes de Bourdeaux et la saillie néocomienne de Pont-de-Barret et de Félines.

La vallée de la Rimandoule, affluent du Roubion, est étroite, mais gracieuse à cause de ses prairies et de ses montagnes boisées. Le territoire communal a 846 hectares de superficie, 1.615 francs de revenus et une population de 199 habitants en 1901, de 171 en 1911, de 162 en 1921. On y comptait en 1835, 395 hectares de bois, 440 de terres labourables, 7 de vignes, 18 de prairies, 281 de paturages, 39 de chemins ou rivières, 2 de terres incultes, ainsi que 56 maisons.

En partant de Montélimar et du chemin de fer de Paris à la mer on y arrive, près de Manas et Pont-de-Barret, par la vallée de la Rimandoule et par Rochebaudin. On s'y rend aussi de Bourdeaux et de Dieulefit.

Des auteurs ont prétendu que le prieuré de Saint-Marcel-lès-Sauzet y fut doté en 985 par un comte de Valentinois ; mais l'existence à Truinas, tout près de Félines, de ruines d'un ancien monastère exige de sérieuses recherches pour découvrir la vérité.

Dans la visite Pastorale du 21 mai 1644, dans l'Eglise paroissiale de Saint-Marcelin de Félines, M. A. Saralier, est curé commis par quinzaine. Le prieur de Saint-Marcel se dit prieur de Félines. L'église dudit lieu, écartée des maisons, est en assez

----

(1) Drôme, E. 804.

bon état. La Maison curiale est ruinée. Trente familles catholiques ; point d'huguenotes (1).

Revenus : dîmes à la côte 20° qui valent 100 livres, sur quoi le prieur paye au curé 25 écus et les décimes.

Altitude : 440 mètres.

Distance : de Bourdeaux, 12 kilomètres ; de Die, 60 ; de Valence, 51.

A. LACROIX,

Archiviste de la Drôme.

---

(1) Bulletin d'Archéologie de la Drôme, t. XLVI (1912), p. 437.

TABLE DES MATIÈRES

IMPRIMERIE VALENTINOISE, PLACE SAINT-JEAN.

VALENCE (DROME)